U0058194

諮商理論、技術與實務

（第四版）

潘正德　編著

編著者簡介

潘正德

學歷：美國威斯康辛大學教育研究所輔導碩士
國立彰化師範大學輔導學系學士

經歷：中原大學教授兼人文與教育學院院長
中原大學教授兼學生事務長
中原大學副教授兼學生輔導中心主任
高教評鑑中心評鑑委員
教育部統合視導訪視委員
《通識教育學刊》總編輯
台灣輔導與諮商學會理監事
光武工專學生輔導中心組長、主任
天主教徐匯中學輔導教師

現任：中原大學榮譽教授
國立臺灣師範大學教育心理與輔導學系兼任教授
《臺灣諮商心理學報》編輯委員
國家考試命題委員
法務部矯正署輔導專題講座
輔仁大學自我評鑑指導委員
宇宙光全人關懷機構豐盛生命學園專題講座
中華基督教長老會信友堂教牧輔導專題講座

任教科目：輔導原理與實務、團體輔導、教牧輔導、壓力管理、青少年
發展與輔導、團體動力學

研究專長：諮商輔導、團體輔導與歷程、焦點短期理論、教牧輔導、哀傷輔導、通識全人教育等

學術著作：

●期刊論文

Pan, J. D. P., Deng, L.-Y. F., Tsia, S.-L., Jiang, J.-R. K., & Wang, Y. J. (2016). Qualitative study of a solution-focused training program for Taiwanese military instructors. *Psychological Reports, 118*, 626-648. (SSCI)

Pan, J. D. P., Deng, L.-Y. F., Tsai, S.-L., & Yuan, S. S. J. (2015). Perspectives of Taiwanese pastoral counselors on the use of Scripture and prayer in the counseling process. *Psychological Reports, 116*, 543-563. (SSCI)

Pan, J. D. P., Deng, L.-Y. F., Tsai, S.-L., & Yuan, S. S. J. (2015). Using Kollar's solution-focused pastoral counseling for bereaved clients: The process of empowerment from clients' perception. *Psychological Reports, 116*, 127-148. (SSCI)

Pan, J. D. P., Deng, L.-Y. F., Tsai, S.-L., Chen, H.-Y. J., & Yuan, S. S. J. (2014). Development and validation of a Christian-based Grief Recovery Scale. *British Journal of Guidance and Counseling, 42*, 99-114. (SSCI)

Pan, J. D. P., Deng, L.-Y. F., Tsai, S.-L., Sue, I. R., & Jiang, J.-R. K. (2014). Effectiveness of an enhancement program on Taiwanese university students' self-concept. *Psychological Reports: Mental & Physical Health, 114*, 176-184. (SSCI)

Pan, J. D. P., Deng, L.-Y. F., Tsai, S.-L., & Yuan, S. S. J. (2013). Issues of integration in psychological counseling practice from pastoral counseling perspectives. *Journal of Psychology and Christianity, 32*, 146-159. (Psychological Abstracts and Religion Index One) (PsychINFO)

Pan, J. D. P., Lee, C. Y., Chang, S. H., & Jiang, J.-R. K. (2012). Using prayer and scripture in a Christian stress-coping support group for church attendances: Implications for professionals. *Journal of Pastoral Care and*

Counseling, 66, 1-13. (Scopus)

Pan, J. D. P., Fan, A. C., Bhat, C. S., & Chang, S. H. S. (2012). Associations among self-concept, verbal behaviors, and group climate early in the group counseling process. *Psychological Reports: Mental & Physical Health, 111,* 739-754. (SSCI)

Pan, J. D. P., Deng, L.-Y. F., Fan, A. C., & Yuan, S. S. J. (2012). Verbal interactions in Taiwanese group counseling process: A cross-cultural perspective. *Psychological Reports: Mental & Physical Health, 111,* 349-363. (SSCI)

Pan, J. D. P., Deng, L.-Y. F., Chang, S. H. S., & Jiang, J.-R. K. (2011). Correctional officers' perceptions of a solution-focused training program: Potential implications for working with offenders. *International Journal of Offender Therapy and Comparative Criminology, 55,* 863-879. (SSCI)

Pan, J. D. P., Deng, L.-Y. F., Tsai, S.-L., & Chang, S. H. S. (2011). Taiwanese members' report of verbal interactions and their relations to demographic variables in the group counseling process. *Psychological Reports, 108,* 779-790. (SSCI)

Pan, J. D. P., Pan, H. M. G., Lee, C. Y., & Chang, S. H. S. (2010). University students' perceptions of a holistic care course through cooperative learning: Implications for instructors and researchers. *Asia Pacific Education Review, 11,* 199-209. (SSCI)

發表於國內外 TSSCI 及 SSCI 等學術期刊 48 篇，其中單篇論文至 2022 年 5 月被引用最高達 90 次。

● 專書

潘正德（2022）。**諮商理論、技術與實務**（第四版）。新北市：心理。

潘正德（2021）。**輔導手札：一位助人者的心靈向度**。新北市：心理。

潘正德（譯）（2018）。悠哉樂活：壓力管理的八把金鑰（原作者：E. A. Scott）。新北市：心理。（原著出版年：2013）

潘正德（2012）。**團體動力學**（第三版）。台北市：心理。

潘正德（2007）。**諮商理論、技術與實務**（第三版）。台北市：心理。

潘正德等人（譯）（2005）。**心理疾患臨床手冊**（原作者：D. H. Barlow）。台北市：心理。

潘正德（譯）（2000）。**壓力管理**（第二版）（原作者：J. S. Greenberg）。台北市：心理。（原著出版年：1993）

第四版序

　　學術研究一日千里。新技術、新理論的問世，一來顯示學者專家的努力，再則反映時代的問題與需要。在後現代（postmodern）強調多元思考的今天，人類社會的問題層出不窮，其複雜化與困難度猶勝往日。常見現象是，舊有的問題尚未解決，新的問題又呈現眼前，令助人專業工作者忙於亡羊補牢，疲於奔命。因此，有所謂的後現代取向諮商學派，例如：合作取向治療、焦點解決短期治療、敘事治療、正向心理學等。身為助人工作者，恐無能也無法置身於外，視而未見。另從諮商服務的對象言，弱勢與靈性關懷、上癮行為、情緒創傷受害者之心理需求，明顯加劇，且數倍增長。這正是本書第四版修訂的起心動念之緣由。

　　本書第四版的修訂，有下列調整與改變：

1. 嶄新編輯風格：每一章主題下均增加輔導小語及引言，使全章內容清晰，提綱挈領易於閱讀，且增加可親性。
2. 增刪參考文獻：刪去舊有文獻資料，增加晚近研究成果，使之與時俱進。
3. 豐富實務應用：為回應弱勢關懷的需求，在實務篇部分，增加「年長者的心理與輔導」篇章以饗讀者。

　　輔導助人生涯中，要感謝許多貴人相助。他們是：臺灣師大心輔系陳秉華教授與張世華副教授、東華大學諮商與臨床心理學系林繼偉副教授、高雄師大諮復所夏允中教授、中原大學通識中心蔡秀玲副教授與前輔導中心主任鄧良玉教授等。由於他們在專業上的風格與學養，相互扶持與勖勉，豐富我的輔導知能，開闊我的視野。本書第四版的問世，要感謝心理出版社林敬堯總編輯及陳文玲編輯的熱心協助及專業提點，本

書才得以付印。設計師潘以恩小姐的封面設計，增添本書不少色彩。最後，要特別感謝內人林薇女士，在每篇文稿裡都融入她多年學校輔導工作的智慧與心血，她是第一位讀者，也是品管的終結者。

潘正德謹識於
2022 夏日台北寓所

目次

理論篇：隙中窺月 1

    第一章　諮商的基本觀念與技術　3

    第二章　諮商的目的與本質　21

    第三章　諮商員的特質　31

    第四章　諮商的理論　43

    第五章　諮商輔導人員的專業倫理　81

技術篇：庭中望月 101

    第六章　成為有反應的傾聽者　103

    第七章　溝通與催化技術　131

    第八章　感受的處理與練習　163

    第九章　思考的處理與練習　183

    第十章　行動的處理與練習　207

    第十一章　問題處理模式　231

    第十二章　生活技能訓練　265

    第十三章　危機調適處理　285

    第十四章　專業技術的成長與發展　305

實務篇：台上玩月 313

    第十五章　抗拒的認識與處理　315

    第十六章　心理防衛的認識與處理　321

    第十七章　曖昧訊息的認識與處理　331

    第十八章　年長者的心理與輔導　341

附錄：實用量表　353

參考文獻　359

理論篇

隙中窺月

半畝方塘一鑑開　天光雲影共徘徊
問渠那得清如許　謂有源頭活水來
　　　　　　　　　〜南宋・朱熹
　　　　　　　　　《觀書有感》

第一章

諮商的基本觀念與技術

諮商是一種有意義的陪伴。而真正的陪伴是，
當你需要我時，我在你身邊；當你不需要我時，我也不會離開。

～潘正德（2021）

《輔導手札》

閱讀完本章，讀者可了解諮商與助人的定義、諮商與助人的策略、諮商歷程中的助人與抉擇，以及諮商與助人技術等。

　　從心理需求的觀點來看，人要過得舒服、愉快，有些基本欲望必須得到滿足，例如：生理方面，餓了要吃、渴了要喝、累了要休息；心理方面，愛與被愛、自尊尊人、成就感等。倘若這些需求不能得到滿足，則個人身心兩方面都會受到影響，煩惱、挫折、失敗、無力感、自我否定便應運而生。在現代人的生活中，由於生存競爭激烈、相互支持系統的消失，及對不可知的未來之不確定感等因素，使得現代人在生活中普遍感到有被了解、支持的需要，並希望能獲得他人的援助與支持。生活中常見的對話有：

　　「我覺得難過、寂寞和恐慌。」

　　「我的心臟病隨時都可能發作，我該怎麼做，才不會浪費剩餘的時光？」

　　「我總是擔心父母親會發生什麼意外，即使他們就在我身邊。」

　　「我多麼希望我能有更好的人際關係，參與更多社交性的活動。」

　　「我和太太總是不斷有小爭執。」

　　「我對考試特別容易緊張，每次都無法發揮實力。」

　　「我不知道該選擇什麼工作。」

　　針對以上種種的問題，通常可往以下四個方向去尋求支援。

（一）專業的助人者

　　所謂專業的助人者是指曾受過嚴格專業訓練的人，包括：精神科醫師、心理治療師、社會工作者與輔導員。

（二）志願的助人者

　　志願的助人者是指那些接受過諮商課程訓練，學習過助人技巧的志願工作者，例如：張老師、生命線的義工人員。

（三）專門領域的助人者

　　這些人將諮商與助人的技巧運用在工作上，提供職業選擇、生涯輔導、法律服務、家庭協談，及其他專門領域的協助。

（四）非正式的助人者

我們每個人都曾經扮演過非正式助人者的角色，特別是當父母、配偶、子女、朋友或工作同事有困難疑惑時，我們試著給予安慰、精神支持，甚至幫忙出主意解決問題，所以你、我每個人都可以是助人者。

並不是所有願意助人的人，都能達成助人的目的，有時助人者的協助方法不當，反而會造成傷害。所以一個很重要的問題就是：「什麼才是有效的幫助？」換言之：「如何做，才能有效地助人？」而本書就是在探討這類問題，期望人人都能成為助人者及自助者。談到如何成為一位助人者及自助者，常讓人聯想到諮商輔導，因此，以下先介紹諮商與輔導的幾個觀念。

壹、諮商與助人的定義

在本書的一開始，首先要對一些諮商輔導的名詞做簡單定義。通常「諮商員」（counselor）是指專業的助人者以及志願的助人者。而「助人者」（helper）是指那些專門領域中的助人者及非正式的助人者。在本書中，為方便起見，用「諮商」（counseling）來代替「諮商與助人」（counseling and helping）此名詞，以「諮商員」來代表大範圍的「助人者」——包括了前面四類的助人者。此外，以「受輔者」（client）來代表需要被幫助的人。

一、何謂諮商與助人

「諮商與助人」的定義，曾被許多學者多方面的探討過，以下是一些綜合性的定義：

（一）是一種關係

指的是諮商員與受輔者之間所建立的關係。換言之，是介於受過專業訓練的諮商員與受輔者之間的一種專業關係。良好的助人關係常會令受輔

者感到溫暖與真誠，以及諮商員敏銳細心的了解與接受。

（二）是諮商技巧的運用

在諮商輔導的過程中，諮商員會根據受輔者的問題及諮商歷程的推進，運用適當的技巧。這些技巧的種類繁多，而目的都在使受輔者能夠更了解自己，面對問題並進而採取行動解決問題。

（三）強調自助

諮商是一種歷程，主要目的在協助受輔者以自己的力量解決問題。因為生活中有無窮的事件、問題等待處理，正確的做法是培養受輔者自行處理的能力與技巧。

（四）重視選擇

認為每個人都是自主的，要解決問題或是拖延逃避，也都是個人的選擇，沒有外人能強迫。諮商輔導的目的是希望受輔者能成為好的選擇（抉擇）者，為自己的幸福和快樂做最好的選擇，並負起最後的責任。

（五）是一種歷程

「歷程」一詞暗示著變化、改變。這種變化可能是緩慢的或快速的，細微的或劇烈的。這歷程發生在諮商員和受輔者的交互作用間，彼此互相影響。很難說影響是產生於哪一次晤談，或是哪兩次晤談之間，但改變的確就是發生了。

（六）是一種心理上的協助

這種協助在幫助建立個人（受輔者）的自我認同（self-identity），藉由深度的自我探索，了解自己的特質、角色，並進而悅納自己、肯定自己，達到自我潛能的開發。

以上六點是學者專家（黃政昌、黃瑛琪、連秀鸞、陳玉芳，2015；Carkhuff, 1969; Gazda, 1977）提出的觀點。總結而言：諮商輔導是一段歷程，在這段歷程中，諮商員和受輔者建立良好的諮商關係，諮商員協助受輔者了解自己、面對問題，幫助他們培養出解決問題的能力。

二、輔導與諮商的異同

根據 Shertzer 與 Stone（1981）的觀點：「諮商是協助個人了解自己與其生活環境之過程。」由此定義來看，諮商與輔導均以助人關係為基礎，期盼透過此一關係協助受輔者能成為自我引導（self-directive）的人，進而發揮個人的基本功能，因此，二者的目標是相同一致的，故諮商與輔導可以互換。但由於理論及運用時機的不同，二者仍可區分如下：

（一）就廣度來看

輔導的涵義最廣，通常是指與受輔者有關的整體性輔導計畫與服務活動。而諮商通常是指輔導服務中的一種方式。在此定義下，諮商可置於輔導的範疇內，但不可視為輔導的同義語。

（二）就深度來看

輔導服務主要是藉由資料的提供以協助個人的一種方式。在個體尚未發生問題之前，根據其發展特性，提供適當的教育、職業及生活方面的資料，以協助個體完成每個階段的發展任務。諮商則不是以資料提供為主，而是在深入處理個別化的問題。因此諮商的涉入程度較深，情感介入（affective involvement）亦較多。

（三）就服務對象來看

輔導以全體的一般人為主，而諮商則以具備中度到重度個人問題的一般人為主。

（四）就取向來看

輔導偏重於單向的互動關係，由輔導員主動提供資料，受輔者傾向被

動接收資料，較少雙向的溝通。而諮商偏向於雙向的互動關係，受輔者較多積極主動的行為，雙向溝通多而緊密。

（五）就服務場合來看

輔導通常運用於學校內之學生輔導中心、就業輔導室、生涯規劃中心、生活輔導室及社區內之教會機構、就業安置單位，而諮商大多運用在學生輔導中心及社區內之心理衛生中心。

（六）就使用技術層面來看

輔導使用的技術較固定且少變化，難度適中。而諮商使用的技術較富彈性且多樣化，難度亦較高。

（七）就需要時間來看

輔導通常是短暫的、有限度的接觸，故所需要的時間較少。而諮商可發展出較長遠、深入的兩人關係，通常時間較長。

（八）就功能來看

輔導是發展性與預防性功能，而諮商則兼具發展性與補救性功能。

▌貳、諮商與助人的策略▐

由於諮商員與受輔者在諮商關係中一起涉入問題，並一起面對問題，因此諮商員應具備某些有用的策略，才能提供適時的協助。為便於了解，以下先呈現案例再加以說明。下面五個受輔者的案例，分別代表不同形式的問題，需要不同的諮商策略來處理。

一、重建與支持：案例一

凱莉，18歲的少女，從小到大眼見雙親不斷地爭吵。她的雙親都

極力想爭取她站在自己這一方，卻從不肯花時間精力了解她真正的想法。她承受到父母兩方的壓力，但不知如何處理。家庭生活對她而言沒有絲毫樂趣，連帶影響到她不知該如何與他人建立較親近的關係，她總是顯得退縮、緊張和悲觀。

人在成長期間，特別需要情感的滋潤，否則將會缺乏安全感，影響人生觀的建立。英國心理學家 John Bowlby（1982）曾提出依附對象（attachment figures）此一名詞，意指安全感的提供者。安全感的提供者可以藉由敏銳細心地傾聽和了解，讓孩子感到被關愛，感到安全，使他們有勇氣去從事各種探索行為，以更了解自己及外在世界。

由案例的敘述可知凱莉缺乏自信心及安全感，她從父母親那兒學習到的並不是良好的溝通方式。因此凱莉需要重新學習與他人建立關係的方法。諮商員可以在諮商關係中，提供她以往所欠缺的溫暖與肯定，並提供一些良好的技巧以重建她的人際關係。所以對於凱莉此一案例，諮商員應採取的是「全人取向」的諮商方式，不僅是幫助她解決問題，更需要提供其精神上的支持，預計需要的時間會比較長。

二、問題處理：案例二

政雄是一位 40 多歲的已婚男子，有兩個 10 多歲的兒子，他意識到自己和孩子們的關係正逐漸惡化，他常生氣地指責兩個兒子總是不在家，把家當成旅館似的。而政雄的太太則不希望他老是發脾氣，把家裡氣氛弄得不愉快。

像政雄這類案例前來求助時，是為了解決生活中的特殊問題，諮商員可以採用「問題處理模式」來協助受輔者處理問題。問題處理模式是以評估問題、定義問題開始，然後設定目標、規劃行動步驟，到最後做行動的評估。問題處理模式的適用問題相當多樣化，諸如孩童的學習困難、喪親適應、管理者的壓力問題、酗酒問題等。在後面的章節會有更詳細的說明。

三、抉擇行為：案例三

　　國立目前是大一下的大學新鮮人，他唸的是機械工程系，已知九科中有三科成績不及格。這種成績一方面是科目本身較難，另一方面則是他對課程根本不感興趣，他猶豫著不知是否該轉系。

　　像國立的問題就是一個標準的抉擇問題。諮商員可以協助國立真正想清楚：「自己要的是什麼？」「有哪些選擇性？」「結果可能如何？」至於決定權則仍在國立身上，沒有人能代勞。除了這個案例外，也有不少其他案例是與決策行為有關，如職業選擇、生涯規劃、退休諮詢和中年危機處理等。

四、危機處理：案例四

　　安茹的丈夫在一年前開始和另一位女人同居，從那時起，安茹就常常陷入精神恍惚的狀態且持續數小時，即使在工作中也經常如此。安茹在一家劇院中工作，工作原本就比較忙碌緊張，再加上最近她又和一位導演發生過爭吵。安茹現在整個人充滿了沮喪、悲傷和不安且情緒易激動，她覺得再也無法繼續工作，已經到了忍耐的最大極限。

　　像安茹這類個案，常可見到受輔者無法面對或處理強大的壓力，變得不事生產而反覆不停地想著同一件事情，完全從人群中退出，縮回自己的保護殼裡。面對這類處於危機之中的受輔者，諮商員常必須對情況做快速的處理，例如：解除受輔者自殺的念頭（這常是受輔者用以處理問題的方法），幫助受輔者不陷於濫用藥物的情況，甚至轉介至醫院做醫療處理等。等過了這段危險期，再協助受輔者冷靜地處理問題，渡過難關。

五、生活技能訓練：案例五

　　俊仁和惠莉是一對已論及婚嫁的情侶，他們為了使婚後的生活更

幸福，所以參加了一個伴侶關係的技巧訓練營，進行每週三小時、共計十二週的活動。

　　隨著活動的進行，逐漸可看出訓練的成效，俊仁和惠莉雖沒有在個性上變得愈來愈一致，但他們學會了以良好的溝通方法及簡單的助人技巧互相扶持。事實上，諮商的技巧可以運用在生活的各個層面上，例如：教師可以幫助學生發展出自我學習的技巧，或是藉由活動增進學生參與團體的能力；行政人員也可以運用諮商技巧，訓練工作人員具備更有效的溝通技巧和工作協調能力等。

　　以上介紹的五個不同案例中，運用到幾種不同的技術，其中有重建與支持、問題處理、協助決策、危機處理及生活技能訓練等。這些技術在往後的章節均會有更詳盡的說明。正如法國政治家 De Talleyrand 所說：「對軍人而言，戰爭是有力的工具。」我們亦可說：「對諮商輔導者而言，諮商技巧是重要而且有效的工具。」

▌參、諮商歷程中的助人與抉擇 ▌

　　就許多方面而言，在諮商歷程中，諮商員及受輔者都面對不少的選擇，因此雙方都是抉擇者。以下將做進一步的說明。

一、抉擇能力不足引發的問題

　　本書的一項重要假設是，每個人都必須為自己的生存和自我的實現負起責任。「責任」一詞，基本上不應該被當做是「壓力」、「沉重」的同等概念，也不應在聽到「責任」便讓人徒增罪惡和沮喪的感覺。我們應對責任有正確的了解，才能成為一個有效率的抉擇者。

　　前面所提及的幾個例子，凱莉、政雄、國立、安茹都必須了解，只有自己才是自己生活的主宰者，應對自己的情況負起責任，只有當他們不再將過錯歸之於他人，願意努力以改善自己的景況時，諮商員才能幫得上忙。

諮商員雖然可以提供心理的支持與協助，但真正行動的仍是受輔者自己。在諮商員的協助之下，讓受輔者可以冷靜地看清楚自身所處的情況，理智而有效率地做出行動的抉擇。

　　想過著積極而有效率的生活，人必須能在感受、思考及行動三方面做出適當的抉擇。適當地感受抉擇，能避免人們陷入沮喪、憂鬱或自卑的情緒中，能更坦然地面對自己的經驗，體驗感受並清楚了解自己的渴望與需求。適當的思考抉擇，能避免人們落入自我防衛或有所偏誤的思考模式中，並能有效率地訂定計畫處理問題。而適當的行動抉擇則使人們每一步的行動都更朝著目標接近，能在工作與休閒中達成平衡且滿足需求。因此抉擇能力不足將引發問題的產生，不論是感受、思考或行動上。

二、諮商歷程的抉擇

　　在諮商的歷程中，諮商員和受輔者兩人都是主動的抉擇者，也深受選擇結果的影響。表 1-1 說明了諮商員和受輔者在諮商歷程中可能會面對的選擇。我們應該記得，在任何時候人都不可能避免做選擇，即使是逃避，也已經是一種抉擇了。

表 1-1　諮商歷程中可能面對的選擇

諮商員的選擇	受輔者的選擇
1. 是否要接這個個案？	1. 是否要相信諮商員？
2. 該說些什麼？	2. 該說出煩惱的事情嗎？
3. 如何說及何時說？	3. 該透露多少？
4. 採用何種諮商策略？	4. 如何說以及何時說？
5. 受輔者對我的看法如何？	5. 哪些要說，哪些不可以說？
6. 如何建立信任關係？	6. 諮商員對我的看法如何？

　　熟練的諮商員會做出適當的選擇。本書的目的正是要增進讀者的抉擇能力，以便能更有效地助人。文中之所以強調諮商員的抉擇能力，是希望讀者能明瞭，諮商員是個主動積極的角色，必須在適當的時候做適當的反應。

　　不只是諮商員要抉擇，受輔者也不斷地面對選擇，他們要決定諮商員是否值得信任，決定要對諮商員做多深及多少的坦白，還有其他許多類似的選擇。

　　協助受輔者做到「自助」是諮商的終極目的。這不僅需要受輔者具備正確選擇的技巧，更要受輔者具備做適當選擇的能力。強調受輔者是抉擇者，也是在促使受輔者能積極主動地為自己的選擇負起更多的責任。倘若受輔者在生活中，無論是大、小事均能做出正確的抉擇，受輔者必定能過一個有效率的生活。這正如馬斯洛（Maslow, 1943）所說的：「如果自我實現是一條漫長的路，那麼，每一次足以激發潛能的抉擇，都會促使人們朝向自我實現更邁進一步。」

▌肆、諮商與助人技術 ▌

一、什麼是技術

　　「技術」是專業人員所使用的一種專門的、有效的解決問題之工具；因此只要是工具，都需要人們能正確而充分地使用，才能發揮其最大的功能。因為擁有「技術」這項工具還在其次，重要的是如何同時擁有正確使用工具的能力。本書不但介紹多種助人技術，也同時介紹使用助人技術應具備的能力，此外還有作業練習，盼能幫助讀者熟練這些技術，以充實自己的專業知能。

　　技術的概念並非是「有」或「沒有」的二分法，而是「較優」與「較差」的區分比較。如果諮商員能在適當時機運用適當的技術，則表示諮商員運用技術的能力「較優」；反之，則「較差」。諮商技術的範圍極廣，一位諮商員很可能在某些方面技能優異；但某些方面則感技窮。這是極其自然的現象，因為沒有一位諮商員可以專精於所有的諮商技術，每個人總

有自己專精與不擅長的領域。

二、關係理論抑或技術理論

在諮商歷程中有「個人取向」（person orientation）和「任務取向」（task orientation）兩種區別。所謂個人取向，重點在於諮商員和受輔者之間關係的建立，一個安全溫暖的諮商關係能使受輔者自我引導的能力被釋放，進而做更深層更自由的內在探索。在個人取向中，技術是較次要的。當諮商員提供一個舒適的環境和氣氛時，受輔者會自動感受到期望「改變」的需求，也會產生「改變」所需的力量，這就是受輔者邁向自助的第一步。以上是「受輔者中心學派」所抱持的基本理念。

任務取向比較重視的是技術的運用，以幫助受輔者解決問題，此點和個人取向有所不同。但以實務的觀點來看，關係的建立和技術的運用都是諮商歷程中不可缺少的部分，因為僅提供一個良好的諮商關係，可能並不足以協助受輔者解決問題、改善狀況。因此應加入技術的運用，以協助受輔者能迅速且有效地解決問題。

作為諮商員、助人者，不僅本身是技術的使用者，也應該鼓勵受輔者成為技術的使用者。如此，受輔者將更有能力自行面對問題、處理問題。此外，也應該提供受輔者一些有關技術的基本知識（理論部分），以使其能更熟練無誤地使用某些技術，並從中獲益。

三、基本的諮商技術

諮商是一種人際互動的歷程，因此具備變化、改變的「動」態，而非靜止不變的一套模式。諮商員在此一動態的歷程中，需視諮商員與受輔者的特質、關係、問題性質，選用各種合適的技術與策略，以協助受輔者解決問題，增進自我成長。本節綜合各家說法，介紹諮商歷程中可使用的基本技術，以供參考。

（一）打破僵局（ice break）：開場白

功能：減輕受輔者焦慮、尷尬、不安的情緒，建立初步可談話的關係。

方法：寒喧、致意、關懷、確定話題。

原則：1.避免直接詢問有什麼問題。

2.以溫和的態度表達對受輔者的關懷與體諒。

3.鼓勵受輔者成為開啟話題的人。

4.不從問題開始，而是從人與人接觸的關係開始。

5.讓受輔者了解諮商晤談的方式、過程，及個人權益。

6.真誠關懷，自然互動，減緩陌生感。

（二）傾聽（listening）：含有專注與主動的意味，是耳、眼、心並用的聽

功能：具有辨別、表達尊重、增強、激發反應等功能。

方法：1.行為上的專注：

(1)直角（square）：面談時座椅最好成九十度。

(2)開放（opening）：諮商員保持開放，非防衛性的姿勢。

(3)前傾（leaning）：諮商員的身體稍往前傾，表達主動參與的姿態。

(4)眼睛接觸（eye）：諮商員與受輔者保持眼睛的接觸，表達關心與專心。

(5)放鬆（relaxation）：諮商員表現自然放鬆的神態。

2.心理上的專注：

(1)了解非語言的訊息。

(2)完全傾聽語言的訊息。

原則：1.注意受輔者的肢體語言。

2.避免選擇性傾聽。

3.妥善處理沉默。

4.受輔者是主體，也是晤談的焦點。

5.讓受輔者說自己的故事，愈詳細愈好。例如：你想要我知道哪些有關你的事？

6.對所蒐集的資料做初步統整及摘要。

（三）接納（acceptance）：接受受輔者的想法、感受、行為，而不批判、拒絕

功能：鼓勵受輔者更自由、自在地表現自己。

方法：1.利用口語、非口語行為表達。

　　　2.溫暖、正向感受之傳達。

原則：1.諮商員對自己的價值觀、好惡有清楚的了解。

　　　2.能敏感並控制厭惡、排斥、驚訝等立即性反應。

　　　3.避免立即性建議、勸說或安慰。

　　　4.多使用鼓勵性、建設性語句。

　　　5.關係建立不是唯一重點，但沒有關係就沒有改變的可能。

　　　6.受輔者的主觀經驗述說比諮商技術的使用更重要。

（四）同理心的了解（empathic understanding）：表達諮商員對受輔者感覺與經驗的了解

功能：讓受輔者了解諮商員能清楚且完全地明瞭受輔者表達的意思，並讓受輔者更安全、開放的表達。

方法：1.了解同理心的定義。

　　　2.能分辨同理心的層次。

　　　3.不僅對受輔者表達的內容做反應，同時對隱喻的、未明白敘述的部分做反應。

原則：1.保持專注與傾聽。

　　　2.同理心非覆述，諮商員應熟悉感覺與情緒的字彙之表達。

　　　3.感覺與情緒的表達，可透過四種方式表達：

　　　　(1)單字或詞：生氣、哀傷、高興、難過、傷心等。

　　　　(2)成語：一無是處、欲哭無淚、傷心欲絕等。

　　　　(3)經驗：你經驗到無趣、煩人的事。

　　　　(4)行為：你高興得想跳起來；你真想找個地洞鑽下去。

　　　4.與受輔者當下的感受情緒起共鳴。

5.協助受輔者表達並釐清當下的情緒感受。

6.覺察受輔者隱而未現或模糊不清的訊息。

（五）場面構成（structure）

功能：協助受輔者做好晤談的心理準備，並為晤談先做定向。

方法：1.釐清雙方的角色與責任。

2.說明晤談的過程、時間、方式等。

3.解釋相關的專業倫理。

原則：1.簡短、清晰、適時。

2.不影響輔導過程的自然發展。

3.視情況需要而使用，通常多用於晤談初期。

（六）反映（reflection）：諮商員像一面鏡子，反映出受輔者的情緒，或反映其語義

功能：建立雙方了解性的關係，並協助受輔者

1.表達更多的情緒、感受。

2.更深刻體認並了解自己的狀況。

3.更清楚自己的感受與情緒。

方法：1.諮商員用自己的話語或肢體語言，描述受輔者此時、此地的感受與心情。

2.諮商員重複受輔者的對話，或反映其語義。

原則：1.可針對受輔者的感覺、情緒，或對話做反映。

2.諮商員可從受輔者的觀點去初步了解對方。

3.嘗試連結受輔者感受與想法的關係。

（七）澄清（clarification）

功能：使受輔者能

1.更清楚自己的想法、看法、觀念。

2.核對訊息與原意是否相符。

3.核對處理方向、目標是否和受輔者的需求一致。

方法：使用不同的對話，將受輔者的意思摘要覆述予受輔者，並加以
　　　驗證。

原則：針對受輔者表達的內容，不加入諮商員的看法。

（八）引導（leading）

功能：協助受輔者針對面臨的問題進行自我探索。

方法：1.直接引導。

　　　2.間接引導。

原則：1.鼓勵受輔者自由地探索自己及其問題，不限制受輔者的思考
　　　　方向，或朝向諮商員的結論發展。

　　　2.使用開放式問題，逐步趨近問題核心。

（九）尊重（respect）

功能：建立信任關係，提升受輔者的自尊與自信。

方法：1.把受輔者當做完整、獨特的個體。

　　　2.接納受輔者的一切言語、行為、態度等。

　　　3.相信受輔者的潛能。

原則：1.注意表裡一致的態度。

　　　2.無條件積極的關懷。

　　　3.接納而不批判。

　　　4.鼓勵受輔者繼續分享發言。

（十）真誠（genuineness）

功能：讓諮商關係具有真實感、現實感。

方法：自我探索、模擬演練。

原則：1.諮商員以真實自我與受輔者接觸、互動。

　　　2.行動、想法、感覺一致。

　　　3.自然而不做作。

　　4.真摯誠懇的態度。

（十一）面質（confrontation）：諮商員對受輔者的感覺、經驗 與行為深入了解後所做的反應

　　功能：協助受輔者了解自己內在的衝突、矛盾、歪曲、逃避之行為與 態度。

　　方法：諮商員使用具體的語言，指出受輔者歪曲、逃避、矛盾之處， 並加以質疑或澄清。

　　原則：1.採取同理心的態度。

　　　　　2.使用和緩而有彈性的語氣。

　　　　　3.表達關心和參與的態度。

　　　　　4.需在安全、信任關係建立後才實施。

　　　　　5.倘若受輔者處於極度混亂、迷惑、不穩定時，則避免使用。

　　　　　6.採用漸進法。

（十二）立即性（immediacy）：諮商員與受輔者就目前發展出 的諮商關係，進行直接而開放的討論

　　功能：1.澄清兩人的諮商關係。

　　　　　2.有助於受輔者更關心、更投入、更有參與感。

　　方法：諮商員徵得受輔者的同意，暫停對事情之討論，轉而對兩人關 係做溝通、回饋。

　　原則：1.需在良好關係建立後才實施。

　　　　　2.語氣緩和、有彈性、態度真誠而堅定。

（十三）自我坦露（self-disclosure）：諮商員在必要的情況下， 適當地將自己的感覺、經驗、行為與受輔者分享

　　功能：1.透過諮商員呈現出來的與受輔者的相似性，增加諮商員的吸 引力。

　　　　　2.增進受輔者對諮商員的信任感。

3.增強諮商員同理心的真實性。

4.縮短兩人的心理距離。

5.諮商員的自我坦露有示範作用。

方法：諮商員視時、地、事、物提供自己的經驗、遭遇、感受供受輔
者參考，並與之分享。

原則：1.諮商員認定自己的經驗有助於受輔者時，才做自我坦露。

2.諮商員的自我坦露應該與諮商的某些目的有關聯。

3.諮商員的自我坦露不應增加受輔者的心理負擔。

4.諮商員的自我坦露不應分散受輔者對自身問題的注意力。

5.諮商員應對受輔者有相當的了解後才做自我坦露。

（十四）結束（termination）

功能：1.適時結束一個話題，順勢引出另一話題。

2.結束一次晤談。

3.總結整個會談之重點。

方法：1.結束一個話題：摘要、改變話題、解釋等。

2.結束一次晤談：提示時間、給予建議、家庭作業或預定下次
時間等。

3.結束個案：總結、告別、叮嚀、轉介、追蹤等。

第二章

諮商的目的
與本質

松下問童子，言師採藥去。只在此山中，雲深不知處。

～唐代・賈島

《尋隱者不遇》

諮商的目的是透過諮商過程，建立信任的關係，協助受輔者真正了
解自己，進而達成自我的成長與改變。有時目標固然明確，路徑仍
是曲折，需要同心，方能同行。閱讀完本章，讀者可了解諮商的目
的與本質為何。

▌壹、諮商的目的 ▌

一般而言，諮商的目的可以籠統地歸納為：「透過諮商的過程，協助個人真正了解自己，進而促進自我的成長。」由於此一目的是人人均應達成的，故諮商被多數學者認為是輔導工作中的核心部分，任何有需要的人都可以要求諮商，而不應有所限制。但若就「諮商之特定目標有哪些？」來探討的話，便找不出一個範圍明確、具體又可以被所有學者接受的結論。因為每位諮商員在從事諮商時所設定的目標，必然受其訓練背景、價值體系、對角色的認定及當事人的需求等因素所影響。雖然如此，學者們大致上都同意諮商最基本的目的是：「協助受輔者改變其行為，俾能過著更積極且更自我滿足的生活。」

Frey 與 Raming（1979）從十四種諮商理論中歸納整理出七類諮商的方法與目標，分別是：

1. 能將諮商過程中所學到的遷移到諮商以外的情境。
2. 能了解並接納在衝突中的自我。
3. 能去除特殊的症狀。
4. 能加強自我的功能。
5. 能逐漸認清自己內在的潛力與資源。
6. 能因應並掌握周遭的環境。
7. 能化解內在負向或衝突的思想與情感。

人類在其發展過程的某些時刻，多少會經驗到生命的不連續性與不確定性。從現代社會生活中所謂「衝突的時代」、「失落的一代」等象徵性名詞來看，便可了解其端倪。因此，諮商的重點，在於協助受輔者具備計畫與決策的能力。但這並不表示諮商員要直接告訴受輔者什麼是對的、什麼是該做的；而是適時提供資料與諮商，協助受輔者了解自己在教育上、生活上、社會適應上有哪些需要達成的目標。

Thompson 與 Zimmerman（1969）使用「目標檢核表」（goal checklist），請 27 位諮商員在諮商過程的各階段填寫 315 名受輔者自己認定的目標以及諮商員認為當事人要達成的目標，以探討：(1)諮商員所設定的目標與受輔者所設定的目標間相關程度如何？(2)此種相關程度是否會隨時間而改變？結果發現：(1)諮商員所設定的目標與受輔者所設定的目標間之相關係數為 .20；(2)受輔者自己在諮商過程中的不同階段目標的相關為 .50，諮商員在不同階段所設定的一致性為 .30。此結果指出了受輔者與諮商員彼此間所設定的目標，並沒有隨著諮商的進展而更趨於一致的現象，故研究者建議：諮商員與受輔者應該在諮商初期，就彼此想達成的目標加以討論，以決定雙方所期待達成的共同目標。此研究也指出：是否有「適合每一個人的共同諮商目標」，是件值得懷疑的事情。

長久以來，Krumboltz（1965）一直批評含糊與不確定的諮商目的，例如：當事人中心學派對每位受輔者的目標都是自我實現，便是一個極含糊的觀念。他認為每位受輔者在接受諮商時，均應建立一個合乎自己期待的目標。換言之，每位受輔者所訂的目標應當是各不相同的。

Krumboltz 與 Thoresen（1969）列出訂定諮商目標時，應考慮的三項準則：

1. 這目標必須是受輔者本身想達成的。
2. 諮商員須誠心協助受輔者達成他自己所訂的目標。
3. 目標達成的程度必須是可評估的。

Walker 與 Peiffer（1957）則是從另一角度來思考這問題，並提出幾種不適當的諮商目標，要求諮商員避免之：

1. 諮商的目標只考慮受輔者一己的適應狀況。
2. 諮商的目標只以受輔者一己的快樂或滿足為考量。
3. 只考慮受輔者心理的需求，而忽略了社會責任。
4. 只考慮如何順從社會規範。
5. 認為受輔者情緒健康的標準應與諮商員完全一致。

Arbuckle（1975）也指出下列四種不適當的目標：

1. 直接替受輔者解決問題。
2. 只顧著讓受輔者高興或滿意（這只能是諮商過程中之附帶產品，不應成為主要目標）。
3. 只顧著讓社會大眾以受輔者的表現為榮（作秀式的表功做法，嚴重違反輔導專業倫理）。
4. 為了附合所謂「對」的價值判斷，拼命說服受輔者放棄他本想做的決定或目標。

此外，Arbuckle（1975）認為諮商應遵循下列原則：

1. 人基本上具有自我決定的能力。
2. 受輔者經由諮商應變得更能自我接納與自我了解。
3. 受輔者經由諮商應發展出更高層次的誠信，特別是對自我的誠信。
4. 諮商目標的確定應基於受輔者，而非諮商員的需求。

Byrne（1963）則將諮商目標劃分為三類：

1. 終極目標：依據諮商員對人的哲學觀而建立，例如：當事人中心學派的諮商終極目標為受輔者的自我實現。
2. 中程目標：受輔者之所以尋求協助的原因，亦即受輔者期待達成的目標。
3. 短期（立即的）目標：諮商過程的每一瞬間，諮商員能了解、接納受輔者，滿足受輔者當下之需求，便是立即的目標。

▌貳、諮商的本質▐

就一般人而言，諮商似乎就是平常所說的一對一面談而已；而對於正準備從事輔導與諮商的工作者而言，諮商又似乎是件很複雜且神祕的工作。故歷來有許多研究在探討「諮商的本質究竟如何？」，期能提供清楚的說

明。早期的研究偏重於對諮商內容做分析，近來的研究則將諮商視為一種
過程來探討。

一、諮商的一般性特質

Ford 與 Urban（1963）提出四個基本特質來描述諮商與心理治療：

1. 諮商係諮商員與受輔者二人面對面的溝通：換言之，即二個人互相
   交換意見，包括直接的口語對談、聆聽與非口語的表達（例如：姿
   勢、眼神、點頭、搖頭、皺眉等）。這種溝通係建立在「彼此互
   信」的基礎上，且因受輔者會表達其內心深層的困擾，故此種談話
   具有高度隱私性，應是不可被第三者觀察、監聽的。

2. 溝通方式一般是以口語表達為主：諮商員與受輔者互相交談，受輔
   者談論其切身的情況，例如：想法、感受、行為等，以及發生在受
   輔者實際生活中的事件及其反應方式；諮商員則聆聽、做反應並激
   發受輔者做更深層的吐露，雙方共同思考、討論，並分享彼此的意
   念。

3. 此種溝通經常是長期性的：因為「改變」（行為或觀念）往往需要
   相當的時間才能達成。普通朋友式的短時間談話中，個人扭曲的期
   望與潛意識的欲望仍然會持續存在，而且往往只能得到短暫的紓
   解。而諮商係以改變受輔者的行為為目標，亦即希冀透過諮商，受
   輔者能及時領悟並改變其對環境與現實之曲解，進而改變自己的行
   為。

4. 二者間的關係建立在改變受輔者的行為上：諮商員全心致力於與受
   輔者的互動關係，受輔者不必刻意贏取諮商員之歡心，最重要的是
   要致力去改變自己。

由上述看法可歸納出：諮商是一種諮商員與受輔者間同心協力的關係，
在此關係中，諮商員鼓勵受輔者自由地表達並探索內在的自我以及與其切
身有關的問題。除非雙方均有強烈的意願，否則諮商目標將難以達成！這
也就是為什麼受輔者和諮商員之間的信任與信心，是諮商能否有效的最重

要因素。

Strong（1971）則以實驗室研究法來探討諮商，結果發現五項諮商特質，他特稱之為諮商的臨界條件（boundary conditions），認為這五項特質對諮商的實際效果有重大的影響：

1. 諮商是一種人與人的對話，具有情緒、感受的特色，而非機械式的對答。
2. 在諮商關係中，若諮商員與受輔者的地位有差別（即雙方並未建立平等關係），會限制二人之間的談話深度。
3. 諮商時間的長短因人而異，而且有時會持續很長的時間。
4. 受輔者經常是因諮商員而引發出改變的動機。
5. 許多受輔者的問題係源自於心理方面的沮喪，且深受其想改變的行為所困擾。

二、諮商的特殊性特質

Dinkmeyer 與 Caldwell（1970）以四個階段來說明諮商的特質——建立關係、動力之探討、闡釋、重新導向。有關內容分述如下：

1. 建立關係：諮商是一種合作的關係，諮商員與受輔者共同商定受輔者想達成且雙方均同意達成的目標。
2. 動力之探討：探討受輔者對其目前生活情境的看法。諮商員找出引起受輔者抱怨的內容、問題及有關的症狀等。
3. 闡釋：諮商員把重點放在對目標的闡釋，其內容與方式不僅促使受輔者面對其感受，而且也面對潛伏在感受底下的真正動機與目的。此外也指出受輔者的動機、意念及其個人的邏輯觀。
4. 重新導向：受輔者願意放棄從前之謬誤概念與信仰，逐漸開始建立正確的想法及信仰系統時，重新導向的階段便開始了。

Patterson（1986）則從「哪些做法違背了諮商本質」之角度，來闡釋諮商本質應該如何。以下是違背諮商本質的六種做法：

1. 雖然諮商包括提供資料，但僅是提供受輔者資料，並非諮商！

2. 諮商過程中，諮商員偶會提供勸告或建議，但僅是給予受輔者勸告或建議，並非諮商！

3. 不管是透過直接或間接的方式，只要是以說服、教導或威望來促成受輔者改變態度、行為、信念等，均非屬諮商範疇。

4. 凡是以訓誡、警告、威脅或強迫之方式來影響受輔者的行為者，均非屬諮商。

5. 指派受輔者職業或安排參加活動，並非諮商，但屬廣義的輔導範疇。

6. 雖然諮商必定包含面談在內，但面談不等於諮商。

依照 Patterson 之看法，諮商的本質應包括：

1. 諮商關切的是促使受輔者有意願、自動自發地改變其行為。亦即受輔者先有改變之意願，再藉由諮商員之協助而達成目的。

2. 諮商的目的在提供有利於受輔者改變的情境，例如：協助受輔者能更加深思熟慮地做決定，更獨立自主、自動自發等。

3. 就跟任何人與人之間的關係一樣，受輔者亦受到一些限制。這種限制與諮商目標有關，且涉及諮商員之哲理信念與價值判斷等。

4. 經由面談，盡可能提供有利於受輔者行為改變的條件。

5. 傾聽。

6. 諮商員能真正地了解受輔者。

7. 諮商必須在安全、隱密性高的場所進行，在此場所中，受輔者往往對諮商員產生高度的信任感。

8. 受輔者可能是遭受心理困擾者，而諮商員則是受過專業訓練，精於助人解決心理困擾者。

Morrill、Oetting 與 Hurst（1974）以立方體說明諮商的三個向度（見圖 2-1）。此模式之基本觀點在於視諮商為一種調適服務的工作，故列舉諮商員所需發揮的各種主要功能，以顯現諮商本質之意義。茲將此一模式說明如下：

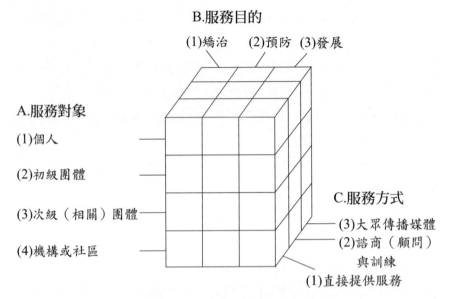

圖 2-1　諮商的三種層面功能

1. 服務對象：諮商員所要顧及的對象，包括：

 (1)受輔者本身。

 (2)對受輔者有重要影響力的初級團體，如家庭、配偶、子女等。

 (3)受輔者所屬的次級團體，如班級、寢室室友、同事、社團等。

 (4)機構或社區：學校、社區、所屬教會、公司等。

2. 服務目的：諮商員應協助受輔者達成下列目標：

 (1)矯治：去除受輔者不適應行為，學習有效的適應行為。

 (2)預防：協助受輔者具備目前或日後所需的各種技巧及達到技巧所需的方法。

 (3)發展：增進受輔者之適應能力，協助受輔者有效發揮潛能，健康快樂地生活。

3. 服務方式：諮商員可使用的方法很多，端視所擬定的輔導計畫之需要而定，包括：

 (1)直接提供服務予受輔者，如面對面諮商。

 (2)提供諮商與訓練，如甄選、訓練半專業人員。

(3)運用大眾傳播媒體，如電視、廣播、網路等，或相關的訓練方案來進行推廣輔導知能的工作。

　　Morrill 和他的同事們亦指出，不管在上述的任一向度中，都強調諮商員的評估與評鑑過程。由他們對諮商的概念可看出，該模式著重在諮商員功能整體性的發揮。此種涵蓋面廣又清楚具體的模式，對於諮商員的儲備與養成，是極為重要又具有意義的依據。

第三章

諮商員的特質

我心裡柔和謙卑，你們當負我的軛，學我的樣式；

這樣，你們心裡就必得享安息。

～《聖經·馬太福音》

柔和的心，能容納他人；謙卑的態度，令人感到穩妥。固然諮商員與受輔者間的適配性問題，是研究的熱門主題，但諮商員特質中的柔和謙卑卻是基本元素之一。閱讀完本章，讀者可了解諮商員與受輔者的特質因素、有效諮商員的特質，以及相關的研究。

壹、諮商員與受輔者的特質因素

　　諮商員的個人特質與輔導方法，對諮商的成效有較大的影響，一直是個值得思考的問題。羅吉斯（Rogers）的個人中心學派強調諮商員的人格特質，是影響諮商成效最主要的原因；行為學派則重視技巧的運用、行為的改變，強調諮商方法比諮商員的特質與態度更重要。而現今的趨勢則是兩者並重，筆者亦採此種觀點。以圖 3-1 的上圖來說明，圖中圓形部分代表個人先天的資質稟賦以及後天的學養，二者混合而形成個人的人格特質。因此圓形部分是個人天賦、經驗、學識、理想、價值觀、信念、宗教等的組合；圖中凸出的觸角則代表諮商員由內而外技巧的運用，或是受輔者深受困擾的問題。正由於諮商員擁有可助人的諮商方法，而受輔者擁有某些疑難困惑尋求援助，所以兩人因接觸而逐漸建立起諮商關係（諮商員與受輔者的角色亦於此時確立）。在這種諮商氣氛的籠罩之下，兩人皆會有所改變與成長，只是受輔者的改變通常較為明顯。

　　由圖 3-1 可知，諮商員的個人特質與諮商方法須並重且缺一不可。技巧必須由人來使用，而人也必須憑藉技巧為工具，兩者配合才能產生良好的互動關係，也才能產生良好的諮商效能。

　　此外，Okun（1987）在其諮商員與受輔者關係圖中，提出除了技巧，還有態度、需求、價值、信念等影響因素（如圖 3-2）。在 Brammer（1973）提出的諮商關係圖（如圖 3-3）中，亦顯示諮商員的自我知覺、需求、價值觀、感覺、經驗、期望等部分於諮商互動關係中也極為重要，而這些皆可視為諮商員人格的一部分。由上述可知諮商員人格特質在諮商關係中的重要性。

　　雖然受輔者的人格特質對諮商關係亦有直接或間接的影響，但受輔者上門求助與否，並不是諮商員與一般實務研究者所能控制的，因此所有對諮商關係的研究，大多集中在諮商員的特質上，而較少針對受輔者進行調查。

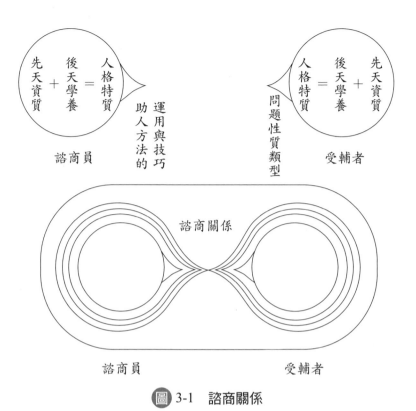

圖 3-1　諮商關係

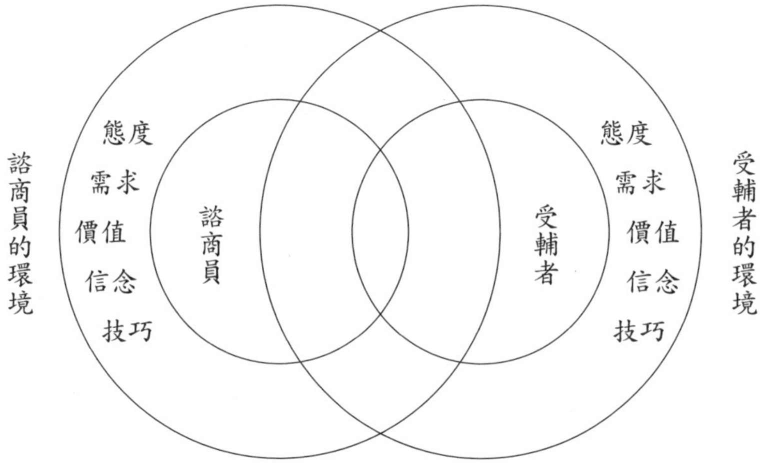

圖 3-2　Okun（1987）的諮商員與受輔者關係圖

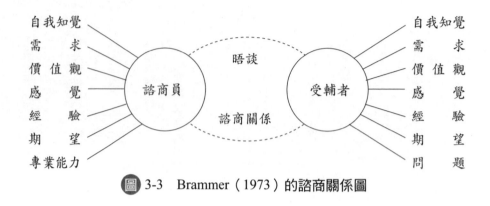

自我知覺
需　　求
價 值 觀
感　　覺
經　　驗
期　　望
專業能力

晤談

諮商員　　受輔者

諮商關係

自我知覺
需　　求
價 值 觀
感　　覺
經　　驗
期　　望
問　　題

圖 3-3　Brammer（1973）的諮商關係圖

　　許多研究均指出：諮商員的個人特質對於受輔者的積極成長有其重要性，就如同他們所使用的方法一樣，具有某種程度的意義。諮商員是否能有效助人，未必能由其諮商技術上看出，但可從其個人的信念與特質上加以分辨（Combs, 1986）。此外，*Therapeautic Psychology* 的作者 Brammer 與 Shostrom（1982）在其書中將諮商關係圖示，如表 3-1 所示。由表中可看出諮商員個人因素的重要性。

表 3-1　諮商歷程

諮商員的個人因素	+	諮商技巧	=	產生成長的條件	→	期望的成果
特質		了解的		信任		對諮商員
態度		支持的		開放		對受輔者
價值		行動的		誠實		對諮商機構
						對社會（區）

　　本節列舉了多位專家學者的看法，均認為諮商員的個人特質是影響諮商成效的一項重大原因，下節將介紹專家學者們心目中理想諮商員應具備的特質。

貳、有效諮商員的特質

不少學者指出，有效的諮商取決於諮商過程中，諮商員能否與受輔者建立良好的諮商關係。而良好的諮商關係與諮商員的人格特質有十分密切的關係，因此有些學者贊同「晤談情境是諮商員人格結構的函數」（吳武典，1977）。

至於有效諮商員應具備什麼樣的特質呢？羅吉斯（Rogers, 1962）曾列舉出下列四項諮商員應具備的特質與態度：

1. 同理心（empathy）。
2. 真誠（genuineness）。
3. 表裡一致（congruence）。
4. 無條件的積極關懷（unconditional positive regard）。

Raimy（1950）曾列舉出十五項臨床心理學者的人格特質，其中包括：

1. 卓越的智力與判斷力。
2. 有獨創性與機智性。
3. 有好奇心，能自我上進。
4. 尊重個人的尊嚴，對人有興趣。
5. 對自己的人格有洞察力，有幽默感。
6. 對動機的複雜性具有敏感性。
7. 寬容而非自大。
8. 採取適當的治療態度，能與人建立溫暖、有效的關係。
9. 勤勉、規律的工作習慣，且有耐性。
10. 接納責任。
11. 協調性。
12. 人格上的統整，能克制自己，有穩定性。
13. 具有倫理價值的判斷力。
14. 廣博的知識。
15. 對於心理學（特別是臨床心理學）有較多的興趣。

　　美國職業輔導學會（NVGA, 1949）亦曾指出，諮商員的一般特質為（李東白，1975）：

　　1. 對人有濃厚的興趣。

　　2. 耐心。

　　3. 敏感性。

　　4. 情緒穩定性。

　　5. 值得信任。

　　6. 客觀且尊重事實。

　　美國心理學會（American Psychological Association, 2009）也指出，一位良好的諮商員應具備的條件為：

　　1. 對人的動機敏感。

　　2. 容忍。

　　3. 謙虛。

　　4. 外向。

　　5. 強烈責任感。

　　6. 穩定的情緒。

　　7. 具有某水準之上的智能與判斷力。

　　8. 建立良好關係的能力。

　　Blocher 與 Ritas（1971）由文獻中綜合歸納不同學者的意見，列舉有效諮商員的人格特質為：

　　1. 自我更新（Shoben, 1957）。

　　2. 以身作則（Bandura & Waters, 1963）。

　　3. 真實（Jourord, 1964）。

　　4. 冒險性（Allport, 1961; Blocher, 1966）。

　　5. 為自己負責（Rogers, 1951）。

　　6. 從各方面了解自己（Allport, 1961）。

7. 適當的敏感度（Buckanan, 1967; Scheir & Bennis, 1965; Thelen, 1967）。

8. 能與人建立親密的關係（Allport, 1961; Ford & Urban, 1963; Rogers, 1962）。

9. 有角色適應的能力（Blocher et al., 1971）。

10. 能處理衝突情境的能力（Blocher et al., 1971）。

以上所列的各種特質，可說是大同小異，Belkin（1976）將之歸納為九大類二十五大項，其構成的矩陣如表 3-2 所示。Belkin 後來又將九大類歸成「了解他人」、「人我交往」與「了解自己」三個大類如下：

1. 了解他人：包括開放性、敏感性、同理心、客觀性等。

2. 人我交往：包括真誠、不專斷、積極專注、溝通技巧等。

3. 了解自己：包括自我了解、尊重等。

此外，有些學者把諮商員特質歸納成理想與不理想二類。在內涵上，以自我概念、動機、價值、對別人的感覺等方面，來說明理想與不理想的特質，如表 3-3 所示。

以上列出有效諮商員應有的特質，表面上它似乎顯得過於龐雜而無人能完全達到上述標準，但這些特質的確是個「理想」諮商員應具備的特質。讀者們請勿用全有或全無的二分法來看待，而應以一種連續性的觀點來衡量自己在某項特質上達到了多少，而在另一項特質上又達到多少。Gerald Corey 曾說：「不斷努力想成為一位理想諮商員的這種意願，就是諮商員極為重要的一項特質。」願讀者以這句話成為個人專業能力成長的標竿。

表 3-2　有效諮商員的特質矩陣圖

特質＼類別	開放性	敏感性	客觀性	真誠	不專斷	積極專注	溝通技巧	自我了解	尊重
變通性	○		○		○		○	○	
溫暖		○		○	○	○			○
接納	○	○		○	○	○			○
同理心		○						○	
表裡一致	○		○	○				○	
誠實			○	○					
清晰表達							○	○	
聰慧	○		○				○		
關心		○		○	○	○			
照顧		○		○	○	○			
真心		○		○	○	○			
安全感			○					○	
勇氣								○	○
信任				○		○		○	
具體性	○		○				○	○	
負責任								○	
奉獻				○				○	
涉入				○				○	
專業性		○	○	○	○	○	○	○	○
認知變通	○		○		○				
感知性	○		○				○		
不占有	○				○	○			
自我坦露				○			○	○	
不判斷	○	○	○		○	○			○
體察入微		○						○	

表 3-3　理想與不理想的諮商員之特質

內涵	理想的諮商員	不理想的諮商員
自我概念	認真、熱誠、耐心、輕聲細語、能覺察到自我中心、真誠而非表面的、活潑、不呆板	不夠認真、沒耐心、喜高談闊論、無法覺察到自我中心、認為自己真誠但僅限於表面、一成不變的
動機	較關心擁有足夠的安全感，但較不在意財富的需求	安全感及財富均不在意
價值觀	不以狡滑、機靈等特質為滿足；認為人應有權表現不同；不喜歡嚴謹、精確	沒有較特殊的價值觀，由順從中得到快樂；傾向於嚴格遵守規則
對別人的感覺	認為人們雖然自我中心，卻擁有適當的才智與能力	對別人的才智行為沒有特殊的信心

參、有關諮商員人格特質的研究

有關諮商員特質的研究，常見的有以下幾種方法：

1. 基於經驗和觀察所做的推論。
2. 研究諮商員不同於其他專業人員的特質。
3. 研究有效與無效諮商員之間特質的差異。

上一節所列舉諮商員的特質均是屬第一種方法，是經驗與觀察所得的推論，本節則是要介紹第二及第三種研究方法的結果。

Cottle 與 Lewis（1954）的研究指出，男性大專諮商員在「基季氏氣質量表」（GZTS）上自制性、社會性、情緒穩定性、客觀性、友善性、人際關係、男性氣質的分數均顯著高於一般大學生。在同一研究中還發現這些諮商員在「明尼蘇達多項式人格測驗」（MMPI）上說謊與輕度狂躁症量尺分數均較低，而在社會性內向量尺上分數較高。

之後的研究亦發現男性諮商員在測驗上的表現和男性教師（Cottle & Lewis, 1954）及校長有顯著的不同。校長和諮商員的心理需求不同，校長

們在成就性、秩序性、攻擊性、堅毅性和順從性的需求較高，而諮商員則在省察性、表現性、親和性的分數較高。

此外，Patterson（1962）以及 Foley 與 Proff（1965）等研究亦發現：男性諮商員在 EPPS 所測得之自省性、順從性、慈愛性、附屬性等心理需求上顯著高過常模，女性則在自省性上顯著高過常模（鄭心雄、彭昭英、謝孝慈、許中生、林安禮，1976）。

Rosen（1967）運用 EPPS 與 SVIB、Dogmatism Scale 對諮商經驗、諮商員年齡等多重因素做多元迴歸分析，結果發現：諮商員的心理需求與諮商能力沒有顯著關係。

Demos 與 Zuwaylif（1966）研究發現：有效諮商員在慈愛性和親和性之得分較高，而在自主性、謙遜性和攻擊性分數較低。Ohlsen 也指出：省察性和諮商效果有正相關，而攻擊性和諮商效果則呈負相關（鄭心雄等人，1976）。

除了 EPPS 之外，POI 也常用以研究諮商員的特質，Selfridge 與 Vander（1976）的研究結果顯示：諮商員在 POI 所測得的自我實現分數與受輔者所評之諮商效果有顯著相關，他甚至建議 POI 可作為諮商員甄試的指標。

Weinrach 與 Knapp（1976）亦發現：POI 中之時間能力及自發性，與學校諮商計畫效果之得分有顯著相關。於 POI 顯示愈自我實現之輔導員，在學校的個別諮商效果之得分愈高。

由上述 GZTS、MMPI、EPPS 及 POI 之相關研究結果顯示：諮商員的人格特質確實會影響諮商的成效。因此諮商員的特質因素，值得有興趣的諮商輔導工作者繼續深入並進行有系統的研究。

另外，從國內有關諮商輔導人員之人格特質研究來看，大致上含括諮商風格（自我效能、反移情處理能力、孝道信念、順道行為、自我照顧、融入靈性諮商等）、專業知覺（專業認同、專業成長、能力指標、專業耗竭、專業承諾等）、個人特質（輔導老師人格特質、依附風格、完美主義、五大人格特質、諮商員特質、共依附特質等）三方面加以論述。其中，代表性文獻包括：

何瑞美（2012）。**諮商師的依附風格、共依附特質與其自覺諮商初期工作同盟關係之研究**（未出版之碩士論文）。中原大學，桃園市。

吳淑萍（2016）。**大學校院諮商心理師工作壓力、專業認同與工作滿意之相關研究**（未出版之碩士論文）。中原大學，桃園市。

吳麗娟（2003）。一個諮商員的專業成長：一個「人」的成長：從 Human "doing" 到 Human "being"。**中華輔導學報**，14，1-30。

林家興、黃佩娟（2013）。台灣諮商心理師能力指標建構之共識研究。**教育心理學報**，44（3），735-750。

林倩如、林美芳（2014）。諮商師之自我覺察與專業提升。**輔導季刊**，50（1），67-74。

卓紋君、陳宗興（2011）。完形治療團體對未成年時期經歷父母離異事件之大學生的效果研究。**中華輔導與諮商學報**，30，54-78。

倪雅琪（2020）。**後現代取向諮商師之專業認同歷程探究**（未出版之碩士論文）。台灣師範大學，台北市。

陳秉華、詹杏如、范嵐欣（2015）。基督徒諮商師融入靈性的諮商實務經驗。**教育心理學報**，44，1-35。

陳愉雅、張高賓（2012）。心理師五大人格特質、壓力因應策略與專業耗竭之相關研究。**家庭教育與諮商學刊**，13，1-23。

曾珮媛（2010）。**諮商師及準諮商師完美主義與諮商自我效能之相關研究**（未出版之碩士論文）。台東大學，台東市。

劉芳綺（2011）。**國中輔導教師人格特質、自我照顧與專業承諾之相關研究**（未出版之碩士論文）。國立台北教育大學，台北市。

簡華妏（2006）。**華人文化脈絡中諮商與心理輔導專業工作者之反移情處理能力、孝道信念與順道行為對諮商效能的影響之研究**（未出版之碩士論文）。台灣師範大學，台北市。

譚宇權（2004）。孔子具備了，甚至超乎現代諮商員的特質嗎？**哲學與文化**，31（12），131-140。

第四章

諮商的理論

人生三境：見山是山，見山不是山，見山還是山。

～禪宗《指月錄》

知識領域的建構學習大致上離不開人生境界之歷程。「見山是山，見水是水」，這是一般人的境界，看到什麼就是什麼，並未知覺你所看到的事物，其中的真假、虛實、對錯，難以分辨；而「見山不是山，見水不是水」則是追求知識的另一境界，當中的懷疑批判，正如胡適說的：做學問須於無疑處存疑，剝開事物的表象，去探究其本質。最後，「見山仍是山，見水仍是水」是悟道的最高境界，經過懷疑、批判、辯證後，透澈了解事物的本質。諮商的理論技術與學派，建立在學派的基本假設（人性觀）、諮商歷程（諮商目標與諮商關係），以及諮商介入（諮商技術與程序），各自反映當時的時空背景，以及所欲解決的問題。因此，有所謂的傳統與後現代取向的諮商學派，但亦產生融通後的共同元素：強調受輔者主觀經驗、尊重受輔者意願、回歸受輔者主體性、去除專家角色與病理診斷觀點等。總之，當中的異同值得細細品味，融會貫通。閱讀完本章，讀者可了解與人類行為有關的個人理論、與助人有關的學派理論，包含中庸思想的理論以及正向心理學理論等。

為了對諮商技巧與策略有更進一步的認識，本章將介紹一些諮商理論，包括各理論的基本概念、對諮商關係的看法、主要的諮商策略等。但在開始介紹之前，我們將先討論有關諮商員個人理論的價值與重要性，因為這將影響到諮商員對一個正式理論的接受與否。

壹、與人類行為有關的個人理論

我們每一個人都擁有並存活在一套屬於個人的假設與觀點中，這套觀點與以往受過的教育、個人經驗、成長背景、道德觀、家庭環境等，皆有極大的相關。不論個人是否意識到這套觀點的存在，我們都確實使用著這套觀點，據以對自己、他人與環境做價值判斷，也據以待人接物、規劃未來。因此，身為諮商員，有必要深入了解自己所一貫堅持的個人理論，唯有如此，我們才能運用自己的理論以協助受輔者。

雖然我們很難將自己的個人理論清楚地表達出來，但我們深受影響。只有當我們意識到這一點，且努力去了解自己的個人理論時，才能在研讀正式的諮商理論後，發展出屬於自己的諮商風格，對受輔者發揮最大的協助。因此，不同的諮商員配合上不同的學派理論，會產生各種類型的諮商風格，這也許便是諮商理論不斷蓬勃發展的原因之一。

要如何對自己的個人理論有較深入且清楚的認識呢？不妨從回答下列問題開始：

1. 人是什麼？人性是好還是壞？是天生如此還是後天所造成？人是主動且擁有控制力的，還是被外在（環境、命運等）控制的？
2. 人如何學習？有哪些方式呢？
3. 人格特質是如何形成的？遺傳或是學習而來的？人格特質可由行為來區辨嗎？
4. 人會改變嗎？如何改變？由於外在原因而變，或是內在原因使之改變？
5. 什麼是正常？什麼是不正常？由誰決定？對於不正常，我們能做些努力加以改變嗎？哪些行為可接受，哪些又是不可接受的呢？

　　每個人對這些問題的答案可能都不一樣，而答案也無所謂對或錯。甚至，同一個人經過一段時間後，可能會寫出與先前完全不同的答案來。而這些答案，或多或少都反映了屬於你個人的理論架構。你可以把這些答案與下面介紹的各理論做一比較。或許有些理論會被你排斥；但你也會發現你的答案會因某些理論而改變。

▎貳、與助人有關的學派理論 ▎

一、心理動力論

　　心理動力論（psychodynamical theory）主要是由佛洛伊德（Freud）的心理分析論而來。佛洛伊德以他在治療違常者時所發展出的理論而著名，許多後來發展出的理論或多或少都受到佛洛伊德理論的影響，其影響可謂既深且遠。

　　本節除了介紹佛洛伊德的理論外，還將介紹阿德勒（Adler）、容格（Jung）及自我心理學的理論。

（一）佛洛伊德理論

　　佛洛伊德理論包含的範圍很廣，人的內在經驗、外在行為、生物本質、社會角色及功能都在佛氏理論的討論之中。心理分析論者所使用的策略，主要是以被稱為決定論的人格動力理論為根基。此理論是一個強調衝突的理論，根據此理論，衝突是由以下三者所產生：

1. 本我（id）：代表基本的、自私的人格層面，要求欲望獲得立即性的滿足。
2. 自我（ego）：藉由調和具攻擊性的本我與具道德性的超我所產生，是與外在世界接觸、處理現實狀況的部分。
3. 超我（superego）：代表了雙親、社會與文化等道德性的部分。

　　個體的行為被認為是在此三者間的衝突下所產生，衝突可能是有意識

或無意識的；而焦慮則被認為是由情緒被壓抑所造成。當三者間的衝突大到個體無法負荷時，個體會使用防衛機轉以逃避衝突所產生的焦慮，若連防衛機轉都無法處理掉焦慮時，則會造成嚴重的精神疾病，使患者與現實社會嚴重脫節。

佛洛伊德認為，個體從小到大會經歷五個不同的人格發展階段，分別是口慾期（0～1 歲）、肛門期（2～3 歲）、性蕾期（4～5 歲）、潛伏期（6～12 歲），及性器期（13 歲～青春期）。如果個體在這些人格發展的時期中，其需求常大過滿足或未能獲得滿足，皆會造成成年後的問題，如低自信、高焦慮、強迫性人格等種種不適應的狀況。

以下是佛洛伊德心理分析論的主要架構：

1. 人類行為是由潛意識驅力所決定。
2. 性驅力是主要的行為決定因素。
3. 成人行為會受到早期人格發展的影響。
4. 問題是由過去經驗所產生的內在衝突所引起，這些衝突會產生焦慮，並引起防衛機轉的作用。

（二）容格的理論

容格把重點放在人類發展的目的上，他對人性的看法是屬於較積極、正面的，他認為人類有著比性驅力更強的驅力，這種驅力使人會不斷朝著一個更完整的自我（自我實現）而努力，並且試圖在身、心、靈三方面達成某種平衡。容格又將個人的潛意識與集體潛意識加以區分，且對「象徵」（symbol）有了更深的看法。和佛洛伊德比起來，容格花了不少時間研究文化對於人類性格發展所造成的影響。

容格其他的主要概念包括：人格面具（persona）（意指人在不同場合會有不同的面貌）、阿尼瑪（anima，指男人潛意識中的女性性格）、阿尼穆斯（animus，指女人潛意識中的男性性格）、外向性（朝向外在，客觀的世界）、內向性（朝向內在，主觀的世界）。這些概念引導容格提出了四種人格型態：思考的、感覺的、直覺的及知覺的。容格認為不同人格型態的人在溝通上會有不同的困難。每一個人都有這四種人格型態的成分存

在，只是在比例上有所不同罷了。

（三）阿德勒理論

　　阿德勒與佛洛伊德不同，他比較強調社會因素對人格發展的重要性，也看重人與社會之間的關係。意識比潛意識更被阿德勒所重視，他亦認為人是有能力控制其內在驅力的（此點和佛洛伊德及容格看法稍有不同）。他的理論主要包括以下觀點：

1. 人類有潛藏的自卑感，為了掩飾與補償這種自卑感，會奮力朝著完美的方向去努力。
2. 除了努力克服自卑感，人們會將缺點加以轉換成優點或特殊技能，以求掩蓋。
3. 每一位個體在生命早期會發展出獨特的生活型態，以補償其自卑與缺點。
4. 個體的出生排序會強烈影響到個人生活型態的發展。

　　對阿德勒而言，適應不良的現象是當個體發展出不當的、過度補償的策略，以求克服自卑而產生的。

（四）自我心理學

　　當代的心理分析論認為自我及自我的發展，是個人生命中的根本，並非由內在衝突所產生，自我的發展和與他人關係的建立有著極大的關聯性。嬰兒在出生後最主要的驅力，並非是性的驅力，而是尋求關係的建立。因此，母親和嬰兒之間的關係對於嬰兒的自我發展，有著關鍵性的影響。母親是嬰兒第一個建立關係的人，嬰兒是否能發展出良好的自我及安全感，端賴於嬰兒能否感受到母親的關愛與照顧。如果嬰兒感覺被忽視，需求（餓、被愛的需求）未被滿足，則嬰兒的自我會產生分裂，於是就有真實自我與虛假自我二種自我的出現。真實自我是嬰兒與外在接觸及建立關係的自我，而虛假自我則是用來保護發展尚未成熟的自我。因此，早期母親養育上的缺失，會造成嬰兒虛假自我的產生，影響整體自我的發展。

自我的發展會經歷許多階段，如果在這些階段中，與客體（外在環境、他人）關係建立不良，則這種經驗會阻礙發展的過程，造成自戀或其他精神疾病。

（五）心理動力論的主要助人原則

心理分析治療的主要目的，在於讓受輔者能察覺潛意識中的訊息，重建人格以達到健康的平衡狀態。因此，容格論者強調基本特質的重建，阿德勒論者強調改變受輔者的自我概念，重建其生活型態。自我心理學則強調治療關係中養育性的特質，可提供受輔者早年經驗欠缺的部分，使自我的發展得以完整。

心理動力論者在晤談過程中，是採指導式的諮商，其使用的技巧包括詢問、解釋、夢的解析、自由聯想、回憶及情感轉移分析等。情感轉移分析可以幫助受輔者了解，由於過去的經驗與關係，使得他現在對人們有錯誤的知覺、錯誤的解釋及反應方式。而夢的解析、自由聯想和回憶的目的，在於協助受輔者內省及重新經驗過去。由此可知，心理動力論者的諮商員把重點放在「過去」、因果關係的探尋及面質受輔者不一致的地方。

傳統的心理動力論中，諮商員是採較權威性、指導式、專家式的態度，與受輔者的關係較疏遠。然而，阿德勒是最早將同理心概念引入心理分析的諮商關係中的學者。因此，諮商員被鼓勵表現自然的溫暖，直到今日，仍是許多諮商員養成訓練課程中的重要項目。

二、現象學理論

現象學理論（phenomenological theory）的諮商員，將重點放在每個人內在世界的獨特性，因為獨特性決定了他們所看到的是什麼樣的現實。這種理論取向強調此時此地，而非過去或未來。他們較重視個體的情感層面，而非思考或行為層面。現象學派中最被廣泛使用的是羅吉斯（Carl Rogers）的受輔者中心理論（person-centered theory），及 Fritz Perls 的完形理論。

（一）受輔者中心理論的主要諮商原則

相對於心理分析論的觀點，受輔者中心理論認為人類是理性的、善良的，並且有能力為自己負責及做抉擇。羅吉斯主張人是合群的、積極的，值得信賴。雖然人們會有負向的情感，如恨、憤怒等，但他認為這些負向情感的出現，是因為愛、安全感、歸屬感等無法獲得滿足的結果。羅吉斯關心的是受輔者對於自己及環境的看法，而非他人或環境對受輔者的看法。

以下是受輔者中心理論的一些主要論點：

1. 自我概念包含了個體與他人互動中所得的自我印象。
2. 現象場是指個體周圍的真實世界，包括了個體的自我概念及個體對世界的知覺與看法。
3. 個體的所作所為會增強其對自己的自我概念。
4. 適應不良問題的出現，是由於個體的自我概念與生活經驗不一致所致，這種不一致會造成威脅感，使個體出現自我防衛（例如否認、扭曲現實等）。
5. 只有當他人給予無條件的正向關懷時，個體才能對自己的經驗採取開放的態度，並逐漸消弭自我概念與真實生活間的不一致。

受輔者中心論者就是要創造一個具有同理心的諮商關係，由諮商員提供真誠、無條件的積極關懷，鼓勵受輔者體會「此時此地」的感覺，及自發地產生改變的渴望與力量。諮商的目標是受輔者能達到自我實現與完全的自我了解。這種諮商關係需要諮商員與受輔者雙方完全地參與。

受輔者中心理論的諮商員採用的語言技巧，包括反映、澄清、歸納、面質等。但該理論強調的不是技術層面，而是雙方關係的真誠互動。因此，可以說羅吉斯的受輔者中心理論是最不具指導性，亦最不強調「技巧」的諮商學派。羅吉斯早期的主張是諮商員與受輔者能保持一個適當的心理距離，但晚期則認為諮商員應有某種程度的自我坦露，故與受輔者之間的心理距離也拉近不少。而其語言技巧方面，除了早期的反映、澄清、歸納、面質等，亦加入了回饋與分享等。

相較於其他的諮商理論，羅吉斯的受輔者中心理論較重視諮商員與受輔者間的關係，而非指導性的態度，強調尊重、了解與接納。期望能以溫暖的諮商關係，緩和受輔者的焦慮，協助探索被埋藏的情感，鼓勵其為自己的生活負起責任，做出決定，並付諸行動。

（二）完形理論

完形理論是根基於 Kurt Koffka、Wolfgang Köhler 與 Max Wertheimer 等人所提出的知覺學習論。完形（gestalt）在德文中的意思為輪廓，完形理論認為個體所有的行為與經驗都應視為一個整體，不應將思考層面、情感層面等加以區分，而是強調整體性。它認為 A＋B 不等於 A＋B，A＋B 會產生 C，而 C 是大於 A＋B 的，因此，不應將個體的問題區分為思考層面的問題，視部分之總合等於全部，而導致偏差；或僅歸為情感層面受到壓抑而產生適應問題等。應從整體的角度來觀察，看思考層面與情感層面或其他部分是如何彼此相互牽連影響，使個體產生了問題與不適應狀況。

該理論等於是把重點放在此時此刻及受輔者的看法與感覺，並不重視問題的起因，想了解的是受輔者應該如何做，才能消除整體中各部分間的不協調，使其再回復統整性與協調狀態。因此，完形理論的諮商方法是屬於經驗性質的（強調行動而非談話）、存在性的（協助受輔者做獨立的選擇），及實驗性的（鼓勵受輔者去嘗試新的情感表達方法，只要其有助於自我恢復完整與一致）。

完形理論認為個人應對自己的行動與經驗負責，並且以一種完全統整、有效率的方式生活。個體之所以出現問題，是由於個人過去發展上的阻礙，使人無法完全地活在現在（逃避），阻礙了個體對自己、對環境、對問題的了解；而缺乏了解與認知遂造成內部失去平衡。除非個體能夠再度發展出自覺、接納、整體感與責任感，否則很難再回復平衡與統整。

以下是完形理論的主要論點：

1. 成熟是指個體能夠自我肯定，而非由環境支持，並且能為自己負起責任。

2. 當個體對自我有了更進一步的體察時，才能讓自己面對與接受原本

被否定的部分，減少逃避的行為。

3. 改變之所以會產生，是因為人們願意為自己負起責任。

4. 個體被鼓勵相信自己內在的直覺，而不是社會的評價。

完形論者主要的諮商技巧，包括了一些活動與遊戲的使用（例如角色扮演），目的是讓受輔者能把心理活動、感覺、身體知覺與行動串連起來。諮商員扮演觸媒的角色，指導受輔者、面質受輔者，並經由角色扮演或互換，把衝突與不協調表現出來。

和受輔者中心理論一樣，完形理論著重受輔者與諮商員的關係，強調此時此地，而不重視解釋（心理動力論重視解釋）。不過在角色扮演部分，諮商員比較像是個導演，採取一種指導性的態度。

三、行為理論

和心理動力論及現象學理論極為不同的一點，是行為理論（behavioral theory）誕生於實驗室之中。它採取科學的態度，只處理可觀察、可測量的行為，對於無法觀察的情感及思考層面則不予考慮。

在 1960 年代，行為治療理論被認為是個只有古典制約或工具制約的方法。時至今日，它已包含了行為分析、刺激與反應、行為修正及社會學習等多種取向。由於篇幅所限，此處只介紹行為理論的最基本概念。

根據行為論者的說法，行為是由跟隨行為之後的結果所決定。結果若為受到鼓勵，則行為會不斷地重複出現，但結果若是受到處罰，則行為就會被削弱，直到完全消失。因此，他們認為學習是由環境所控制，而非由個體本身所決定。故行為可以經學習而獲得或被消除。在這種看法中，人並沒有內在的行為控制力，行為均是受到環境的刺激而產生，所以人被視為是可操控的有機體。價值觀、感覺、想法等均因為無法觀察而被行為論者忽略；可觀察的行為在經過嚴格的科學方法處理後，則被認為可完美地複製或完全地消除（例如練習打字或戒除毒癮）。

以下是行為理論的主要論點：

1. 所有行為都是由環境（刺激）所造成。

2. 行為是由其結果來塑造與維持。

3. 行為是由其後的結果所決定，而非由先前的歷史所引發。

4. 受到增強（鼓勵）的行為，比未受增強者更容易再次出現。

5. 正向增強比負向增強有著更大的力量。

6. 增強物必須在行為出現時立即給予。

7. 增強物可以是具體的或是抽象的。

8. 行為可以由增強物的消失而加以消除。

　　行為治療是指導性及控制性較強的一種方法，諮商員在過程中，找出不適當的行為及行為與反應間的聯結，之後設計干擾或消除不適當行為的計畫並執行之，以求問題的解決。此外，治療過程中，諮商員可以指導受輔者學習的方法有：(1)模仿學習：安排模仿對象供受輔者學習；(2)認知學習：採用角色扮演、語言式指導的方法，或訂定諮商員與受輔者之間的合約，教導受輔者新的行為；(3)情緒學習：常見的方法有洪水治療法或系統減敏感法；(4)操作制約：在行為後給予立即性的增強（reinforcement），以確保行為的獲得。

　　諮商關係在行為理論中，並不被認為是諮商的重要決定因素。諮商員扮演類似工程師、醫師及訓練者的角色，力求表現出客觀、專業的姿態。諮商員與受輔者除了在最初的觀察階段外，兩人接觸的機會頗為稀少；而在行為改變期間，甚至可以使用視訊，而不必面對面的接觸。行為理論者的做法，將諮商關係由「藝術化」的一端移至「科學化」的另一端；其優點是可減低受輔者對諮商員的依賴，且整個諮商治療過程也是快速而講求效率的，這是和前幾個理論大異其趣之處。

四、認知行為理論

　　認知行為理論主要是處理受輔者非理性的思考過程，及尋求問題解決的方案。因此諮商員對受輔者須進行詳盡的評估，包括受輔者的歸因方式、信念系統、期望以及思考方式與情緒之間的聯結等，故測驗常是諮商員用以獲取資料的一種方法。認知行為理論認為，一旦了解受輔者思考上的偏

誤，諮商員便可以藉由改變其思考模式，達成改變其信念系統，最後改變其行為而解決問題。認知行為理論有三個主要的諮商治療學派，分別是理情治療（rational-emotive therapy，簡稱 RET）、現實治療（reality therapy，簡稱 RT），以及認知行為治療（cognitive-behavioral therapy）。

（一）理情治療（RET）

理情治療是由艾利斯（Albert Ellis）在1950年代中期發展出來的學派。其基本主張是：人們需要改變其思考模式（重建認知架構），以修正其錯誤（不合理）的思考。

雖然個體會受到生物因素及環境因素的影響，艾利斯仍認為人必須為自己及命運承擔完全的責任，因為個體可以學習控制自己的情緒及行為，而減少許多的問題與適應不良的情況。艾利斯進一步主張，人同時具有理性與非理性兩種傾向，也具備了自我實現與自我毀滅兩種能力。而人們之所以會愈來愈傾向於非理性，是因為個體受到環境的影響，將環境中的非理性狀況納入自己的信念系統中。諮商員所該做的，只是指導受輔者，增強其對理性與非理性的區辨能力，排除所有非理性的思想，重新以理性的方式面對生活。

艾利斯提出一個ABC理論，說明非理性思想產生的過程。A代表真實生活的經驗及事件；B代表受輔者本身的信念系統（或稱思考模式），C則代表結果。ABC 三者中，產生 C（結果）的起因為 B，但受輔者常會誤以為起因是 A。以一個例子來說明，一位老師說：「你該好好加油了。」同一句話，甲生視為關懷與鼓勵，乙生則視為指責與批評，結果甲生努力爭取好成績，乙生沮喪自責而心生逃避。這兩種結果是由甲乙兩位學生不同的信念系統所造成，而非事件。但是多數的受輔者並未察覺此點，導致非理性思考愈加的嚴重。

以下是理情治療學派的主要論點：

1.問題是由非理性想法所引起的。

2.個體可以學習駁斥非理性的想法，更正自己的信念系統。

3.人在生物遺傳及文化薰陶中，具有創造性、合群性等特質；但也同

時具備自毀性、自私、逃避等特質。

4.情緒上的困擾之所以會產生，是由於人們拒絕接受現實，又不斷持續著非理性的想法。

理情治療是採取教育與指導式的方法，協助受輔者達成人格上的改變。常用的方法有指導、知識的提供、技能訓練、家庭作業的指定等，兼具了認知的再教育及行為的重塑兩種特性（因此常被認為是認知行為理論的一種）。

由於諮商關係是教育性及指導式的，因此諮商員會採用勸說、面質、分析、命令、指導等技巧，以至於理情治療的諮商關係較重視諮商員的權威性與溝通說服的能力，而較不重視同理心與溫暖的提供。甚至RET的諮商員將受輔者視為犯錯的個體，為了避免產生依賴心，阻礙錯誤思想的更正，他們會批評與指出受輔者的錯誤，但不給予溫暖及支持。這點是和受輔者中心理論最為不同之處。

（二）現實治療（RT）

現實治療是認知行為理論的分支之一，由葛拉瑟（William Glasser）所提出。現實治療學派的重點，在於探索受輔者的價值觀及行為選擇二者間的不一致，並促使受輔者為自己的行為抉擇負起責任。

根據現實治療學派的論點，人有二種基本的心理需求：一是愛與被愛的需求；另一個需求則是感覺自己是有價值的。現實治療論者很重視人際關係，因為這二個需求皆需透過人際關係來獲得滿足。所以現實治療學派採用的諮商方法，是先建立良好的諮商關係，再協助受輔者根據自己的需求做出適當的行動抉擇，並為自己的行為負完全的責任。現實治療論者認為，人是有能力做合理思考並且為自己負起責任的，因此他們不接受任何失敗的藉口。

葛拉瑟主張人類有五種需求：生存、歸屬、權力、歡樂及自由。這些需求能否得到滿足，端賴於個體是否能做出有效的行為抉擇，控制自己的生活與周遭環境。現實治療論者提出了二種可以控制環境以滿足需求的方

法：(1)探索與察覺環境中任何可以滿足需求的事物或活動；(2)控制那些可以滿足需求的事物與活動。

現實治療論者一般採用的諮商方式有以下八個要點：

1. 諮商員和受輔者建立友誼關係，並詢問受輔者的需求為何。
2. 詢問受輔者為了滿足需求，會採取何種行為抉擇。
3. 詢問受輔者其行為抉擇是否有效。
4. 若無效，則諮商員協助其做出更好的行為抉擇。
5. 訂定行動計畫後，要求受輔者執行。
6. 諮商員不接受任何失敗的藉口，如果是計畫不夠完善而造成失敗，則再重新擬訂一個新計畫。
7. 諮商員對於行動失敗，不會設定任何懲罰，但會要求受輔者接受失敗的後果（也就是為自己的行為負責）。
8. 未達成目標及滿足需求之前，永不放棄努力。

現實治療的諮商員會鼓勵受輔者提出各種行為抉擇（即各種方案），而後藉由面質技術（行為與需求的符合與否）協助受輔者產生有效的行為決定，以達成需求的滿足。諮商員關心的是受輔者的行為，及行為的結果，對於受輔者的看法與感覺則不甚重視。

如前面所提及，現實治療中的諮商關係是影響諮商成敗的重大因素。因為在良好的諮商關係中，受輔者學到了如何做（行為）才能被諮商員所喜愛（接受讚賞），也學到了如何去喜愛諮商員，並且從兩人的互動中，感受到自己的價值。但現實治療學派仍和受輔者中心理論有所不同，前者的諮商員是相當有判斷性的，因為諮商員必須根據自己對真實世界的知覺，來判斷受輔者的行為是否有效；而後者卻要求諮商員對受輔者完全接納（非批判式）。

（三）認知行為治療

認知行為治療由貝克（Aaron Beck）所提出，而今成為一個相當重要的學派。以下是貝克根據情緒障礙患者所提出的論點：

1. 患者的情緒會被其自動化的負向思考所破壞；而被破壞後的情緒又會干擾思想，使其更趨向悲觀與負面。思考與情緒會彼此形成惡性循環，導致個體產生憂鬱症。

2. 患者會採用各種有系統的思考方式，造成現實扭曲的情況。一些常見的現象有：

   (1)任意的推論：根據不實或不相關的事件做推論，並信以為真。

   (2)過度類化：根據一特定的事件，推論其他不相關的事件。

   (3)選擇性的節錄：患者只會看到其想看到的，而忽略其相反的證據。

   (4)誇大或縮小：患者習慣誇大事件的負向層面，而忽略正向的層面。

   (5)主觀聯結：任意將不相關的事件或人加以聯結，且深信不疑。

3. 患者會自動形成一憂鬱悲觀的信念系統，並依此信念系統看待過去的經驗與環境。對於外界的刺激會很快地根據此系統加以分類。

　　就貝克的看法而言，問題是由於對現實的扭曲所引起，而扭曲又是根據錯誤的前提及假設所產生。這種扭曲會導致情緒上的憂鬱，並與思考產生聯結。

　　認知行為治療的諮商有三個主要的階段：(1)了解受輔者的自動化負向思考模式；(2)尋找可與受輔者扭曲思想對抗的證據；(3)設計實驗（家庭作業），要求受輔者檢驗思考的真實性。這種諮商方式是一種較主動積極的治療方式（因為受輔者通常是悲觀憂鬱的患者），諮商員會不斷要求受輔者的合作與努力。貝克很重視諮商關係中的同理心、溫暖與支持，他認為相互了解與合作的關係是諮商成功的重要影響因素。

五、交流分析理論

　　交流分析（transactional analysis，簡稱 TA）理論，是由伯恩（Eric Berne）所提出。交流分析理論介於現象理論與認知理論之間，重視現實，是一種類似認知行為治療的邏輯與學習取向，但是使用的技巧則是偏向完形

理論的技巧，強調受輔者本人的看法。然而，它又比完形理論更強調認知的目標，也就是重視思想與情感上的自覺。

交流分析理論將人格分成父母、成人、兒童等三種自我狀態。這與心理分析論的自我狀態（本我、自我、超我）不同，交流分析理論的三種自我狀態是可觀察、可意識及可區分的。其中父母式的自我狀態是由個體在童年與雙親互動時所發展出來的，是一種具有「照顧性」、「權威性」的自我（因為兒童眼中的父母是照顧子女且具有權威的）。而成人式的自我狀態是人格中客觀的部分，它不情緒化也不做批判，而是根據事實與外在環境給予適當反應。兒童式的自我狀態則包括了情感、衝動與自發性的行為，一如在兒童時期的行為與思考模式。

健康的自我能夠以三種自我的狀態做適當的運作，並能夠察覺是何種狀態在運作，例如：林太太知道身為母親的她，對於孩子太過挑剔，一如她母親對待她一樣，那麼林太太便能對情況更具控制力，如此將能改變現況。

交流分析理論認為有四種主要的生活形態：

1. 「我不好，你好」：我們都是出生在這種形態中，並不斷地努力學習到「我是好的」。這種形態是兒童的形態。
2. 「我好，你不好」：從兒童的角度來看，父母充滿了強烈控制他人的需求。這種形態是父母的形態。
3. 「我不好，你也不好」：這是一個人對自己與他人都缺乏信心的形態，屬於一種兒童的形態。
4. 「我好，你也好」：在此形態中，個體對自己與他人都有信心，而且不必藉由控制或操縱他人來獲得，屬於一種成人的形態。

雖然交流分析理論承認過去的影響力，也協助受輔者計畫未來，但其重心是放在現在。它希望能藉由以下的方法將行為與意圖配合起來，並能在思想、情感與行為三者達到統整性。其方法是：(1)檢查並修正父母式的自我狀態；(2)將兒童式的自我狀態由「不好」的狀態中釋放；(3)教育成人式的自我狀態，使其不受到父母式的自我狀態與兒童式的自我狀態的干擾；

(4)發展情緒與思考上的自覺，使三個自我狀態能夠彼此順暢地交流。

　　交流分析論者的諮商過程中，運用了不少完形理論的技巧（如角色扮演、對話），但它亦加入了語言式的分析在內。該理論很重視諮商員與受輔者之間的契約關係，視其為影響諮商成敗的一大因素。

　　交流分析理論的治療關係是屬於指導式的諮商關係，諮商員扮演著領導的地位，盡力促成受輔者成人式的自我狀態的完全發展，適用於各年齡層的受輔者。而且諮商員可以把重點放在溝通的形態上，教導受輔者發展出更好的溝通技巧。總之，交流分析理論整合了現實治療、行為理論與完形理論等取向，提供了一個短期、有彈性的諮商方式。

六、折衷理論

　　大部分的諮商員所使用的諮商概念、方法，多半是由數種不同的理論綜合而成的折衷式諮商取向。採取這種折衷式的取向，諮商員必須要具備多方面的知識及良好的彈性，才能不產生相互矛盾的情況。此外，諮商員亦需要有較強的自我知覺能力，以便根據自己的人格特質、信念系統選擇適合自己使用的學派理論與技巧。

　　由於具有寬廣的視野與綜合的特性，折衷學派較能符合民主之精神，依據受輔者的不同需要，提供適切的服務。然而批評者認為折衷學派最大的缺點在於：它並未擁有一套一致的哲理，僅是零碎片段地抽取互相矛盾、對立的不同學派技術，加以拼湊成一大雜燴而已。有的學者甚至認為使用折衷性諮商之諮商員，更難界定清楚其職責與功能的標準。再者，若諮商員只受過一種學派的訓練，或是對其他技術並不精熟，便無法有效發揮折衷學派之特長與功能。事實上，諮商員的確很難同時精熟各種不同派別之做法，也無法隨心所欲地駕馭其原本並不熟稔之理論，故能否充分發揮此派之特長，值得三思。

　　折衷學派曾經被視為是避免各派諮商理論趨於極端的調和者——指導←折衷→非指導，不過這個觀點近來已不流行，因為 Williamson 與 Rogers 這兩派本身亦不斷在做修正，同時，由於諮商員所接觸的問題包羅萬象，因此也不可能只採取某種極端的理論來運作。此外，由於目前對於

折衷性諮商方法之研究並不多，故其功能如何？仍未能清楚確定。

多重模式治療

這種廣泛性與折衷性的治療取向是由 Arnold Lazarus 所提出。Lazarus 可說是折衷理論最著名的代言人，他認為一個有彈性且個人化的諮商取向，是由諮商者採取數種理論合併而成，其中諮商技巧的選擇，以符合受輔者的需求與個人特質為原則。

從學理上來說，這種多重模式治療（multimodal therapy）取向是基於社會學習原則，並能夠依環境與個人的變項而有所改變。Lazarus認為人格是經過多重過程形成、維持及改變的，包括：古典制約與工具制約、模仿與觀察學習、思考與感覺、想像、知覺，以及潛意識等過程。

此多重模式治療取向主張有七個彼此相關的層面，這些層面是諮商員必須注意的：

1. 行為：明顯的行為，可觀察與可測量的。
2. 情感：情緒、心情、感受等。
3. 感覺：看、聽、觸、味、嗅。
4. 想像：創造出來的心理影像。
5. 認知：觀念、價值、意見、態度等。
6. 人際關係：與他人的互動。
7. 飲食與藥物：包括運動、營養與藥物。

諮商員在協助受輔者時，應盡量涵蓋這些向度，並思考有哪些諮商學派技巧是可供運用的，例如：現象學的技巧可用以處理情感的向度；認知理論的技巧可用以處理認知向度等。據Lazarus的看法，諮商的成敗端看諮商員所能處理的向度有多廣。如果諮商員希望對每一位受輔者都能提供良好的協助，其必須能根據受輔者所呈現的需要來給予回應，這就是多重模式取向，而非任何一個單一的理論了。

七、系統性觀點

家族系統治療

家族系統治療取向（family systems therapy theory）認為，最能了解一個人的方式是透過檢視整個家庭系統中的互動情形，因此，諮商員會邀請所有的家庭成員一同參與諮商，或是藉由生活歷程、家庭圖來探索家庭成員間的互動關係。當事人，也就是家庭中被指認的個案，其問題行為被視為是家庭功能運作不良的表徵，所以諮商的焦點著重家庭中人際互動與歷程，並且在家族與社會的背景下，探討代代相傳的文化、經驗、意義與規則等對當事人的影響。以下介紹一個家族系統治療的流派──聯合家族治療法（conjoint family therapy）。

聯合家族治療法是由薩提爾（Virginia Satir）創始，是以人性為導向，強調溝通、情緒的經驗與直覺，認為家庭生活中的規定會影響家庭的開放程度與家庭成員因應改變的能力，尤其是掌控溝通的規定。而且家庭是孕育肯定評價與親密感的場所，「個人內在和人與人之間所發生事件的關鍵性因素為個人所秉持的價值形象」（Satir, 1972）。自尊與溝通間是循環的關係，意即自尊低會產生防衛性與不協調的溝通，使得其他人也做防衛性的反應，反過來又影響低落的自尊；若是誠實的溝通則會帶來自尊自重，從而引發愈高的誠實性。在家庭中若溝通良好，家庭成員間允許有不同的互動關係，享受與家人的相處，也可以有自己獨立的生活，此家庭的結構是自由彈性與開放溝通，每個成員可以真實地表達自己也可以接納別人。但在家庭規定僵硬、無法符合情境、缺乏彈性下，家庭成員溝通封閉，無法建立真正的親密關係，造成個人適應壓力的能力不良、家庭系統功能不彰的現象發生。薩提爾提出當家庭溝通運作不良時會產生四種防衛性的溝通型態，如下所述，而第五項為溝通良好者：

　　1. 討好／安撫：缺乏內在價值感，害怕被他人排斥，為符合別人的期望所以犧牲自己、取悅別人，是軟弱、猶豫不決、遲鈍、擔心的。

　　2. 指責：怕被人指責而挑他人的過失批評，習慣批評他人，推卸責

任，以維護自己的想法。

3. 超理智：為了避免面臨蒙羞與挫折，用原則來控制自己、環境，像電腦一樣，超然、沒有情緒、冷靜、客觀。

4. 打岔：像小丑一樣，希望藉由分散注意力，讓傷害、痛苦及壓力自然消失，所以忽略自己的想法、沒有明確的立場，也為避免觸犯他人，因此較難和家庭的轉換歷程發生關係。

5. 內外一致的溝通者：真實而開放地表達，有正向的力量面對壓力，並且重視自己與別人的想法。

　　薩提爾在進行家族治療時著重溝通澄清、表達情感並且營造家庭成員彼此間相互接納的氣氛。所以諮商過程中維持安全與包容的氣氛，鼓勵成員脫去彼此間的防衛面具，不使成員覺得自尊受威脅，能卸下自己的防衛，觀察自己的行為、擴大覺察，而能溝通真實的情感，從發自內心的溝通中建立自尊，然後整理家庭年代記事，把家庭發展的歷史記錄下來，從家庭規則各方面的訊息中找到家庭系統失衡與障礙的地方——也就是防衛性與功能不良的規定，來調整與改變溝通型態，使家庭的生活經驗是有滋養性的，可以提升家庭成員的自我價值。

　　聯合家族治療法運用的技術有：家庭雕塑、自我環、三代家庭圖、家庭規條、面貌舞會、家庭重塑等。家庭雕塑是呈現家庭的生活歷程、界限與溝通互動情形，當家庭成員把溝通型態具像化，藉此覺察自己在家庭中的運作，知覺其他成員如何看待自己，讓家庭成員表達對彼此的想法、感受。面貌舞會是利用心理劇的方式，幫助家庭成員認清與整合自我的多重面貌，也了解彼此的互動情形。家庭重建是心理劇的形式，從探索家族三代的重大事件，來處理源自原生家庭功能不良的互動型態。運用家庭重建可以使家庭成員確認困擾的根源，探索自己的人格，能接納自己，也能對父母親有更多、更正確的認識。個體可從過去經驗中找到新的意義，來重新做選擇改變。

八、社會建構主義觀點

社會建構主義觀點（social constructionism）認為當事人的故事腳本是在與社會互動的過程中所形成，諮商員在充滿問話與對話的晤談裡，了解當事人來談的過去歷史故事，及未來可能的故事版本。透過重新詮釋故事，幫助當事人找尋各種可能的替代故事，也促使當事人發掘或創造新的選擇，諮商員與當事人共同創造解決方法。社會建構觀點有兩個主要的諮商理論，分別是焦點解決短期諮商（solution-focused brief counseling）與敘事治療（narrative therapy）。

（一）焦點解決短期諮商

焦點解決短期諮商是由 Steve de Shazer 與 Insoo Kim Berg 夫婦所發展的。此取向乃是因應後現代思潮的興起，認為凡事都是相對的，而所謂的真實是人們對自己主觀世界主動建構與創造出來的產物，沒有什麼理論或價值體系是最好的，所以當事人是自己問題的專家，只有當事人是最了解自己問題的人。此取向相信每個人都是獨一無二的個體且擁有改變的優點與資源，不把當事人的問題標籤化，而是思考如何發展當事人的長處、找尋當事人的成功例外經驗。諮商員是改變過程的專家，引發當事人運用自己的才能、長處、經驗來做改變，另外也因應時代的需要，短期與快速地解決當前問題。

由於當事人常執著於重複使用無法解決問題的方法，導致問題會持續存在，焦點解決短期諮商便認為問題本身不是問題，而是解決方法不當導致問題的出現或引發更大的問題。所以注意問題的例外、差異存在，提供問題解決的契機；透過諮商員與當事人共同建構解決問題，看重每個問題的例外存在或過去的成功例外經驗，在正向與建設的對話歷程中，引發當事人從不同的角度與方式來詮釋原有的經驗，從而產生新的解釋意義與問題解決的方法。透過問話協助當事人達到自己想要改變的目標，其常用的問句有：奇蹟式問句、水晶球問句、評分問句、因應問句。

焦點解決短期諮商歷程先是使用外化，利用語言把問題命名、把問題

與人分開，再找出例外的過程，看到問題解決與行為改變的有效方法。

1. 焦點解決短期諮商的基本假設：

(1)正向的思考：認為當事人是有優點與資源的，用正向的語言看當事人的問題，賦權予當事人，能幫助當事人建構出解決問題的方法。

(2)合作的諮商關係：諮商員與當事人以尊重、平等建立工作同盟的關係。

(3)當事人是專家：諮商員並非是什麼都知道的專家，所以諮商員採取不知情的立場，認為當事人才是自己問題的專家，可以為自己建構解決的方法。

(4)例外衍生改變：沒有問題是永遠不變的，總是有例外的時候，成功的例外經驗可以引導解決的方向。

(5)改變是不可避免的：小改變引動大改變，小改變可以影響其他部分的改變，並帶動大改變。

(6)從不同觀點解決事情：不把當事人標籤化為病態的人，而用另一種觀點來解釋當事人的問題。此架設新框架的方法從不同角度來看原先的問題，讓當事人跳脫問題的框架，促進改變的選擇。

(7)多做有效的事情，如果無效則做一些不同的事情：讓當事人做可以做的事情，做得到的事情、做對自己有益的事情，就是使用例外與當事人的資源，從過去成功的經驗來建構解決方法。

(8)聚焦於現在與未來：不做問題的分析，但重視當事人過去的成功經驗，由過去的成功經驗找到解決的方法，諮商員與當事人在此時此地討論解決的方法及未來的改變。

2. 焦點解決短期諮商的問句（話）技術：

(1)奇蹟式問句：讓當事人想像問題解決時的情形，引導當事人看到未來的希望，藉此產生具體、明確的行為，例如：「假設你明天醒來，發生了一個奇蹟，你的問題解決了，你想那是因為發生了什麼事情？你會做什麼？感覺如何？那時有什麼不同了？」

(2)水晶球問句：創造出一種問題已經解決或是消失的未來想像，引

導當事人從成功的未來中看到此時此地需要採取什麼樣的行動，才可以達到目標。從中建構屬於自己的解決策略，例如：「想像在你面前有一個水晶球，從裡面可以看到你美好的未來，你覺得會看到什麼？」

(3)外化問句：當事人本身是沒有問題的，問題本身才是問題，透過問題的外化，把人與問題分開，確認當事人的問題，並增強當事人解決問題的力量，例如：「如果你把你的問題取一個名字，你會怎麼稱呼它？」「如果沒有這個問題，對你會有什麼影響？」

(4)例外問句：尋找問題沒有發生時的情況，從當事人的成功經驗中給予當事人信心，例如：「什麼時候你的問題沒有發生，而那時候你做了什麼？」

(5)假設性問句：用來擴大並堅固當事人的例外，讓當事人了解改變是不可避免的，引出當事人的諮商結果目標，例如：「假如我們在下次見面時，你有一個小小的改變，你想那改變會是什麼？」

(6)因應性問句：發覺當事人的復原力，幫助其看見自己已經存在的潛能，例如：「你是如何做到那件事的？你過去是如何處理的？」

（二）敘事治療

敘事治療是由 Michael White 與 David Epston 所發展出來的理論，此理論是以社會建構論為背景，認為個體對自己的認識與行事選擇的根據是受到社會文化的影響，個體與社會環境的互動下共同建構其生命意義。敘事治療取向的世界觀發展於後現代主義的背景中，認為沒有唯一的真理，重視當事人與家族對問題故事的「意義」。藉由語言與敘事的過程，輔導員（諮商員）與受輔者共同合作下發現對受輔者合適的新意義與故事，透過經驗故事的敘說與覺知而創造個人意義。

生命故事包含文化中對角色、身分的定義與期待，期許個體「必須」如何的內涵，當個人生命故事塞滿主流文化的價值觀與論述，強勢地決定個體的生活意義與經驗形貌時，就會形成一種壓迫，而導致問題的產生。

人受困於充滿問題的生命故事中，誤以為生命只有單一的主軸情節，而失去了創造力以至於挫折沮喪，就像人變成問題一般形成困擾。

敘事治療相信人具有主動選擇與創造的能力，認為受輔者需要機會敘說自身的生命故事，當敘說的故事被傾聽時，將問題與人分開，跳出原本被框架與塑造的文化架構，就會發現原本被視為理所當然之問題故事的侷限，進而看見新的可能性，發展多元的知識與方法。

主流論述知識形塑一個充滿問題的故事，使受輔者產生問題的自我認同，透過外化將壓迫他們的問題客觀化或擬人化，把人與問題分開，促使受輔者與主流故事保持距離而能發現獨特結果，也就是一個發展屬於自己生命故事的契機。在諮商的歷程中著重意義的創造，透過敘說，增進其價值感與肯定經驗，獲得改寫故事的力量與能力，讓受輔者的生命故事可以飽滿個人意義，並建立新的自我認同且以正向意義引導自己未來的行動。

1. 敘事治療理論假設有：

(1)多重真實。

(2)人的生命故事受到社會文化的影響，也就是說社會文化侷限個人生命故事的敘說內容與方式。

(3)不認為諮商師具有專家的角色，與受輔者之間是合作的關係，諮商師會展現「不知情」的好奇心態度來了解受輔者，賦權給受輔者來說出未言說的故事情節。

(4)人依循主流文化所形塑的故事來進行所有生活活動，構築其生活意義，並視之為世界的唯一真相或真理。因為個人的生命故事充滿「應該」如何、個人「必須」如何的內涵，當這些內涵失去適應力量時，則產生問題。

(5)持正向立場，藉由重新詮釋故事，尋找生命中的閃亮時刻或成功經驗並創作可能的替代性故事，為受輔者重新灌注力量，讓受輔者成為自己生命故事的作者，從中創造新的意義與故事。

2. 敘事治療的治療目標：

(1)諮商師與受輔者共同進入「對抗問題」的治療性對話之中，焦點置於「正面」經驗。

(2)透過敘說去戰勝、克服、逃脫或抵抗問題的情節，以創造原本舊有故事可能變化的空間與情節，增加正向情節，產生新的替代性故事。

(3)運用外化方式來解構受輔者原來的問題，增進受輔者對問題的影響與控制。

(4)在意義的創造過程中，讓受輔者的生命故事可以飽滿個人的意義，且由正面的個人意義來引導自己的未來生活。

3. 敘事治療的主要諮商架構：外化→解構→重寫。

4. 敘事治療問句技巧：

(1)相對影響問句：協助受輔者評估某問題對自己生活的影響程度，以及評估自己對問題的影響與控制程度如何。

(2)外化問句：企圖把問題或症狀從受輔者身上區分開來，諮商師巧妙地運用隱喻，邀請受輔者替「問題症狀」重新命名或擬人化。

(3)獨特結果問句：引導受輔者找尋過去或現在時間中問題症狀沒有發生的例外情形，以及受輔者成功因應問題的經驗，透過找回這些正向的、有能力感的、自信的故事情節，以化解舊有故事的強勢壓迫，而能創造新的故事情節與新的自我認同；另外也會假設未來受輔者的問題不存在時，會如何過生活。

(4)循環問句：將獨特經驗的故事情節擴大成解決問題的新故事。

(5)重新得力問句：透過重新定義與重新框架使受輔者能有力量，強調任何行為意圖都有其正面的意義。

(6)意義問句：為受輔者創造個人生命意義，使其生命故事可以飽滿。

九、教牧輔導

教牧輔導（pastoral counseling）是以基督教的上帝與聖經為中心所發展的助人理論，從身、心、靈三方面來解決人的心理問題，以基督信仰為核心價值貫穿在理論架構與實務應用之中。因此教牧輔導員必須以聖經中的人論為根據，認為人是有神的形象，而人性是需從人被神創造中、人墮

落後、與人蒙救贖後為切入點，探索人問題的根源及可能的原因，以及如何去恢復神創造的美好形象，使內在生命重新被建造、罪得赦免，與神、與人和好，生命多結善果，人生更有盼望與意義。

張宰金牧師於《教牧諮商：改變生命的助人模式》（2005）一書中強調，對於教牧輔導員的基本要求，在身分上必須是重生得救的基督徒，這是與一般輔導員最大的不同點。此外，尚有以基督為中心的人生觀、世界觀與價值觀，有屬靈上的操練、有信心、有榜樣、有正確的自我觀、有主的愛在心中、熟悉聖經教訓和金句、具有良善的心及相關知識、遵守職業道德並知曉相關的法律知識；在教導的內容上以聖經為教導的主體、選擇性或重整性地採用一般心理治療理論或方法，但以不違背聖經為原則，而且不否定、扭曲、沖淡、貶低神的話。基督徒獨有且特殊的輔導資源，是福音的大能、聖靈的同在、屬靈的恩賜、聖禮（水禮與聖餐禮）、聖經的權威、禱告、做見證，與團契的支持。

教牧輔導取向認為造成人改變的步驟，包括：建立關係、啟發盼望、蒐集資料、解釋資料、教導引導、促成決志、採取行動。其各項內容如下：

1. 建立關係上重要的是讓受輔者感受到被關懷、尊重；教牧輔導員表現出真誠坦白、專注傾聽與同理心的回應。

2. 啟發對於上帝與上帝應許的盼望，幫助人與耶穌基督建立正確的關係並成長，或教牧輔導員用榜樣或見證作為示範，另外幫助人用合乎聖經的思考方式來看待一切，並指出聖經教訓中該做而受輔者未做到的，使受輔者學習負責任。另外就是提供受輔者可能的其他選擇，而不是以為解決問題只有一條路。

3. 蒐集受輔者六方面的資料：生理（睡眠、飲食、運動等）、資源（能力、靈性、人脈、知識、家庭親友）、情緒（情緒表達與壓抑）、行動（工作、休閒、生活節奏）、觀念（思想、信仰內容）、歷史（過去的經驗、事件）。

4. 從聖經的教訓來解釋所蒐集的資料，從中探討問題的根源，也就是教牧輔導員將基督教信仰的思想與價值觀融入於諮商過程，以合乎聖經的眼光看待人生各樣的問題，且傳達給受輔者，讓受輔者也能

用合乎聖經的眼光來面對與處理自己的問題，期盼受輔者能在諮商過程中更信靠上帝且順服聖經的教訓，並學會合乎聖經的思想模式與處理方法，以面對與處理未來所遭遇的問題。

5. 教牧輔導中的引導與教導，是要合乎聖經的教訓、順從聖經的引導，且以基督與福音為中心、以神的教訓與聖經中要人改變之處為主。對受輔者的教導與引導必須配合受輔者的信仰背景，在合適的時機下提供不同的引導內容與方式，讓受輔者能有正確的體會，願意採取與聖經教訓一致的改變。此引導方式有，說明解決的方法、觀察學習、實際體驗、研讀經文、討論與發問、閱讀書籍、評估他人與自己、自我坦露、用比喻說明、角色扮演、訪談有經驗者。有足夠的聖經知識是有效的教牧輔導員在教導時的必要條件，所以教牧輔導員要蒐集現有主題的相關經文資料，也可依照已有的晤談經驗，把受輔者的問題與其相關經文做歸類，在每日靈修時做靈修筆記、注意相關經文且默想、背誦之，或是參加訓練會或選修聖經課程，另外也有蒐集相關書籍、教具、影音媒體教材等。在受輔者預備接受的情況下，給予引導與教導，讓受輔者在學習的過程中獲得答案，學會為自己做決定，並為自己所做的決定與選擇負責。

6. 接下來促成決志，教牧輔導員幫助受輔者接受為自己的思想、動機、感覺、態度、行為負責；讓受輔者認知合乎聖經的改變是需要自己使用意志力的決擇；讓受輔者認知一個人的生活、言語、行為、情緒、人際關係的改變，需要先從內心的改變開始；協助當事人下定決心除去攔阻改變的欲望、思想、行動，並用正向的欲望、思想、行動來取代，如此產生改變。

7. 採取行動的步驟，先是擬訂具體計畫，再實際操練，最後持之以恆成為新的習慣。

簡言之，教牧輔導的目標是要幫助受輔者產生合乎聖經原則的改變，成為神所喜悅的人，過榮神益人的生活，且幫助人使用合乎聖經的方式來處理問題。

十、中庸思想的理論

從華人文化的觀點來看，華人對自己的立身行事是採天人合一的觀點，對人性的看法有以下幾個特點：

1. 「性命」：人性是由天所命，因此要合乎天理，便要遵循天道。
2. 「性善」：人得天地稟賦之全，物則僅得天地稟賦之偏，因此人格高於物格，而人性由天所命，則人性本善，人應發現本性之善。
3. 「盡性」、「率性」：人要充分了解人性中自有天性的成分，能盡性、率性，充分體悟自己，實現自我，便能得天理，行天道。

其次，華人因個人天生有愚智賢不肖之差別，認定人有「聖人」（天生具備充分天性者）及「君子」（天性遮蔽而有偏差待修養改善者）的分別，但也認為「君子」只要透過「明善」、「擇善」、「固執」的過程，便能「配天」、「配地」、與「聖人」無二，這說明了人類困擾的來源（過猶不及，以偏概全），也肯定了治療的可能性。

華人「明心見性」的想法，與諮商中要求增加自我覺察，以促進自我了解的觀點相類似，只是華人認為天地人鼎足而三，期間的道理可以一以貫之（廖鳳池，1992）。因此在自我覺察、自我了解之前，多了一層博學審問的格物致知功夫；在自我了解、自我實現之後，多了一段匹配天地的道德思想。使得物理（地理）、人理、天理合一，而物道、人道、天道一貫，提升人類克服天災人禍的可能性，減少怨天尤人的必要性。

最後，從中庸天人合一的思想來看，諮商的內涵及方式，廖鳳池（1992）認為至少應包括：

1. 強調先認知後行為，知行順序非但明確，而且相當強調知的重要性。
2. 強調自我管理，由自我省察、自我領悟、自身擇善（天性）固執到德配天地，受到天帝福祐，這個過程是由內而外，必須當事人自行思考省察並身體力行才能「解厄脫困」，助人者只能扮演「教」的角色，能不能「化」則全看受輔者是否夠「誠」而定。

3. 強調諮商輔導需要長時間的催化，加上受輔者自行努力、擇善固執，才能發生效果。

4. 華人的觀點傾向於整體、齊一的理論，如天地人鼎足而三，天理人理相通，格物致知與修身、齊家、治國、平天下的原理一以貫之，使得輔導諮商不論在生活輔導、學習輔導、生涯輔導等領域，均強調修身養性及明心見性等抽象的心性之學，而任何教化的舉動無不涉及祭祀、尊親、孝悌、友善等道德觀念，因此華人地區的諮商模式除應截取西方分析式、特殊性、具體化的優點之外，更應顧及全人發展及人與環境協調的必要性，亦即諮商員必須以整體性、一致性以及放大視野的方式，來解釋個案的行為，如此將較易被接受。

由上可知，中庸思想的諮商在性質上應是引導有困擾的一般人（君子）「自明誠」（由知而仁，勇於篤行）的過程。廖鳳池（1992）指出，其階段可區分為三：明善→擇善→固執，其步驟可區分為五：博學之、審問之、慎思之、明辨之、篤行之。而諮商員則是一位明顯強調自我管理的教導者，諮商員以提供資料、講解說明的技術，擴展受輔者的視野（博學之）。此外，他亦用探問的技術使受輔者反覆思考什麼樣的行為才是對的（審問之）；採取價值澄清法協助受輔者澄清自己的想法（慎思之）；以面質的技巧使受輔者知道自己如何扭曲了自我真正的本性及正向的期望，讓它得以還原為本來的面目（明辨之）；最後再教導受輔者一些行動的技術，使其能將所領悟的道理實踐出來（篤行之）（廖鳳池，1992）。此模式可圖解如圖 4-1 所示。

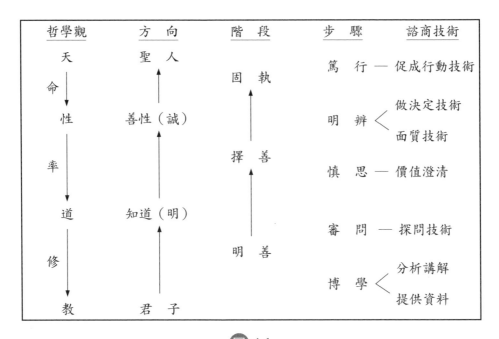

哲學觀	方　向	階　段	步　驟	諮商技術

圖 4-1

資料來源：引自廖鳳池（1992）。

十一、正向心理學的理論

正向心理學（positive psychology）為美國賓州大學教授 Martin E. P. Seligman 於 2000 年所提出的理論。當初 Seligman 有感於傳統心理學過於偏重採負向、病理、補救性的角度來了解人類的心理活動，例如：憂鬱、無助感、悲傷、痛苦，而忽略積極、正向、主動性的心理能量，例如：愛、樂觀、快樂、復原力（resilience）、心流（flow）、幸福感（well-being）、潛能等正向情緒的發展對心理健康的助益（王沂釗，2005），於是提出正向心理學的理論。此理論的提出充分反映了時代的需求，不但補正了傳統心理學的理論，並蔚為學術研究風氣，形成助人專業的另一主流。哈佛大學 2006 年前後，一位年輕講師 Tal Ben-Shahar 開授正向心理學課程——「幸福課」。在短時間內，超前了校內諾貝爾學者巨擘們開設的經濟、光電、生化、材料等專業熱門課程，一躍而為全校最受歡迎的課程。由此可見，正向心理學使處於不確定時代的無數受苦或受煎熬的心靈帶來能量與

方向，也為心理學無法解釋的諸多現象及「預防勝於治療」的理念，注入新的元素。此理論，無疑是心理助人專業的重要里程碑。

（一）正向心理學與傳統心理學的比較

學者專家們（王沂釗，2005；洪蘭譯，2003；Seligman & Csikszentmihalyi, 2000）彙整傳統心理學與正向心理學，做出一個淺顯易懂的比較表，其項目與內容整理如表 4-1 所示。

表 4-1　正向心理學與傳統心理學比較表

	正向心理學	傳統心理學
中心思想	著重全人發展	以問題為中心，以補救性、介入性為焦點
對人假設	個人、群體和社會充滿生機與希望	人始終會產生問題，處於被動性反應
介入焦點	提倡在正面和負面間取得平衡，重視研究、分析並找出人類的優點與潛能，積極倡導產生影響力	著重研究，強調如何解決或減少問題
弱點	許多概念與理論仍在研究探討階段，有待進一步驗證並建構完整理論論述	忽略發掘人的潛能、優點、本能優勢，以及人本能的防護功能能力，較難持久面對將來的挑戰

資料來源：引自王沂釗（2005）、黃俊傑（2008）。

（二）正向心理學的理論特色

1.正面思維

正向心理學有別於「醫學模式」、「缺陷心理學」的思維模式，看重事情的正向積極面部分，例如：樂觀、愉快、幸福感，及寬容、互愛等正向特質。進而發掘個人及社會的優點與潛能，從中引導受輔者再出發。

2.科學化的研究

正向心理學與傳統心理學一向採取的實證研究方法，並無太大無異。

正向心理學同樣重視客觀數據和科學化分析推論，期能建立以驗證為基礎的正向心理學論述與理論，並以此發掘人類的潛能與特質。

3.增強復原力

正向心理學重視人類諸多長處與特質，例如：原創力、自我控制，若能發掘、培養並發揮個人的長處和潛能，便能幫助受輔者得到更多積極的正向資源，例如：成就感、滿足感、挫折容忍力，增強個人對抗逆境的能力與資源。

4.強調內在動機

正向心理學所強調的樂觀、正面思維，均屬於高層次的內在動機，因此內在動機是正向心理學主要的訴求之一。

5.具備研究潛力

正向心理學是新興的研究領域之一。其理論建構與發展，亟需深入並系統化探討驗證，因此尚待更多學者專家投入，期使各變項間的關聯性更明確，讓理論更具周延性。

（三）正向心理學理論揭櫫有意義的人生

學者專家們（洪蘭譯，2003；Seligman & Csikszentmihalyi, 2000）認為，藉由體認正向心理學，及投入心理健康運動，能產生並達成「快活的人生、美好的人生、有意義的人生」。其涵義如下：

1.快活的人生（Pleasant life）

在生活中能有效地獲得各樣正向的情緒，包括：快樂、自信、平靜、滿足等，便是快活的人生；故此，正向心理學的一個重要範疇是研究各種正向情緒，透過實證研究，發展有效達成並維持正向情緒的方法。

2.美好的人生（Good life）

除了追求快活的人生外，我們如果能在各種生活的重要環節上，如：家庭、人際關係、工作、子女管教等，運用個人獨特的長處與美德，便可

以達至滿足和美好的生活。換言之，建立受輔者的長處和美德是達成美好生活的必要階梯與關鍵因素。

3.有意義的人生（Meaningful life）

在快活的人生和美好的人生之上，我們更可以追尋有意義的人生。有能力運用我們個人獨特的長處和美德，追尋個人更大的目標，使生活更有意義。同時，這也是增進心理健康的最有效途徑。鼓勵受輔者藉由實踐智慧與知識、勇氣、人道與愛、正義、修養、心靈超越等普世美德及崇尚的價值，或發揮個人長處，提升生命境界，擁抱有意義的人生。

（四）正向心理學的研究範疇

Seligman 與 Csikszentmihalyi（2000）認為，正向心理學的研究範疇包括正向經驗、正向特質、正向組織三部分。分述如下：

1.正向經驗（positive experience）

正向經驗包括個人的思維與情緒。王沂釗（2005）依時間系列劃分，對過去事件有好感而產生的正向情緒為「滿意、滿足、幸福」；因現在的經驗或事件而引發的正向情緒為「快樂、忘我、流暢與快感」；對未來期待而產生的正向情緒為「樂觀、希望與盼望」。

2.正向特質（positive quality）

特質指個體比較持久的行為反應及型態。其中部分雖有遺傳性，但也會藉由後天學習而得。正向心理學所指的特質，就是經由多數「後天學習」和「少數遺傳因素」所產生的美德和長處，其中包括：利他行為、自我決定、良好人際關係、創造力、勇氣、堅毅、寬恕等。

3.正向組織（positive institution）

組織會影響人的行為及個性發展，而促使人正向發展的家庭、學校、社區、工作環境與社會文化條件等，即是正向心理學所亟欲探討的範圍。其中包括：社會關係、文化規範、家庭影響、潛能的發展等。

在正向心理學的研究領域中，最具代表性的研究主題之一是復原力。蕭文（1999）、蔡素妙（2003）的研究指出：復原力是一種個人的能力，能成功適應急性壓力、創傷，或其他長期影響的逆境。Luthar、Cicchetti 與 Becker（2000）則認為：在發展的進程中，儘管暴露在逆境下，個人仍能有正向的適應，在新的生活經驗下，擁有新的體驗及新的力量。Block 與 Block（1980）表示復原力是一種動態的能力，能修正身處於環境中自我控制程度的能力。總之，復原力是一種能抗拒困境而恢復正常適應的能力，在每個發展階段，能以不同的行為表現出促進或修補健康的能力。在逆境中，復原力是成長改變的主要力量。

Maurice 等人（2002）指出：兒童能顯示強而有力的復原力。其內在的復原力涵養包括：具備高自尊、自我肯定、本身的能力、依靠自己生存、能思考、能獨立、解決問題的能力、維持正確的看法、主動參與活動，及與其他人互相的影響。

蕭文與周玉真（2002）在「創傷事件中影響個人心理復健之復原力因素探討：以九二一地震為例」中發現，個人具有正面思考、主動尋找人際支持網路、不服輸和堅忍的毅力、接受現實、具幽默能力、比上不足比下有餘的認知、自我激勵、助人與同理他人、有宗教信仰、儘速回復正常生活等 11 項，都是影響個人適應良好的復原力因素。

陳姿伶與郭怡君（2006）彙整國內外文獻後指出，復原力學校建構包括：了解可能有的校園危境、增加青少年的保護因子、減低危險因子、不再用偏差行為或叛逆等字眼標籤學生、重視樂觀學習態度大於依成績評價、提升復原力教育（即教導處於危境中如何正向成長）。其課程內容包含「培養樂觀、幽默感、內控、堅毅、自我效能、社交能力、解決問題能力」等。

陳雅鈴（2007）在其貧窮學童復原力發展之研究中，發現影響學童復原力發展的重要因素包括：(1)個人因素：面對及處理逆境的共同信念及態度，逆境是一種磨練、努力再努力、讓別人看得起、順其自然；(2)家庭因素：緊密的依存關係、重視教育、尊重威權、積極找尋資源；(3)社區因素：協助家庭發揮功能。

（五）正向心理學對助人專業工作的啟發與應用

　　黃俊傑（2008）指出，正向心理學對助人專業的啟發與應用，至少包括：諮商專業課程之教學，以及輔導實務工作兩方面。

　　在諮商專業課程之教學上，應積極協助學生發揮潛能，均衡全人發展。除尊重學生個別差異，提供適性教育機會，以發揮潛能，使學生獲得自我實現的機會，並以正面態度肯定學生的長處，發揮比馬龍效應（Pygmalion effect）。針對資質不同的學生，給予適當的課業學習，使學生獲得成功的經驗，強化學生自我信念。此外，亦應提供學生適度挫折及「延遲滿足」的環境，培養容忍力，允許學生「從錯誤中學習」，且避免給學生負面評價或貼標籤作用。

　　在輔導實務工作上，積極推動情意教育（affective education）的課程。依三級預防的心理衛生工作，針對初級預防的全體學生需要，推動正向情緒相關課程，預計對 80～85%的學生產生助益。另針對二級預防之受輔學生之情緒困擾問題，實施正向情緒有關之情感發展、情緒控制、自我適應、人際關係等層面之系統化、個別性輔導，預計對 5～15%的學生產生及時性幫助。接著，強化高層次的利他行為及內在動機等特質，以增進學生正向情感，建立積極的內在價值觀。最後，若能在整體教學或實務工作場域中，醞釀友善氛圍，讓善的力量牽引集體行為，必能激發孩子們基本能力，如：樂觀、勇氣、誠實、助人、人飢己飢、自我了解與人際互動技巧等基本能力之提升。

▌參、結論 ▌

　　本章於開始時強調諮商員應對自己的個人理論與觀點有較深的覺察，因為個人所持有的理論會影響其對正式諮商理論的接受或拒絕。隨後介紹的正式理論包括：心理動力論、現象學理論、行為理論、認知行為理論、交流分析理論、折衷理論、系統性觀點、社會建構觀點、教牧輔導、中庸思想的理論及正向心理學的理論。這些理論為往後更多的章節提供了完整

的架構，主要理論異同之比較整理如表 4-2。以下的結論也有助於讀者分辨每一種理論不同的取向：

1. 心理動力論強調潛意識對行為的影響，亦重視個體的童年經驗，它重視內容甚於過程。

2. 現象學理論則重視過程甚於內容，並且強調諮商關係本身就是一項可促使受輔者改變的工具。良好的諮商關係能促使受輔者摸索自己的感受、想法與行為，造成內在與外在的同時性改變。它重視此時此地，而非過去。

3. 行為理論強調環境對行為結果的影響，其重視新行為的習得，及不適應行為的消除。採用科學的方法尋找增強物以操弄行為的出現與否。

4. 認知行為理論把重點放在思考與行為間的不一致，試圖重塑新的思考模式；它同樣重視現在，而非過去。

5. 交流分析理論的諮商關係與溝通型態，其目標在於行為、思考與情感三方的整合。

6. 折衷理論使用不同學派的技術與方法，因此諮商員在使用前，需先融會貫通各類理論，以免相互矛盾、事倍功半。以多重模式治療為例，治療進行時含括七個層面的問題探討，運用之妙，在於諮商員的專業訓練與當事人的問題類型為何。

7. 系統性觀點以家族系統治療取向為代表。該理論認定，要真正了解受輔者，必須由家庭系統的互動情形和經驗開始。正如薩提爾（Satir, 1972）所言，個人內在和人與人之間所發生的事件之關鍵因素，為個人所秉持的價值形象，而這形象孕育自早期原生家庭的家人間之互動經驗。經年累月，逐步形成：討好型、指責型、超理智型、打岔型、一致型五種溝通型態和行為習性。

8. 社會建構觀點以對話的晤談歷程，探討受輔者來談的故事腳本，試圖重新詮釋故事，來找尋各種可能的替代故事與解決方法。

9. 教牧輔導理論是以聖經為基礎建立，認為人是按照神的形象造的，人的問題來自於人的罪性，人需要重生得救，在心理與行為上有合

乎聖經的更新，盼望擁有基督耶穌再造的生命並過榮耀的生活。

10. 中庸思想的理論是由儒家文化薰陶下的天人合一觀點出發，進而提出明善、擇善、固執三階段，及博學、審問、慎思、明辨、篤行五個諮商步驟與相關技術。此一模式，頗值得深入去研究，並得出實證性的結果。

11. 正向心理學雖是 2000 年才正式提出的理論，卻是近年來最被心理學界所重視且接受的理論之一。正向心理學強調：正面思維科學化研究、增強復原力、內在動機，以及學術研究潛力。該理論尤重視有意義人生的論述與實踐。在 COVID-19 疫情嚴峻、憂鬱症襲捲全球、全球化危機的不確定年代，正向心理學重新檢視成為一個人的價值與意義，為人類社會開啟另一扇心靈之窗，望見無限的可能。

為什麼諮商會存有這麼多種不同的取向與理論呢？一個可能的原因是，人們與其本身的問題一樣，也存有著豐富的多樣性，沒有一個單一理論可以回答所有問題或運用在所有的人身上。因此，廣泛地了解各個理論，就成為諮商員必備的課題之一。希望本章理論的介紹，能對讀者建構專業知能有進一步的幫助。

表 4-2　主要諮商理論派別對照表

		心理動力論	受輔者中心理論	完形理論	行為理論	認知行為理論	交流分析理論	焦點解決理論	阿德勒理論
主要原則		1.人沒有自由意志 2.行為由生物與過去因素決定 3.精神官能症是由自我的衝突及壓抑所引起	1.人有自由意志 2.行為決定的中心在內在 3.精神官能症是由自我概念和環境的不一致所引起	1.人有自由意志 2.有機體是以整體在環境中運作 3.精神官能症是由有機體和環境中之僵局引起	1.人沒有自由意志 2.行為是由環境所引起，由結果所塑造 3.精神官能症是由適應不良的行為所引起	1.人有自由意志 2.行為是由選擇與責任感的思考所決定 3.精神官能症是由非理性的思考和不負責任的選擇所引起	1.人有自由意志 2.人可以選擇自己的行為 3.精神官能症是由自我狀態的污染和排斥所引起	1.強調「落實與希望與尊重」的精神 2.是一種「目標」導向的治療取向 3.介入焦點放在「現在」與「未來」	1.每一個體在幼年時即創造獨特的生命風格，並在一生中保持穩定之影響 2.社會與趣為人生目標
諮商歷程		1.指導式，強調 2.診斷過去經驗 3.語言 4.諮商關係中的情感轉移作用	1.非指導式 2.強調此時此地的經驗 3.語言 4.同理的關係	1.指導式 2.強調此時此地，重視心理與生理的自覺 3.語言與非語言遊戲 4.坦誠、信賴、支持及真實的關係	1.指導式 2.強調現在的行為和增強的重要性 3.語言與活動 4.分析的、制約的關係	1.指導式 2.強調現在的行為思考與價值觀 3.治療者是教師，而受輔者是學生 4.治療者具高度指導性，教導受輔者使用 A-B-C 理論，內在語言等，改變認知信念	1.非指導式 2.強調三個自我的順暢運作 3.語言和非語言相互交換使用 4.有力的和被動的關係	1.著重解決方法的建構 2.探討受輔者的優點、特質、獲得解決方法，解決問題的解決與改變	治療性的關係是雙方積極參與的，營造接納、關懷、信任、合作的氣氛

表 4-2　主要諮商理論派別對照表（續）

	心理動力理論	受輔者中心理論	完形理論	行為理論	認知行為理論	交流分析理論	焦點解決理論	阿德勒理論
諮商員態度與行為	1.中性的、親切的、客觀的、同理的態度與行為 2.解釋過去經驗、阻抗以及潛意識的影響 3.無合約	1.坦誠的、一致的、同理的、不具判斷的、無條件正向的關懷 2.需要有溝通的能力 3.主張人性本善 4.無合約的約束	1.誠實的、開放的、而真但基本上是支持的 2.經由語言與非語言提供經驗的 3.無合約	1.分析的、客觀的、觀察的、評估的 2.分析目標、設計策略、評估、提供正向的增強 3.具體的合約	1.諮商員的判斷、而質非理性的思考和不負責任的心態 2.辯駁非理性的思考與不負責任的行為 3.具體的合約	1.分析式的遊戲、角色扮演、自我狀態間的交流 2.由語言與非語言遊戲提供經驗 3.具體的合約	1.相信受輔者是問題解決的專家 2.透過賦能歷程，引出受輔者的優勢與資源 3.積極肯定受輔者成功與進步的正向改變	1.協助受輔者重新導向、以克服自卑、追求服務向上、卓越 2.鼓勵個人發展對社會有益的目標 3.認為受輔者需要再教育、而非治療
諮商技術	1.自由聯想 2.夢的解析 3.抗拒處理 4.移情與反移情	1.專注傾聽 2.沉默 3.尊重 4.接納 5.真誠一致 6.同理心 7.反應、澄清	1.空椅技術 2.對話遊戲 3.夢的工作 4.穿梭技術 5.倒轉 6.演練	1.系統減敏感法 2.嫌惡治療法 3.洪水法 4.代幣法 5.自我管理 6.行為契約	1.反駁非理性的想法 2.理情想像 3.面質 4.幽默 5.角色扮演 6.行為技術	自我狀態分析、面質、解釋、示範、具體化	1.奇蹟問句 2.例外問句 3.因應問句 4.評量問句 5.關係問句 6.讚美 7.一般化 8.重新建構	收集生命史的資料（家庭星座、兒時記憶、個人優先順序），與受輔者分享了解、提供鼓勵，以協助其尋找新的可能性

資料來源：編者自行整理。

第五章

諮商輔導人員的
專業倫理

專業倫理是專業道德原則（professional moral principles）。此術語常用於：(1)專業執業者的行為，描述其在執業時與人之間的道德關係型態，是最理想的型態；(2)形成這些法則的方法，從社會哲學的觀點，來解釋一項專業的文化和人道主義的信念，成為獨特的風氣（ethos），存在著特殊的行為規則。這些行為規則反映個人的價值。

～國家教育研究院《教育大辭書》

專業倫理（professional ethics）是專業團體針對其專業特性發展出來的道德價值觀與行為規範，是在該專業領域裡工作的理想指南，提供專業人士在遇到專業方面的倫理道德問題時做正確抉擇的依據。國內諮商輔導人員在諮商助人過程中，常見五種違反倫理規定的行為是：不適當的諮商介入、保密原則與例外、預警責任、溝通特權、價值影響（黃政昌等人，2015）。閱讀完本章，讀者可了解諮商專業的倫理守則，確保受輔者的權益，同時維持自身的專業服務品質。

　　近年來，各級學校與社會心理輔導相關機構的輔導工作，在教育當局及社會人士熱心推動下，顯得朝氣蓬勃，欣欣向榮，其發展之迅速，令人激賞。從因應社會變遷的廣大輔導需求來看這現象，的確是一個可喜的現象；但若從輔導工作的現況分析，並經輔導專業角度來看，又不禁令人感到些許隱憂。「輔導」一詞，在國內已是被誤用、濫用的名詞；任何有關人、事、物、財務的服務，均可掛上輔導二字。輔導工作受此矇混，似乎有人人可做輔導的感覺，這對輔導的專業品質已造成無比的傷害。事實上，樂意助人者的愛心、耐心、熱心以及服務的熱忱，固然是增進輔導成效的有利因素，但光憑這些有利因素絕無法滿足專業的需求。因此，如何透過一套輔導的專業標準，以規範符合專業能力的諮商輔導人員從事專業的服務工作，是值得重視的。

　　諮商是輔導專業中的核心工作，也是最佳的技術（Nordberg, 1970）。諮商關係的建立、維持、發展、結果是一種非常微妙的過程。在這過程中，諮商員和受輔者維持一種親近的人際關係，及專業的助人關係。由於諮商關係的特殊性與微妙性，諮商員和受輔者間的人際互動行為，就需要受到某些倫理規範的限制。所以美國諮商輔導發展學會（AACD）的倫理規範中，即指出諮商員與受輔者的關係：「諮商員在開始輔導關係之初，有關輔導的目的、目標、技術、過程守則及限制，均應適時讓受輔者知道，以維護受輔者的權益。」

　　根據國內外諮商輔導的發展現況，諮商輔導人員應具備下列專業知能，方能符合諮商專業的最低標準。所謂基本的諮商專業知能或訓練，應包括（牛格正，1991）：

1. 人格訓練：諮商倫理、基礎哲學、人生哲學及邏輯思考訓練。
2. 理論學科：輔導與諮商理論、學習理論、人格理論、團體動力理論、學習輔導理論及生計輔導理論。
3. 諮商技術：個別諮商技術、團體諮商技術、研究法、評鑑技術及諮商資料處理技術。
4. 諮商實務。

　　諮商專業工作與其他專業一樣，有它應遵行的倫理規範。但專業的諮商關係不同於一般的社會關係，諮商員的行為不僅要受一般專業倫理的限制，同時也不容許任何雙向社交關係的介入。為從事此一諮商輔導專業的助人工作，諮商員所負的倫理責任非常沉重，因為諮商關係可能涉及的問題極為廣泛且複雜。從以上幾個諮商輔導的專業倫理問題分析中，不難發現國內諮商輔導工作確實面臨許多專業倫理的問題。諸如：人人可從事諮商輔導的普遍觀念、從事諮商服務者專業訓練的欠缺、諮商員與受輔者關係的單純化，以及處理超越個人專業知能的諮商工作等，在在都可能對專業諮商輔導造成負面的影響，且可能損及受輔者的權益。

　　此外，諮商師或助人工作者在從事助人專業服務時，需要常常詢問自己，並自我檢視諮商倫理的四個重要問題，分別是：我誠實嗎？我對所有參與諮商實務工作的相關人員公平嗎？我的決定會促進合作關係嗎？我的行動對參與其中的人有助益嗎？最後，亦應以最高倫理層次的助人專業六項道德原則自我期許：自主性、無害性、獲益性、公正性、忠誠性、真實性（Kitchener, 1991）。

　　為使有心從事諮商輔導的人士，及已實際從事諮商輔導的工作者能對諮商輔導的專業倫理有全盤的了解，以便在工作上有所遵循，藉以保障自身及受輔者的權益，並能以其專業資格及合法地位發揮諮商輔導的功能，本文謹摘錄「台灣輔導與諮商學會諮商專業倫理守則」，以供參酌。

台灣輔導與諮商學會諮商專業倫理守則

守則修訂說明

為規範本會會員諮商服務的專業行為，並保障諮商服務的專業品質，本會於民國七十八年初次公佈了會員倫理守則。鑑於社會環境的轉變及諮商師實際的需要，特將原倫理守則予以修訂。首先將主題改為「中國輔導學會諮商專業倫理守則」，並將「會員」改為「諮商師」，以便非會員諮商師也可藉供參考，而「諮商師」一詞亦用以泛稱包含諮商心理師、輔導教師及其他以諮商之專業技術來從事助人工作之專業人員。其次，把原倫理守則許多重覆之處刪除或歸類，並將所有條文重新予以調整，使之更有組織也更有系統。再其次，為便利諮商師查閱，予以分類編碼，並於各條文前加註小標題，使本守則更為簡明、完整而有系統。最後，為因應網路諮商的發展趨勢，本次修訂並新增「網路諮商」一章，以對此一發展中的諮商服務型態加以規範。

前言

台灣輔導與諮商學會（以下簡稱本會）係一教育性、科學性與專業性的組織，旨在聚合有志從事輔導、諮商與心理治療之專業人員，促進諮商學術研究，推展社會及各級學校之諮商工作、幫助社會大眾發展其潛能、創造健康幸福的生活、並促進國家社會及人類的福祉。

本守則旨在指明專業倫理係諮商工作之核心價值及諮商實務中相關倫理責任之內涵，並藉此告知所有會員、其所服務之當事人及社會大眾。本守則所揭示之倫理原則，本會會員均須一體遵守並落實於日常專業工作中。本守則亦為本會處理有關倫理申訴案件之基礎。

1.總則

1.1. 諮商的目的：諮商的主要目的在維護當事人的基本權益，並促進當事人及社會的福祉。

1.2. 認識倫理守則：諮商師應確認其專業操守會影響本專業的聲譽及社會大眾的信任，自應謹言慎行，知悉並謹遵其專業倫理守則。

1.3. 專業責任：諮商師應認清自己的專業、倫理及法律責任，以維護諮商服務的專業品質。

1.4. 與服務機構合作：服務於學校或機構的諮商師應遵守學校或該機構的政策和規章，在不違反專業倫理的原則下，應表現高度的合作精神。

1.5. 責任衝突：諮商師若與其服務之學校或機構之政策發生倫理責任衝突時，應表明自己須遵守專業倫理守則的責任，並設法尋求合理的解決。

1.6. 諮商師同仁：若發現諮商師同仁有違反專業倫理的行為，應予以規勸，若規勸無效，應利用適當之管道予以矯正，以維護諮商專業之聲譽及當事人之權益。

1.7. 諮詢請益：諮商師若對自己的倫理判斷存疑時，應就教諮商師同仁或諮商專家學者，共商解決之道。

1.8. 倫理委員會：本會設有倫理委員會，以落實執行倫理守則，接受倫理問題之申訴，提供倫理疑難之諮詢，並處理違反諮商專業倫理守則之案件。諮商師應與倫理委員會密切合作。

2.諮商關係

2.1. 當事人的福祉

2.1.1. 諮商關係的性質：諮商師應確認其與當事人的關係是專業、倫理及契約關係，諮商師應善盡其因諮商關係而產生的專業、倫理及法律責任。

2.1.2. 諮商師的責任：諮商師的首要責任是尊重當事人的人格尊嚴與潛能，

並保障其權益，促進其福祉。

2.1.3. 成長與發展：諮商師應鼓勵當事人自我成長與發展，避免其養成依賴諮商關係的習性。

2.1.4. 諮商計劃：諮商師應根據當事人的需要、能力及身心狀況，與其共同研擬諮商計劃，討論並評估計劃的可行性及預期的效果，儘量尊重當事人的自由決定權，並為其最佳利益著想。

2.1.5. 利用環境資源：當事人的問題多與其所處環境有關，諮商師應善用其環境資源，特別是家庭資源，協助其解決問題，並滿足其需要。

2.1.6. 價值影響：諮商師應尊重當事人的價值觀，不應強為當事人做任何的決定，或強制其接受諮商師的價值觀。

2.2 當事人的權利

2.2.1. 自主權：諮商師應尊重當事人的自由決定權。

　　a. 諮商同意權：當事人有接受或拒絕諮商的權利，諮商師在諮商前應告知諮商關係的性質、目的、過程、技術的運用、限制及損益等，以幫助當事人做決定。

　　b. 自由選擇權：在個別或團體諮商關係中，當事人有選擇參與或拒絕參與諮商師所安排的技術演練或活動、退出或結束諮商的權利，諮商師不得予以強制。

　　c. 未成年當事人：為未成年人諮商時，諮商師應以未成年當事人的最佳利益著想，並尊重父母或監護人的合法監護權，需要時，應徵求其同意。

　　d. 無能力做決定者：若當事人因身心障礙而無能力做決定時，諮商師應以當事人最佳利益著想，並應尊重其合法監護人或第三責任者的意見。

2.2.2. 公平待遇權：當事人有要求公平待遇的權利，諮商師實施諮商服務時，應尊重當事人的文化背景與個別差異，不得因年齡、性別、種族、國籍、出生地、宗教信仰、政治立場、性別取向、生理殘障、語言、社經地位等因素而予以歧視。

2.2.3. 受益權：諮商師應為當事人的最佳利益著想，提供當事人專業諮商

服務，維護其人格之尊嚴，並促進其健全人格之成長與發展。（參看 2.1）

2.2.4. 免受傷害權：諮商師應謹言慎行，避免對當事人造成傷害。

 a. 覺知能力限制：諮商師應知道自己的能力限制，不得接受超越個人專業能力的個案。

 b. 覺察個人的需要：諮商師應覺知自己的內在需要，不得利用當事人滿足個人的需要。

 c. 覺知個人的價值觀：諮商師應覺知自己的價值觀、信念、態度和行為，不得強制當事人接受諮商師的價值觀。（參看 2.1.6）

 d. 雙重關係：諮商師應儘可能避免與當事人有雙重關係，例如下述，但不止於此：親屬關係、社交關係、商業關係、親密的個人關係及性關係等，以免影響諮商師的客觀判斷，對當事人造成傷害。

 e. 親密及性關係：諮商師不可與當事人或與已結束諮商關係未超過兩年的當事人建立親密或性關係，以免造成當事人身心的傷害。諮商師若與已結束諮商關係兩年以上的當事人建立親密或性關係，必須證明此等關係不具剝削的特質，且非發展自諮商關係。

 f. 團體諮商：諮商師領導諮商團體時，應審慎甄選成員，以符合團體的性質、目的及成員的需要，並維護其他成員的權益。運用團體諮商技術及領導活動時，應考量自己的專業知能、技術及活動的危險性，做好適當的安全措施，以保護成員免受身心的傷害。

2.2.5. 要求忠誠權：當事人有要求諮商師信守承諾的權利，諮商師應對當事人忠誠，信守承諾。

2.2.6. 隱私權：當事人有天賦及受憲法保障的隱私權，諮商師應予尊重。

2.3. 諮商機密

2.3.1. 保密責任：基於當事人的隱私權，當事人有權要求諮商師為其保密，諮商師也有責任為其保守諮商機密。

2.3.2. 預警責任：當事人的行為若對其本人或第三者有嚴重危險時，諮商師有向其合法監護人或第三者預警的責任。

2.3.3. 保密的特殊情況：保密是諮商師工作的基本原則，但在以下的情況

下則是涉及保密的特殊情況：

a. 隱私權為當事人所有，當事人有權親身或透過法律代表而決定放棄。

b. 保密的例外：在涉及有緊急的危險性，危及當事人或其他第三者。

c. 諮商師負有預警責任時。（參看 2.3.2）

d. 法律的規定。

e. 當事人有致命危險的傳染疾病等。

f. 評估當事人有自殺危險時。

g. 當事人涉及刑案時等。

2.3.4. 當事人的最佳利益：基於上述的保密限制，諮商師必須透露諮商資料時，應先考慮當事人的最佳利益，再提供相關的資料。

2.3.5. 非專業人員：與諮商師共事的非專業人員，包括助理、雇員、實習學生及義工等，若有機會接觸諮商資料時，應告誡他們為當事人保密的責任。

2.3.6. 個案研究：若為諮商師教育、訓練、研究或諮詢之需要，必須運用諮商資料時，諮商師應預先告知當事人，並徵得其同意。

2.3.7. 團體諮商：領導諮商團體時，諮商師應告知成員保密的重要性及困難，隨時提醒成員保密的責任，並勸告成員為自己設定公開隱私的界線。

2.3.8. 家庭諮商：實施家庭諮商時，諮商師有為家庭成員個人保密的責任，沒有該成員的許可，不可把其諮商資料告知其他家庭成員。

2.3.9. 未成年人諮商：未成年人諮商時，諮商師亦應尊重其隱私權，並為其最佳利益著想，採取適當的保密措施。

2.3.10. 諮商資料保管：諮商師應妥善保管諮商機密資料，包括諮商記錄、其他相關的書面資料、電腦處理的資料、個別或團體錄音或錄影帶、及測驗資料等。

a. 諮商記錄：未經當事人的同意，任何形式的諮商記錄不得外洩。

b. 本人查閱：當事人本人有權查看其諮商記錄及測驗資料，諮商師不得拒絕，除非這些諮商資料可能對其產生誤導或不利的影響。

c. 合法監護人查看：合法監護人或合法的第三責任者要求查看當事人的諮商資料時，諮商師應先了解其動機，評估當事人的最佳利益，並徵得當事人的同意。

d. 其他人士查看：其他人包括導師、任課教師、行政人員等要求查看當事人的諮商資料時，諮商師應視具體情況及實際需要，為當事人的最佳利益著想，並須徵得當事人的同意後，審慎處理。

e. 諮商資料轉移：未徵得當事人同意，諮商師不可轉移諮商資料給他人；經當事人同意時，諮商師應採取適當的安全措施進行諮商資料之轉移。

f. 研究需要：若為研究之需要須參考當事人的諮商資料時，諮商師應為當事人的身份保密，並預先徵得其同意。

g. 演講或出版：若發表演講、著作、文章、或研究報告需要利用當事人的諮商資料時，應先徵求其同意，並應讓當事人預閱稿件的內容，才可發表。

h. 討論與諮詢：若為專業的目的，需要討論諮商的內容時，諮商師只能與本案有關的關係人討論。若為諮詢的目的，需要做口頭或書面報告時，應設法為當事人的身份保密，並避免涉及當事人的隱私。

2.4.　諮商收費

2.4.1.　免費諮商：服務於學校或機構的諮商師為本校學生或機構內人員諮商，乃係諮商師的份內事，不得另外收費。

2.4.2.　收費標準：自行開業或服務於社區諮商中心的諮商師可以收費，但應訂定合理的收費標準。合理的收費標準應比照當地其他助人機構一般收費的情形而定，並應顧及當事人的經濟狀況，容有彈性的付費措施。

2.4.3.　預先聲明：實施諮商前，諮商師應向當事人說明諮商專業服務的收費規定。

2.4.4.　收受饋贈：諮商師應避免收受當事人饋贈的貴重禮物，以免混淆諮商關係或引發誤會及嫌疑。

2.5.　運用電腦及測驗資料

2.5.1.　電腦科技的運用：在諮商過程中運用電腦科技時，諮商師應注意以下的事項：

　　a. 確知當事人是否有能力運用電腦化系統諮商。

　　b. 用電腦化系統諮商是否符合當事人的需要。

　　c. 當事人是否了解用電腦化系統諮商的目的及功能。

　　d. 追蹤當事人運用的情形，導正可能產生的誤解，找出不適當的運用方式，並評估其繼續使用的需要。

　　e. 向當事人說明電腦科技的限制，並提醒當事人審慎利用電腦科技所提供的資料。

2.5.2.　測驗資料的應用：在諮商過程中運用測驗資料時，諮商師應注意：

　　a. 解釋測驗資料應力求客觀、正確及完整，並避免偏見和成見、誤解及不實的報導。

　　b. 審慎配合其他測驗結果及測驗以外的資料做解釋，避免以偏概全的錯誤。

2.6.　轉介與結束諮商

2.6.1.　轉介時機：因故不能繼續給當事人諮商時，應予轉介。

　　a. 當事人自動要求結束諮商：若當事人自動要求結束諮商，而諮商師研判其需要繼續諮商時，諮商師應協調其他輔助資源，予以轉介。

　　b. 專業知能限制：若當事人的問題超越諮商師的專業能力，不能給予諮商時，應予轉介。（參看 2.2.4.a）

　　c. 雙重關係的介入：若因雙重關係的介入而有影響諮商師的客觀判斷或對當事人有傷害之虞時，應予轉介。

2.6.2.　禁止遺棄：諮商師不得假借任何藉口忽略或遺棄當事人而終止諮商，應為當事人安排其他管道，使能繼續尋求協助。

2.6.3.　轉介資源：為便利轉介服務，諮商師應熟悉適當的轉介資源，協助當事人獲得其需要的幫助。

2.6.4.　結束諮商的時機：在以下的情形下，諮商師可徵求當事人同意結束

諮商：

a. 當事人不再受益時，可結束諮商。

b. 當事人不需要繼續諮商服務時，可結束諮商。

c. 諮商不符合當事人的需要和利益時，可結束諮商。

d. 當事人主動要求轉介時，無須繼續諮商。

e. 當事人不按規定付費或因服務機構的限制不准提供諮商服務時，可結束諮商。

f. 有傷害性雙重關係介入而不利諮商時，應停止諮商關係，並予轉介。

3.諮商師的責任

3.1.　諮商師的專業責任

3.1.1.　熟悉專業倫理守則：諮商師應熟悉其本職的專業倫理守則及行為規範。

3.1.2.　專業知能：為有效提供諮商專業服務，諮商師應接受適當的諮商專業教育及訓練，具備最低限度的專業知能。

3.1.3.　充實新知：諮商師應不斷進修，充實專業知能，以促進其專業成長，提升專業服務品質。

3.1.4.　能力限制：諮商師應覺知自己的專業知能限制，不得接受或處理超越個人專業知能的個案。（參看 2.2.4.a）

3.1.5.　專業領域：從事不同專業領域的諮商師，應具備該專業所需要的專業知能、訓練、經驗和資格。

3.1.6.　自我瞭解：諮商師應對個人的身心狀況提高警覺，若發現自己身心狀況欠佳，則不宜從事諮商工作，以免對當事人造成傷害，必要時，應暫停諮商服務。（參看 2.2.4.b）

3.2.　諮商師的倫理及社會責任

3.2.1.　提升倫理意識與警覺：諮商師應培養自己的倫理意識，提昇倫理警覺，並重視個人的專業操守，盡好自己的倫理及社會責任。

3.2.2.　維護當事人的權益：諮商師的首要倫理責任，即在維護當事人的基

本權益，並促進其福利。（參看 2.1.2；2.2.1-2.2.6）

3.2.3. 公開陳述：諮商師在公開陳述其專業資格與服務時應符合本倫理守則之要求。所謂公開陳述包括但不限於下述方式：付費或免費之廣告、手冊、印刷品、名錄、個人履歷表或資歷表、大眾媒體上之訪談或評論、在法律程序中的陳述、演講或公開演說、出版資料及網頁內容等。

    a. 宣傳廣告：以任何形式做諮商服務宣傳或廣告時，其內容應客觀正確，不得以不實的內容誤導社會大眾。

    b. 諮商師在委託他人為其專業工作、作品或活動促銷時，應擔負他人所做公開陳述之專業責任。

    c. 諮商師若得知他人對自身工作做不正確之陳述時，應力求矯正該陳述。

    d. 諮商師應避免不實之公開陳述，包括但不限於下述內容：1.所受之訓練、經驗或能力；2.學分；3.證照；4.所屬之機構或組織；5.所提供之專業服務；6.所提供專業服務之學理基礎或實施成效；7.收費標準；8.研究發表。

3.2.4. 假公濟私：有自行開業的諮商師不得藉由其在所屬機構服務之便，為自己招攬當事人。

3.2.5. 工作報告：發表諮商工作報告時，諮商師應力求具體、客觀及正確，給人真實的印象。

3.2.6. 避免歧視：諮商師不得假借任何藉口歧視當事人、學生或被督導者。（參看 2.2.2）

3.2.7. 性騷擾：諮商師不可對當事人做語言或行為的性騷擾，應切記自己的專業角色及身為諮商師的專業身份。（參看 2.2.4.e）

3.2.8. 媒體呈現：諮商師透過媒體演說、示範、廣播、電視、錄影帶、印刷品、郵件、網路或其他媒體以提供正確之訊息，媒體從事諮商、諮詢、輔導或教育推廣工作時，應注意理論與實務的根據，符合諮商專業倫理規範，並慎防聽眾與觀眾可能產生的誤解。

3.2.9. 圖利自己：諮商師不得利用其專業地位，圖謀私利。

3.2.10. 互相尊重：諮商師應尊重同事的不同理念和立場，不得冒充其他同事的代言人。

3.2.11. 合作精神：諮商師應與其他助人者及專業人員建立良好的合作關係，並表現高度的合作精神，尊重各人應遵循的專業倫理守則。

3.2.12. 提高警覺：服務於機構的諮商師，對雇主可能不利於諮商師倫理責任的言行、態度，或阻礙諮商效果的措施，提高警覺。

4.諮詢

4.1.　諮詢的意義：提供諮詢是鼓勵當事人自我指導、適應及成長的關係和過程。

4.2.　瞭解問題：諮商師提供諮詢時，應設法對問題的界定、改變的目標及處理問題的預期結果與當事人達成清楚的瞭解。

4.3.　諮詢能力：諮商師應確定自己有提供諮詢的能力，並知悉適當的轉介資源。（參看 2.6.3）

4.4.　選擇諮詢對象：為幫助當事人解決問題需要請教其他專業人員時，諮商師應審慎選擇提供諮詢的專業人員，並避免陷對方於利益衝突的情境或困境。

4.5.　保密：在諮詢過程中所獲得的資料應予保密。（參看 2.3.10.h）

4.6.　收費：諮商師為所服務機構的人員提供諮詢時，不得另外收費或接受報酬。（參看 2.4.1）

5.測驗與評量

5.1.　專業知能：諮商師實施或運用測驗於諮商時，應對該測驗及評量方法有適當的專業知能和訓練。

5.2.　知後同意權：實施測驗或評量之前，諮商師應告知當事人測驗與評量的性質、目的及結果的運用，尊重其自主決定權。（參看 2.2.1）

5.3.　當事人的福利：測驗與評量的主要目的在促進當事人的福利，諮商師不得濫用測驗及評量的結果和解釋，並應尊重當事人知悉測驗與評量結果及解釋的權利。（參看 1.1；2.3.10.b）

5.4. 測驗選擇及應用：諮商師應審慎選用測驗與評量的工具，評估其信度、效度及實用性，並妥善解釋及應用測驗與評量的分數及結果，避免誤導。

5.5. 正確資訊：說明測驗與評量工具技術時，諮商師應提供正確的訊息，避免導致誤解。（參看 2.2.1.a）

5.6. 解釋結果：解釋測驗及評量結果時，諮商師應考慮當事人的需要、理解能力及意見，並參考其他相關的資料，做客觀、正確和適當的解釋。（參看 2.5.2.a.b）

5.7. 智慧財產權：諮商師選用測驗及評量工具時，應尊重編製者的智慧財產權，並徵得其同意，以免違反著作權法。

5.8. 施測環境：諮商師應注意施測環境，使符合標準化測驗的要求。若施測環境不佳、或受測者行為表現異常、或有違規事件發生，應在解釋測驗結果時註明，得視實際情況，對測驗結果之有效性做適當的評估。

5.9. 實施測驗：測驗與評量工具若無自行施測或自行計分的設計，均應在施測者監督下實施。

5.10. 電腦施測：諮商師若利用電腦或電子科技施測，應確定其施測的功能及評量結果的正確性。（參看 2.5.1；2.5.2）

5.11. 報告結果：撰寫測驗或評量結果報告時，諮商師須考慮當事人的個別差異、施測環境及參照常模等因素，並指出該測驗或評量工具的信度及效度的限制。

5.12. 測驗時效：諮商師應避免選用已失時效之測驗及測驗資料，亦應防止他人使用。

5.13. 測驗編製：諮商師在運用心理測驗及其他評量技術發展和進行研究時，應運用科學之程序與先進之專業知識進行測驗之設計、標準化、信效度考驗，以力求避免偏差，並提供完善的使用說明。

6.研究與出版

6.1. 以人為研究對象：諮商師若以人為研究對象，應尊重人的基本權益，

遵守倫理、法律、服務機構之規定、及人類科學的標準，並注意研究對象的個別及文化差異。

6.2. 研究主持：研究主持人應負起該研究所涉及的倫理責任，其他參與研究者，除分擔研究的倫理責任外，對其個人行為應負全責。

6.3. 行為規範：諮商師應遵循做研究的倫理規範，若研究問題偏離研究倫理標準時，應特別注意防範研究對象的權益受損。

6.4. 安全措施：諮商師應對研究對象的身心安全負責，在實驗研究過程中應先做好安全措施。（參看 2.2.4.f）

6.5. 徵求同意

6.5.1. 自由決定：諮商師應尊重研究對象的自由決定權，事先應向研究對象說明研究的性質、目的、過程、方法與技術的運用、可能遭遇的困擾、保密原則及限制、以及諮商師及研究對象雙方的義務等。（參看 2.2.1）

6.5.2. 主動參與：參與研究以主動參與為原則，除非此研究必須有其參與才能完成，而此研究也確實對其有利而無害。

6.5.3. 缺乏判斷能力者：研究對象缺乏判斷能力不能給予同意時，諮商師應盡力解釋使其了解，並徵求其合法監護人或第三責任者的同意。（參看 2.2.1.c；2.2.1.d）

6.5.4. 退出參與：研究對象有拒絕或退出參與研究的權利，諮商師不得以任何方式予以強制。（參看 2.2.1）

6.5.5. 隱瞞或欺騙：諮商師不可用隱瞞或欺騙的方法對待研究對象，除非這種方法對預期的研究結果有必要，且無其他方法可以代替，但事後應向研究對象做適當的說明。

6.6. 解釋研究結果

6.6.1. 解釋蒐集的資料：完成資料蒐集後，諮商師應向研究對象澄清研究的性質及資料的運用，不得延遲或隱瞞，以免引發誤解。

6.6.2. 解釋研究結果：研究完成後，諮商師應向研究對象詳細解釋研究的結果，並應抱持客觀、正確及公正的態度，避免誤導。

6.6.3. 糾正錯誤：發現研究結果有誤或對當事人不利時，諮商師應立即查

察、糾正或消除不利現象及其可能造成的影響，並應把實情告知研究對象。

6.6.4. 控制組的處理：實驗研究需要控制組，實驗研究結束後，應對控制組的成員給予適當的處理。

6.7. 撰寫研究報告

6.7.1. 客觀正確：撰寫研究報告時，諮商師應將研究設計、研究過程、研究結果及研究限制等做詳實、客觀及正確的說明和討論，不得有虛假不實的錯誤資料、偏見或成見。

6.7.2. 誠實報導：發現研究結果對研究計劃、預期效果、實務工作、諮商理念、或投資利益有不符合或不利時，諮商師仍應照實陳述，不得隱瞞。

6.7.3. 保密：諮商師撰寫報告時，應為研究對象的身份保密，若引用他人研究的資料時，亦應對其研究對象的身份保密。（參看2.3.1；2.3.10.f）

6.8. 發表或出版

6.8.1. 尊重智慧財產權：發表或出版研究著作時，應注意出版法和智慧財產權保護法。（參看5.7）

6.8.2. 註明原著者：發表之著作引用其他研究者或作者之言論或資料時，應註明原著者及資料的來源。

6.8.3. 二人以上合著：發表或出版之研究報告或著作為二人以上合著，應以適當的方式註明其他作者，不得以自己個人的名義發表或出版。

6.8.4. 對著作有特殊貢獻者：對所發表或出版之著作有特殊貢獻者，應以適當的方式給予鄭重而明確的聲明。

6.8.5. 利用學生的報告或論文：所發表的文章或著作之主要內容係根據學生之研究報告或論文，應以該學生為主要作者。

7.教學與督導

7.1. 專業倫理知能：從事諮商師教育、訓練或督導之諮商師，應熟悉與本職相關的專業倫理，並提醒學生及被督導者應負的專業倫理責任。

7.2. 告知督導過程：督導者應向被督導者說明督導的目的、過程、評鑑方式及標準，並於督導過程中給予定期的回饋及改進的建議。

7.3. 雙重關係：諮商師教育者應清楚地界定其與學生及被督導者的專業及倫理關係，不得與學生或被督導者介入諮商關係，親密或性關係。（參看 2.2.4.d；2.2.4.e）

7.4. 督導實習：督導學生實習時，督導者應具備督導的資格，善盡督導的責任，使被督導者獲得充分的實務準備訓練和經驗。

7.5. 連帶責任：從事諮商師教育與督導者，應確實了解並評估學生的專業能力，是否能勝任諮商專業工作。 若因教學或督導之疏失而發生有受督導者不稱職或傷害當事人福祉之情事，諮商師教育與督導者應負連帶的倫理責任。

7.6. 人格陶冶：諮商師教育者及督導者教學與提升學生的專業知能外，更應注意學生的專業人格陶冶，並培養其敬業樂業的服務精神。

7.7. 專業倫理訓練：從事諮商師教育者應給學生適當的倫理教育與訓練，提升其倫理意識、警覺和責任感，並增強其倫理判斷的能力。

7.8. 理論與實務相結合：諮商師教育者應提供學生多元化的諮商理念與技術，培養其邏輯思考、批判思考、比較及統整的能力，使其在諮商實務中知所選擇及應用。

7.9. 注意個別差異：諮商師教育者及督導者應審慎評估學生的個別差異、發展潛能及能力限制，予以適當的注意和關心，必要時應設法給予發展或補救的機會。對不適任諮商專業工作者，應協助其重新考慮其學習及生計方向。

7.10. 教育課程

7.10.1. 課程設計：應確保課程設計得當，得以提供適當理論，並符合執照、證書或該課程所宣稱目標之要求。

7.10.2. 正確描述：應提供新近且正確之課程描述，包括課程內容、進度、訓練宗旨與目標，以及相關之要求與評量標準，此等資料應為所有有興趣者可取得，以為修習課程之參考。

7.10.3. 評估回饋：在教學與督導關係中，諮商師應根據學生及被督導者在

課程要求上之實際表現進行評估，並建立適當之程序，以提供回饋或改進學習之建議予學生和被督導者。

8.網路諮商

8.1.　資格能力：實施網路諮商之諮商師，應具備諮商之專業能力以及實施網路諮商之特殊技巧與能力，除應熟悉電腦網路操作程序、網路媒體的特性、網路上特定的人際關係與文化外，並具備多元文化諮商的能力。

8.2.　知後同意：提供網路諮商時應進行適當之知後同意程序，提供當事人相關資訊。

8.2.1.　一般資訊：應提供當事人有關諮商師的專業資格、收費方式、服務的方式與時間等資訊。

8.2.2.　網路諮商特性：應提供有關網路諮商的特性與型態、資料保密的規定與程序，以及服務功能的限制、何種問題不適於使用網路諮商等資訊。

8.2.3.　電腦網路的限制與顧慮：有關網路安全與技術的限制、網路資料保密的限制，特別應對當事人加以說明。

8.2.4.　未成年當事人：若當事人為未成年人時，諮商師應考慮獲得其法定監護人的同意。

8.3.　網路安全：實施網路諮商時，在網路通訊上，應採必要的措施，以利資料傳輸之安全性與避免他人之冒名頂替。如：文件的加密、使用確認彼此身分之特殊約定等。諮商師亦應在電腦網路之相關軟硬體設計與安全管理上力求對網路通訊與資料保存上之安全性。

8.4.　避免傷害：諮商師敏察網路服務型態的限制，避免因網路傳輸資訊之不足與失真而導致在診斷、評量、技術使用與處理策略上之失誤，而造成當事人之傷害。諮商師應善盡保密之責任，但面臨當事人可能自我傷害、傷害他人或涉及兒童虐待時，諮商師應蒐集資訊、評估狀況，必要時應採取預警與舉發的行動。

8.5.　法律與倫理管轄權：在實施網路諮商與督導時，應審閱諮商師、當

事人及督導居住所在地之相關法律規定與倫理守則，以避免違犯。

8.6. 轉介服務：諮商師應盡可能提供當事人其居住地附近之相關諮商專業機構與諮商師之資訊與危機處理電話，以利當事人就近求助。網路諮商師應與當事人討論當諮商師不在線上時的因應方式，並考慮轉介鄰近諮商師之可能性。

8.7. 普及服務：網路諮商師應力求所有當事人均能得到所需之諮商服務，除在提供電腦網路諮商服務時能在使用設計上盡量考慮不同當事人使用的方便性之外，亦應盡可能提供其他型態與管道的諮商服務，以供當事人選擇使用。

技術篇

庭中望月

人生交契無老少
論交何必先同調
　　～唐・杜甫
　　　《徒步歸行》

第六章

成為有反應的
傾聽者

在炫目的燈光下　　　　　　　And in the naked light I saw

我看見成千上萬的人　　　　　Ten thousand people, maybe more

人們說而不言　　　　　　　　People talking without speaking

人們聽而不聞　　　　　　　　People hearing without listening

人們書寫歌曲卻無人問津　　　People writing songs that voices never share

沒有人膽敢　　　　　　　　　And no one dared

打擾這寂靜的聲音⋯⋯　　　　Disturb the sound of silence......

　　　　　　～《寂靜之聲》　　　　～Simon & Garfunkel, *The Sound of Silence*

這首五、六十年代膾炙人口的經典歌曲——《寂靜之聲》，道盡人
們心中的孤寂和鬱悶之情，卻也溫馨平和地撫慰許多人的心靈，只
因歌詞與旋律加上優雅的和聲抓得住我們，產生陣陣漣漪和迴響。
成為有反應的傾聽者，能為寂靜之聲帶來嶄新的領悟與感受，開啟
成長改變之鑰。閱讀完本章，讀者可了解如何成為一個好的傾聽者，
並做出正確反應。

成為一位優秀的諮商員，最基本的條件是具有傾聽的能力，及適當的反應能力。諮商員能在接收與反應訊息之間收放自如，且運用良好，才能有效地協助受輔者。

本章主要分成兩部分，第一部分介紹「傾聽」的重要性以及如何去傾聽。第二部分介紹如何在傾聽之後，做出適當的反應。在開始介紹本文之前，讓我們先思考一句發人深省的名言：「說（speak）是知識的本分，而傾聽（listen）則是智慧的權利。」

壹、成為一個好的傾聽者

一、傾聽的定義

首先要對「聽」與「傾聽」做一區別。「聽」是指注意到聲音以及接收到聲音的能力。「傾聽」則不僅僅是接收到聲音，尚且要盡可能地了解其意義。因此，「傾聽」包括了「聽」，以及敏銳地尋找聲音的線索，觀察肢體的動作與評估傾訴者說話內容的前後關聯性。

對一般人而言，生活中有太多的機會去傾聽，但多半被忽略掉了。因為人們只為了維持與他人的「接觸」而談話，而非為了「接觸」他人而傾聽。所以兩個談過話的人，可能說了許多，但卻沒有「聽到」些什麼。這種有「聽」沒有「到」的談話，在增進兩人的關係上是毫無助益的；反之，一個具有「傾聽」能力的人必定能發展出良好的人際關係來。

然而，傾聽不只是外在地聽他人說話而已，它同時是內在地傾聽自己的思想、感受。了解自己與了解他人，具有同等的重要性，因此，外在地傾聽與內在地傾聽都是我們該注意的。一個既能傾聽自己內在心聲，又能傾聽受輔者心聲的諮商員，已經具備了成為有效諮商員的基本能力了。

Barrett-Lennard 曾提出「同理心循環」（empathy cycle）的三階段理論。在第一階段中，A 接收到 B 傳送的訊息且產生同理心的共鳴；在第二階段，A 對 B 表達其同理心感受，由原本接收者的角色轉換成輸送者；第三階段是 B 接收與感受到 A 的同理心。此三階段的名稱分別為：「同理的

共鳴」、「同理心的傳達」與「同理心的收接」。這種同理心循環的現象，是 Barrett-Lennard 觀察諮商員與受輔者兩人間的互動關係後整理出來的。從上面的觀點了解到能促使同理心循環積極運作的，正是傾聽及反應的技巧。本節的重心放在第一階段中的「正確接收訊息」，而反應的技巧將在下一節中再討論。

傾聽的重要

在諮商關係中正確地傾聽，扮演一個很重要的角色，有其獨特的原因存在，以下謹列出幾個主要的原因：

1. 能建立良好的諮商關係：傾聽能令受輔者覺得他們被當成一個「人」來了解，而非只是個「案例」；能讓受輔者覺得諮商員是值得信任、可親近的，而願意開放自己、討論自己的問題。因此，傾聽是建立良好諮商關係的重要工具之一。

2. 為了蒐集資料：大多數人以為「問」是蒐集資料的唯一方法；其實，傾聽有時反而更有效。對某些受輔者而言，光是問話就會令他們感到壓力與緊張，此時諮商員可藉由溫和與傾聽的態度，安撫他們緊張與害怕的情緒。一旦受輔者相信諮商員是可信任且認真的在傾聽時，他們會很願意說出自己的問題與感覺。所以，傾聽對於資料的蒐集有很大的作用。

3. 協助受輔者表達自己：受輔者對於表達自己的感覺，多少會感到害羞與緊張，因為怕受到拒絕或批評。而傾聽可以讓受輔者感到自己是被重視的，不會遭到拒絕或批評，並且讓受輔者有整理自己感受的機會。他們可以慢慢地整理思緒，組合後再表達，不必擔心諮商員感到不耐煩（在平常生活中，人們常不耐煩於聽別人說話）。此外，傾聽可以降低防衛心，使受輔者專注於自己的行為，而非在意他人的批判，這將有助於受輔者接受自己的處境與承擔自己解決問題的責任。

雖然傾聽有許多正面意義，並產生很大的作用，但千萬別誤會傾聽就

是諮商的一切。事實上，傾聽還需加上許多相關技巧的配合、運用，才能真正協助受輔者解決問題。

二、內在與外在的參考架構

如果要讓受輔者感覺到被尊重、被接納，諮商員必須發展出「透過受輔者眼睛來看世界」的能力。也就是說，諮商員必須能進入受輔者的內在世界，而非停留在自身的參考架構（frames of reference）中來看受輔者的問題。

以下進一步對「我」和「你」做一個詳細的區分。「我」和「你」的組合，通常有四種情況：「我眼中的我」、「你眼中的我」、「我眼中的你」和「你眼中的你」。其中「我眼中的我」、「你眼中的你」均是屬於內在的觀點，另二者則是外在的觀點。

當「我」在了解「你眼中的你」的事件時，如果「我」選擇的是「你」的參考架構時，那麼對你的問題將獲得最正確的了解。然而，若「我」所選擇的是「我」的參考架構，或是他人的參考架構時，那麼「我」對「你」的問題的了解，將會有所偏誤。

如果將上述的「我」及「你」，分別以「諮商員」與「受輔者」來代換，便可以了解為什麼諮商員必須進入受輔者的參考架構中，才能真正了解受輔者及其困難，唯有如此才能以同樣的心態對受輔者做反映。以下分別列出一些進入與未能進入受輔者參考架構中所做的反映：

1.「你的行為像個躁鬱症者。」
2.「人們說你很會抱怨。」
3.「你應該更溫和地對待別人。」
4.「我很高興你有進步了！」
5.「為什麼你不停止服用鎮靜劑呢？」
6.「你感到無力，且不知能否改善。」
7.「你覺得不被孩子重視。」
8.「你認為如果考試失敗會使你的父母蒙羞？」
9.「你為自己找到女朋友感到高興。」
10.「你似乎對老闆非常憎惡。」

　　上述反應中，後五項是諮商員進入受輔者參考架構後所做的反映，前五項則否。諮商員必須在傾聽中逐漸進入受輔者的參考架構，才能以受輔者的觀點了解問題，並了解其真正感受。練習 6-1 是區辨內外在參考架構的練習。

練習6-1　練習區辨內在或外在的參考架構

　　本練習可自行完成、配對進行或在訓練團體中進行。

A.自行完成

　　請閱讀列在練習例題中的對話，在每一個反應前標示「IN」或「EX」；「IN」表示是屬於內在參考架構；「EX」表示是屬外在參考架構，並列出原因。

B.配對進行

　　兩人分別完成練習後討論，或兩人合作逐題練習與討論。

C.在訓練團體中進行

　　訓練員先介紹內在與外在參考架構的觀念，之後將團體分成二人或三人一組進行練習與討論，最後再集合做整體性的討論與分享。

示範例題：受輔者與社工人員

　　受輔者：為了孩子的事，我擔心得快生病了，我一直睡不安穩。我
　　　　　　們十分缺錢！但我先生又嚴重酗酒。

　　社工人員：

　　　a.（　　）許多人最近都在鬧窮。

　　　b.（　　）妳因為擔心沒錢、擔心先生的酗酒、擔心孩子們，所以
　　　　　　　　感到不舒服，無法睡好。

　　　c.（　　）真可憐，妳心中承擔了許多的重擔。

　　可能的答案與評論：

a.（Ex）一個籠統的歸納。

b.（In）一項真實的敘述。

c.（Ex）這位社工人員可能是具有同情心的，但他未進入受輔者的參考架構中。

練習例題

1.老師與學生

學生：我討厭別的男生嘲笑我，難道他們不明白我也是有感覺的。

老師：

a.（　）妳厭惡被嘲笑且感到苦惱。

b.（　）自憐對妳一點幫助也沒有，為什麼妳不站起來面對他們？

c.（　）妳對於男孩子對待妳的方式感到不舒服，且受到傷害。

2.丈夫與家庭諮商員

丈夫：我整天辛苦地工作，我實在不喜歡回到家後還要面對生氣的妻子與哭泣的孩子。

家庭諮商員：

a.（　）這種情形發生多久了？

b.（　）我懷疑你能否處理這種情況。

c.（　）在一整天辛苦工作後，你希望從太太和孩子那裡獲得歡樂與愉快的氣氛。

3.寡婦與諮商員

寡婦：過去志明和我在一起時，我們曾為彼此付出很多。但我現在想想，我付出的實在少於志明為我付出的，我太自私了。

諮商員：

a.（　）妳需要給自己更多的時間，別再苛求自己了。

b.（　）現在妳覺得以往付出的太少了。

c.（　）妳仍然十分痛苦，失去志明真是一大打擊。

4.工人與監督者

工人：該死！這工作非得和那個既懶惰又卑鄙的傢伙一起做不可嗎？

監督者：

　　a.（　　）你的能力已足夠獨立作業，不必再與他共事了。

　　b.（　　）若他能工作勤快些，你的日子會好過很多。

　　c.（　　）他知道你的感覺嗎？

三、專注與接收訊息

　　要如何才能成為一個良好的傾聽者呢？羅吉斯（Rogers）特別強調助人過程中傾聽的重要性。羅吉斯曾說過：他從未想到要和母親談論有意義的事，因為他知道母親一定會有評論，且大多是負面的評論，久而久之，他就不願意和母親多談了。由此可知傾聽的影響是何等地深遠。傾聽包括訊息接收技巧，如專注、預備接受訊息、專心地聽、正確觀察肢體語言；及發送訊息技巧，如溝通、驗證正確性等。本節要先介紹一些心理上與肢體語言上應注意的事項。

（一）心理上的接收

　　要對他人開放自己的個人經驗不是件容易的事。一般而言，受輔者對諮商員的態度是頗為敏銳的，一旦他們感受到諮商員的不接受與排斥，受輔者將會很快地失去信任，而不願意再討論自己的問題。所以諮商員必須在心理上毫無防衛性地接受受輔者，仔細體會受輔者的感覺，才能達到「與你同在」的境界。所以存在主義治療師 James F. T. Bugental（1987）認為諮商員應具備親和力與敏感性等特質。親和力是指諮商員令人感到可親近，並願意與受輔者「同在」，一起體會其感受；而敏感性是指諮商員具備有感同身受的能力，或能覺察到受輔者故意隱藏掩飾的感受。

（二）肢體上的訊息

　　想成為一個有效的傾聽者，在傾聽的同時須注意是否傳達了不一致的

訊息。以下是有關肢體訊息應注意的事項：

1. 放鬆自在的身體姿勢：一個放鬆自在的身體姿勢，能令受輔者感到輕鬆與舒緩，是個適合傾聽且鼓勵說話的姿勢。倘若諮商員一直是僵硬的表情或不安的姿勢，將使受輔者感覺到緊張，甚至懷疑諮商員是否專心。因此諮商員除了在受輔者談到緊張、重大或悲傷事件之外，應盡量保持放鬆的身體姿勢。

2. 身體的角度：諮商員最好能和受輔者成九十度角的方式坐著，以諮商員的左肩斜接著受輔者的右肩，或以右肩斜接著受輔者的左肩。在這樣的角度中談話，彼此較能輕易地接收到對方臉部與肢體的訊息。

3. 身體微向前傾：諮商員的身體，可以在不侵犯受輔者個人空間的原則下微向前傾，表示專注並鼓勵受輔者繼續傾訴。

4. 適當的眼神接觸：諮商員過度地凝視受輔者，會造成緊張與壓迫感，因此諮商員應適時地將眼神從受輔者的眼睛移開。但是諮商員的眼神移開過久或四處遊晃，亦會令受輔者覺得不被重視，而有疏離感。因此諮商員應注意適度的眼神接觸，過與不及都會造成負面的影響。

5. 適度的臉部表情：一個友善、微笑而放鬆的表情，通常表示諮商員的接納與有興趣傾聽的意願。但當受輔者激動或哭泣時，諮商員應適當地調整面部表情以表達安撫或同情之意。

6. 點頭的使用：點頭不一定是表示對受輔者話語內容的同意，它可以表示「嗯，我懂」、「再繼續」等意思。點頭亦屬於一種酬賞式反應，它讓受輔者明瞭諮商員的專注，並鼓勵受輔者繼續訴說下去。

練習 6-2 提供讀者練習使用肢體語言的機會。肢體語言的重要性常被忽略，因此讀者應細心地進行以下練習。

練習 6-2　使用肢體語言練習專注與接收訊息

本練習可自行完成、配對進行或在訓練團體中進行。

A.自行完成

寫下所有你能想到的肢體語言，並從中挑出有利於表達出專注、鼓勵的姿勢。

B.配對進行

兩人輪流扮演諮商員與受輔者。其中受輔者花 3 分鐘的時間敘述一項屬於私人的事件與感受，而諮商員在這 3 分鐘內不必說話，盡量運用放鬆的身體姿勢、臉部表情、點頭、身體前傾等表達專注與鼓勵之意。之後，兩人討論練習中的感覺與優缺點。最好能將過程錄影或錄音，以便事後討論。

C.在訓練團體中進行

訓練員先介紹肢體語言所代表的意義及運用方法，之後選一名成員共同進行示範。再將團體分成數個小組進行 B 部分的練習，最後集合做討論與分享。

（三）口語上的鼓勵

除了利用肢體表達鼓勵繼續談下去的意思外，諮商員亦可在口語上表達願意傾聽之意。以下列出諮商員可使用的敘述，不論是在晤談之初或晤談之中，均可透過這些敘述表達鼓勵之意。

1.「嗨，你介意——」（以下三項皆適用）

(1)告訴我你為何來諮商中心嗎？

(2)告訴我什麼事使你困擾嗎？

(3)告訴我事情進展得如何嗎？

2.「你今天想從哪兒開始談？」

3.「再多說一些，我想多知道一點。」

4.「多談談你的感覺，我很想多了解一些。」

利用口語表示傾聽意願時，一般常分為：限制性（封閉式）或無限制性（開放式）兩種。無限制性的例子如：「你今天想談些什麼呢？」這種方式鼓勵受輔者說出任何想說的話。限制性的例子，例如：「聽說你在公眾場合說話有些困擾，我們來談談到底是怎麼一回事？」這種方式鼓勵受輔者在一特定的方向上多做敘述。這兩種方式無所謂好或壞，只有時機恰當與否的分別。適當的鼓勵可使傾聽的過程更加順暢。

四、聽的訓練

成為良好的傾聽者，最基本的能力是聽的能力與正確記憶內容的能力。有時，受輔者可能說得太多而超過你所能記憶的，或受輔者因情緒、恐懼等因素而說得不清楚且零碎。諮商員在這種情況下，可根據受輔者曾提供的訊息勾勒出藍圖，以了解問題的輕重緩急，再決定傾聽時該注意的重點。

這種技巧說起來容易，實際進行起來卻不容易，許多諮商員在多次練習之後，才能熟悉地運用，不致造成訊息接收不良。

練習 6-3　重述內容

本練習可配對進行或在訓練團體中進行。

A.配對進行

成員甲以諮商員的身分示範傾聽的技巧，並時時給予鼓勵，協助受輔者繼續說下去。而成員乙則以受輔者的身分花 5 分鐘來敘述自己私人或工作上的問題。之後，兩人針對 5 分鐘的談話，檢討練習過程的優缺點，特別要注意扮演諮商員的成員是否完全聽懂受輔者的敘述。最後，角色互換再練習一次。若能將過程錄音，則事後討論之效果更佳。

B.在訓練團體中進行

訓練員找一名團體成員做 A 部分的示範練習，然後團體分成數個小組進行以上練習，最後再集合做整體性的討論與分享。

注意口語的訊息

有效率的諮商員不僅會注意受輔者說了什麼，也會注意他們是如何說，以及說的內容與肢體所傳達的訊息是否一致等。表 6-1 列出一些口語訊息的各種向度：

表 6-1　口語訊息的向度

向度	性質
聲量	大聲的、小聲的、適當的。
速度	快的、慢的、容易接收的速度。
音調	平板的、有高低起伏的。
音高	高音的、低沉的、尖銳的。
音質	清晰的、含糊不清的、破碎的。
強度	激動的、沒有力氣的。
口音	不同種族、國家的口音或地域性的口音，面對不同階層有不同的表達方式。
說話的方式	流暢的、反覆的、結巴的。

資料來源：引自 Haase 與 Tepper（1972）、Tepper 與 Hasse（1978）。

在晤談過程中，諮商員的注意力可放在訊息的內容上；但當受輔者情緒較激動時，諮商員應多注意受輔者的聲音特質，因為情緒對聲音的影響很大，例如悲傷將使聲音較低沉無力，而憤怒將使聲音較高昂尖銳。因此，聲音特質可以讓諮商員更能掌握受輔者的情緒與感受。

練習 6-4　聽聽口語訊息

本練習可配對進行或在訓練團體中進行。

A.配對進行

兩人先花 5 分鐘的時間交談，內容不拘；5 分鐘後，對彼此剛才的聲音訊息做一描述，並互相討論聲音訊息與感受之間的關聯。

B.在訓練團體中進行

訓練員先介紹表 6-1 中口語訊息的各種向度，並引導團體成員討論聲音訊息與感受之間的關聯。之後，將團體分成數個小組進行 A 部分的練習，最後再討論練習後的心得。

五、肢體訊息的觀察

除了聲音訊息外，諮商員亦可由受輔者的身體動作獲得有意義的訊息。表 6-2 是一些有關肢體訊息的向度。

肢體訊息與口語訊息同樣能夠協助諮商員，使其對受輔者有更深的認識。特別是當受輔者因某些不明原因而有所隱瞞時，肢體訊息與口語訊息就會出現與語言訊息不一致的現象，諮商員可以根據這種訊息去尋找造成不一致的原因。另外，諮商員亦可由肢體訊息判斷受輔者對晤談是採取專心、投入或是敷衍、逃避等態度。

表 6-2　肢體訊息的向度

向度	性質
眼神接觸	凝視、左顧右盼、明顯的興趣。
臉部表情	笑的、敵意的、面無表情的、表情豐富的。
頭髮	長度、髮型。
姿勢	豐富多變化的、稀少的。
嗅覺	有體味的、有香水味的、無特殊味道的。
整潔度	整齊的、乾淨的、不整齊的、髒亂的。
體型	瘦長、肥胖、中等、強壯。
保持的距離	遠、近、可接觸的。
軀幹姿勢	前傾、後縮。
軀幹向度	一直面向前、不斷轉來轉去。
緊張程度	輕鬆自在的、緊張的。
呼吸頻率	規律的、時快時慢的。
表現	友善及親近的、退縮的、性感的、具攻擊性的。
情緒反應	興致高昂的、無精打采的。

資料來源：引自 Haase 與 Tepper（1972）、Tepper 與 Hasse（1978）。

練習 6-5　反映並解讀肢體訊息

本練習可配對進行或在訓練團體中進行。

A.配對進行

成員甲花 3 分鐘的時間對成員乙說一些話，內容不拘。之後成員乙向成員甲說明，他由觀察甲的肢體訊息中得到何種資料，兩人並討論乙的觀察是否有誤。之後，兩人角色互換再進行一次練習。

B.在訓練團體中進行

訓練員先介紹表 6-2 肢體訊息的各種向度，之後選定一名成員，一起示範 A 部分的練習，最後再將團體分成數個小組進行以上練習，最後再討論練習後的心得。

六、干擾的來源

在理想的狀況下，人們應該能準確而無誤地將訊息傳達出去，而接收者也應能正確無誤地接收到訊息。但事實上，訊息傳送的過程並非完全順暢完美，一般常見的是，許多因素干擾了訊息的傳遞而造成偏誤。在諮商關係中，訊息的輸送與接收亦受到不少的干擾，表 6-3 與表 6-4 分別列出來自受輔者及諮商員方面的干擾。

表 6-3　來自於受輔者可能干擾到晤談的原因

受輔者的特質
對諮商員缺乏信任。
過度害羞。
不擅於自我坦露。
焦慮及過度緊張。
缺乏自我意識。
不知道如何表達情緒（感）。
出現特殊的情緒，如：憤怒、欣賞、愛慕。
不斷與諮商員進行爭辯。
無法專心於諮商過程。
對訊息強度無法清楚辨認。
說話不直接而含糊帶過。
口語訊息與肢體及聲音訊息不相符合。
傳送出令人混淆的身體訊息。
缺乏口語溝通能力。
有特殊且嚴重的口音。
語言方面有障礙。
說得太多卻非重要訊息。
文化差異。
社經地位差異。
年齡、宗教等差異。

表 6-4　來自於諮商員可能干擾到晤談的因素

諮商員的特質
注意力無法集中。
聽力上有困難。
視覺上有困難。
身體狀況不佳，如：疲倦。
時間壓力造成干擾。
記憶力不佳，無法記得受輔者說過的話。
遺忘或自行添加受輔者說過的話。
缺乏辨別情緒向度的技巧。
缺乏觀察受輔者肢體語言及聲音訊息的技巧。
有偏見而未能客觀傾聽。
焦慮和緊張。
缺乏處理不同文化、社會情境的技巧。
固執於理論，缺乏彈性。
太過急切於想得到結果及成效。
運用同情心而非同理心。
無法敏銳地找到線索。
傳送出令受輔者沮喪的訊息。
口語訊息與肢體訊息及聲音訊息不相符合。
無法正確表達同理心。
無法有技巧性地問話。
令人感覺不可信任、不真誠。
令人感覺有壓力。
採用了道德教條。

　　許多受輔者之所以需要協助，部分是因為在溝通上有障礙。這些障礙有些是由於害羞、自卑、缺乏練習等原因所引起，有些則是和特定的對象有溝通上的困難，如父母、同事、上司、朋友、配偶或子女等。溝通上的障礙造成溝通不良，久而久之則易累積形成難以處理的問題。受輔者在其他人際關係中有溝通障礙者，在諮商關係也會同樣出現。除了初期因為彼此不熟悉而產生的障礙外，其他任何受輔者方面所產生的溝通問題，諮商員都應特別注意，並找出原因，因為這極可能就是問題的重要線索之一。

　　除了受輔者所產生的干擾外，諮商員也可能是干擾源之一，表 6-4 列出許多可能由諮商員所產生的干擾。這些干擾會嚴重影響諮商的進行。要察覺這些干擾，諮商員必須對自己、對受輔者有敏銳的警覺性，如此才能找出干擾的來源。一旦明瞭干擾源是來自本身時，諮商員必須找出產生干擾的原因，並設法解決或消除之。倘若諮商員無法解決本身的問題（干擾），他將無法協助受輔者解決其問題，說不定還會把受輔者帶到更糟的處境中。由此可知，保持溝通的順暢與傾聽的正確無誤，是諮商成功的必要條件。

練習 6-6　探索可能干擾傾聽的原因

本練習可配對進行或在訓練團體中進行。

A.配對進行

　　兩人先一起閱讀表 6-4 後，再進行角色扮演，一人扮演諮商員，另一人扮演受輔者，兩人進行晤談練習，內容不拘。練習完後，兩人一起檢視諮商員本身可能在專注、接收訊息方面造成的干擾因素，此外亦找出諮商員可能發送的令人沮喪的訊息。兩人討論完後，角色互換，最後再進行討論與分享。

B.在訓練團體中進行

　　訓練員先介紹干擾傾聽之原因，再選定一名成員一起示範。之後將團體分成小組進行晤談練習，過程可錄音或錄影以方便事後檢討。最後全體進行分享與討論。

▌貳、做出正確的反應▐

在上一節介紹過傾聽技巧後，這一節將介紹如何做出「適當的反應」。一般而言，「反應技巧」有時又被稱為「催化技巧」，因為藉由諮商員鼓勵性、摘要式、問話式或同理心等種種反應方式，可以促使受輔者更了解自己、了解問題、接納自己，並產生解決問題的推動力。以下介紹幾種諮商輔導中常用的反應（催化）技巧。

一、反應（催化）技巧

在諮商過程中，受輔者有時會逃避面對問題，或因一時的情緒激動，忽略問題的重心，而把注意力集中於他人說了什麼又做了什麼。此時，諮商員必須能協助受輔者把焦點放在自己及自身的問題之上。以下介紹幾種諮商員可以使用的方法：

（一）保持注意力的集中

受輔者：志明和我昨天吵了一架，我從未看過他這麼生氣的樣子，我
　　　　被他粗魯的言語和行為嚇到了，這都是他的錯。

諮商員 A：志明昨天大概有些失常吧！

　　或

諮商員 B：你被志明的粗魯與脾氣嚇壞了！

從受輔者的談話中，可發現其注意力已由自己身上轉到了志明身上。但諮商員 A 卻未能把注意力接回來，諮商員 B 則做到了，如此受輔者將不會再提到有關志明的個性、脾氣等題外話，而會開始思考自己與朋友爭吵的感覺如何，因而更加地深入自己的感覺中。這並不是說諮商員與受輔者不該去注意相關的人、事、物，但諮商員應時時注意不讓受輔者忽略自己及自己應負的責任。

（二）鼓勵使用第一人稱的敘述方式

有時受輔者會使用「你」、「他們」、「我們」、「人們」、「每個人」等代名詞作為主詞，因為這種說法會令受輔者覺得問題不在自己身上而產生一種假象的安全感。諮商員應盡量避免這種情形，而要隨時在反應中把注意力轉回受輔者身上，或直接要求受輔者改用第一人稱的敘述句。以下舉三個例子：

1. 「他再那樣做，我會讓他好看！」可改為「我對他的行為非常生氣。」
2. 「我們團體中每個人都覺得我們做得不夠好。」可改為「我覺得我們做得不夠好，而且，大家和我看法一致。」
3. 「車子撞壞了車庫的門。」可改為「我開車撞壞了車庫的門。」

這種方式的好處是鼓勵受輔者直接表達其情緒、感受，缺點是可能造成受輔者的壓力而使其更加退縮，因此在使用上，諮商員應特別留心。

（三）強調主動抉擇的角色

許多方法可以幫助受輔者了解，在生活中他們其實是個積極的抉擇者，其中一個方法就是強調受輔者的抉擇歷程與結果。例如：當一婦人說：「我和先生的關係逐漸好轉中。」諮商員可以強調婦人的決定行為而說：「你覺得當你決定以婉轉的方式和丈夫溝通，不再吵架後，你的努力有了成效。」另一個例子是中年男子的抱怨：「我實在很厭煩每個週末都要回家看我母親。」諮商員可以說：「你感到很厭煩，但我想知道你是否了解決定每週回家的人正是你自己。」在這個例子中，諮商員不但反映出受輔者的情緒，也讓受輔者了解自己是個抉擇者，應該為自己的感覺（厭煩）負責。

二、有助益的問話

問話在諮商進行中是一個常用的技巧，但如何在適當的時機問適當的問題並不是一件容易的事。不恰當的問話方式會導致受輔者過分依賴諮商

員，變成只等待諮商員的詢問而不會主動敘述事件或感覺。當然，不恰當
的問話也會造成受輔者心理上的抗拒。諮商員應明瞭問話最重要的是時機
與方式，這兩點若未能掌握好，問話不但不能達到效果，反而會破壞諮商
的進展。以下介紹一些問話時應避免的錯誤：

1. 過多的問題：在晤談開始時，諮商員若問得過多，會導致受輔者產
   生防衛心理或過度的依賴，二者均無助於諮商的進展。

2. 錯誤的引導：諮商員在問話時，已暗示了希望獲得答案，例如：
   「你很喜歡來這晤談，不是嗎？」

3. 封閉式的問法：封閉式的問話方式將減少受輔者「多說一點」的機
   會，因為受輔者只須回答：「是」、「不是」即可。這將導致晤談
   像身家調查一樣，雖獲得不少資料卻對受輔者毫無助益。

4. 太隱私的問題：這種敏感性問題，若非在適當的時機提起，受輔者
   在無心理準備或不願意談論的心態下，常造成焦慮與抗拒。

5. 時機不對：我們都知道問話時機的重要性，以下例作說明。當一位
   女孩正因和母親爭吵而激動不已時，諮商員需先安撫其情緒幫助她
   平靜下來，之後再深入探究其他問題。若諮商員未先處理其情緒就
   開始發問：「爭吵是如何造成的？」常因時機的不恰當而無法獲得
   正確客觀的回答，受輔者亦會覺察到諮商員的壓力。另一個常犯的
   錯誤是，在受輔者還未完全釐清問題時就問：「對於解決問題，你
   有何看法？」

以上是一些問話時應避免的情況，下面要介紹一些值得注意的事項：

1. 開放式問句：開放式的問法正和封閉式的問法相反，它能讓受輔者
   有機會說得更多、更深入。以下各舉一個開放式與封閉式問句的例
   子說明。封閉式：「你喜歡你的合夥人嗎？」開放式：「你對你的
   合夥人看法如何？能說說原因嗎？」

2. 進一步地詢問：諮商員可針對受輔者所說的話做更進一步地詢問，
   以尋找問題重心之所在或獲得更多的資料，例如：當一位受輔者抱
   怨其弟弟總是干擾她時，諮商員可以問：「能否說一下你弟弟怎麼

干擾你？」或「能不能舉個例子？」這種問法可以協助受輔者縮小問題的範圍，並使問題更清楚或更具體。

3. 詢問感受與看法：在傾聽受輔者描述事件時，應記得詢問其感受與看法，因受輔者有時會不自覺地隱瞞其想法，而被隱藏的部分很可能正是重點所在。諮商員可以問：「你對那件事的看法如何？」「你的感覺如何？」「我想知道你對這件事的感受如何？」等。

值得特別強調的是，諮商員問話的方式與態度遠比內容來得重要。因此沒有所謂不恰當的問題，只有不恰當的時機與不恰當的問法。諮商員的語音、語調與肢體語言都會透露出關懷或威脅的訊息，這些非口語訊息的力量，常勝過口語的內容，諮商員應特別注意。此外，諮商員在傾聽時應仔細，且避免做出過度的指導或過多建議。最好能給受輔者足夠的時間與空間，讓其能自動說出解決問題的方法，因為解鈴還須繫鈴人，自己打的結，自己最懂得解開結的方法。

練習 6-7　傾聽自己的反應

本練習可自行完成、配對進行或在訓練團體中進行。

A.自行完成

以下是諮商員簡要的敘述，請根據個人的狀況，在晤談初期對了解受輔者訊息的困難程度，依下列四個等級評定出不同的困難程度：

毫無困難　　0

稍有困難　　1

有困難　　　2

很困難　　　3

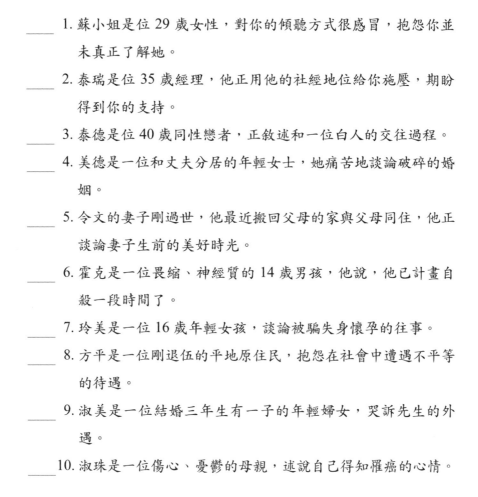

_____ 1. 蘇小姐是位 29 歲女性，對你的傾聽方式很感冒，抱怨你並未真正了解她。

_____ 2. 泰瑞是位 35 歲經理，他正用他的社經地位給你施壓，期盼得到你的支持。

_____ 3. 泰德是位 40 歲同性戀者，正敘述和一位白人的交往過程。

_____ 4. 美德是一位和丈夫分居的年輕女士，她痛苦地談論破碎的婚姻。

_____ 5. 令文的妻子剛過世，他最近搬回父母的家與父母同住，他正談論妻子生前的美好時光。

_____ 6. 霍克是一位畏縮、神經質的 14 歲男孩，他說，他已計畫自殺一段時間了。

_____ 7. 玲美是一位 16 歲年輕女孩，談論被騙失身懷孕的往事。

_____ 8. 方平是一位剛退伍的平地原住民，抱怨在社會中遭遇不平等的待遇。

_____ 9. 淑美是一位結婚三年生有一子的年輕婦女，哭訴先生的外遇。

_____ 10. 淑珠是一位傷心、憂鬱的母親，述說自己得知罹癌的心情。

　　評定完後，仔細思考每一題評定的原因，確定是什麼因素干擾了對受輔者的正確了解。

B.配對進行

　　兩人分別扮演諮商員與受輔者，選擇 A 部分列表中的任一事件進行晤談練習。在練習過程中，諮商員應盡量利用本節所介紹的方法，如：專注、預備接受訊息、進一步地詢問、詢問感受與看法等。之後進行討論與分享，再互換角色重新進行一次。

C.在訓練團體中進行

訓練員先介紹何謂有助益的問話，之後邀請一名成員一起示範所介紹的技巧。再將團體分成數小組進行練習，最後再以 A 部分列表評定困難程度後加以討論，並分享心得。

三、面質

面質（confrontation）通常帶有一些質問的成分，它是諮商員用以促使晤談更深入的一種方法。學者 Carkhuff 與 Berenson（1967）的研究指出：「直接的面質包含了一種推進的力量，是諮商員對受輔者深入地了解與時機評定後所使用的技巧。它可促使受輔者做更深入的自我探索，減少模稜兩可的情況，直逼問題的核心。」

面質和上一節所提的有助益問話一樣，都是形式重於內容。相同的面質內容若以不同的語氣、態度來呈現，會造成完全不一樣的效果。以下介紹三種不同的面質方法：

1. 催化性面質：這是一種諮商員試圖協助受輔者澄清與擴展其參考架構的面質方式。在一般的做法中，諮商員和受輔者會討論其現在的參考架構，並指出其侷限性，之後再以一種不帶威脅的方式提供一個較寬廣的參考架構。這種催化性面質是屬於挑戰性較弱的一種方式。

2. 熱椅式面質：從字面意義就可了解，這種方式有時會令受輔者出現坐立難安的情形，好似椅子燙得像熱鍋。這種方式是諮商員清楚且直接地指出受輔者防衛性、模稜兩可或不切實際的想法。完形學派的創立者 Fritz Perls 曾說這種熱椅式面質若運用得當，可以「技巧性的摧毀」（skillful frustration）受輔者的防衛及偽裝。當然，這種面質由於挑戰性、刺激性較強，在運用上應特別地小心。

3. 指導式或解釋性的面質：這種方式的目的是要讓受輔者明瞭問題依然存在，且應為問題負責。理情治療學派的諮商員會向受輔者強調，正是因為其不合理的思考模式而造成問題，並企圖引導以較合理的方式進行思考。

　　以上介紹的三種面質方式，其中有些重疊的部分。無論如何，諮商員應記得在使用面質技巧前，要先對諮商關係的強度及受輔者的敏感性做一正確的評估，如此才可確保面質能產生正向的推進力。以下我們將介紹挑戰性與刺激性較為適中的催化性面質。

催化性面質

　　催化性面質因性質較溫和，使用亦較為普遍。以下列出催化性面質的一些使用方式：

1. 指出語言、聲音與肢體訊息間的不一致：例如，諮商員可問：「你說你感覺很好，但為何你的聲音和神情卻不是如此？」
2. 指出語言與行動間的不一致：例如，莉慧說她很喜歡到諮商中心晤談，也很希望能解決問題，但她卻總是遲到。諮商員可指出其間的矛盾所在。
3. 指出受輔者自我形象與諮商員印象的不一致：李小姐總認為她始終未能處理壓力的情境，而諮商員認為她已大有進展，則諮商員可表示不同的意見並舉出實例。
4. 指出過去與現在言語上的不一致：王先生數週前一直誇讚著他的上司，現在卻說他是令人憎惡的人。諮商員可指出其間的矛盾。
5. 提供不同的觀點：小珍抱怨她的母親懶惰並荒廢家務。針對此一問題，諮商員可提供另外一種不同的觀點而說：「你的母親必須獨立負擔家計而外出工作，她可能是太疲勞而無法處理好每件家務事，你認為呢？」
6. 修正錯誤觀點：小莉喜歡和男性約會，也喜歡和女性手拉手去逛街，她認為自己可能是雙性戀。諮商員除了可以提供正確的兩性觀念外，並可說明小莉過度簡化性別的愛戀傾向。

　　以上是催化性面質的使用方式，諮商員在使用時應了解，面質技巧和同理心技巧有極大的不同。同理心必須要進入受輔者的參考架構內，但面質則是以諮商員本身的參考架構為立足點。雖說如此，諮商員應盡量保持

客觀的態度，與受輔者有不同的意見時，不要表現出貶抑受輔者意見的態度，而應客觀反映兩個觀點間的異同，讓受輔者自行選擇及評估。一旦受輔者有不良的反應出現，諮商員應減輕面質的強度或立即停止使用面質（在熱椅式面質中則否，熱椅式面質在受輔者出現輕微抗拒時仍繼續進行，但諮商員必須擁有處理抗拒的高度能力與安撫能力）。練習 6-8 是有關催化性面質的練習運用，讀者熟練後，即可妥善加以運用。

練習 6-8　催化性面質

本練習可自行完成、配對進行或在訓練團體中進行。

A.自行完成

準備紙筆，根據以下的情況，寫出諮商員面質受輔者時可能的反映性對話：

1. 指出語言、聲音與肢體訊息間的不一致。
2. 指出語言與行動間的不一致。
3. 指出受輔者自我形象與諮商員印象間的不一致。
4. 指出過去與現在言語上的不一致。
5. 提供不同的觀點。
6. 修正錯誤觀點。

B.配對進行

兩人可分別完成 A 部分練習後討論，或是共同合作完成練習。

C.在訓練團體中進行

訓練員先介紹催化性面質的概念並示範運用。之後將團體分成數個小組進行練習，最後再集合全體做心得分享與討論。

四、自我坦露

諮商員是否該向受輔者自我坦露是個備受爭議的話題，以下分別列出支持者與反對者的理由。

（一）支持者的理由

1. 諮商員適度地自我坦露可令受輔者放鬆心情，並進一步討論他們自己的心情或事件。
2. 適度地自我坦露令受輔者覺得諮商員是個可親近、真誠的人，特別是他們會發覺諮商員原來也是一個活生生、有情緒、有喜樂與悲傷的「人」。
3. 適度地分享經驗，可協助受輔者從新的觀點來看待自己的處境與問題，並增加受輔者克服困難的決心與信心。

（二）反對者的意見

1. 受輔者自己的問題已經不少了，不應該再加重其心理上的負擔。
2. 自我坦露可能使諮商員更具人性，但也可能讓受輔者覺得其軟弱，而產生懷疑、不信任。特別是有些受輔者總認為諮商員是堅強無缺點的，諮商員的自我坦露易造成受輔者心態上的矛盾，與認知的失調。
3. 在諮商過程中，諮商員的自我坦露很可能將注意力由受輔者身上轉到諮商員身上，造成主題偏離而浪費時間。

上述說明支持與反對自我坦露的理由後，接著再介紹自我坦露的種類。自我坦露可分成兩種，一種是與受輔者分享自己過去的經驗；另一種是與受輔者分享感受，特別是此時此刻的感受。

在分享感受方面，諮商員可針對以下三項做感受的分享：

1. 對受輔者的自我坦露表達諮商員的感受：例如「我真難過聽到你遭遇到這種事」、「那真是糟啊！」、「那真是不錯，我替你高興」等。

2. 表達對受輔者的關心：諮商員除了關心受輔者的問題外，亦可表現出對受輔者「本人」的關注，如「我很高興和你一起進行晤談」、「我真的很關心你」等。

3. 表達對彼此諮商關係的看法：例如「我很高興我們的關係良好」或「你說你的朋友不信任諮商員，而我覺得你也不信任我」。

　　諮商員在進行感受分享時，當然是採取個人的觀點，但仍應盡量保持客觀，且須注意聲音、肢體訊息是否和口語內容互相配合。

　　在分享經驗時，諮商員可考慮以下事項：(1)要不要說出自己的過去經驗？(2)要說多少？(3)重點在陳述事件還是陳述當時的感覺？(4)要說出自己如何適應及處理問題嗎？(5)表達後對受輔者有助益嗎？(6)受輔者真的需要嗎？

　　分享經驗並不是件容易的事，特別是它可能帶來的影響難以預料。但在某些類型的諮商輔導中，經驗分享又是很重要且不可缺少的，例如在處理酒精中毒與毒癮的受輔者時，成功的例子將能增加其信心與動機。然而，經驗分享仍須注意細節問題的配合，才能達到良好的效果，例如：

1. 經驗分享應以自己的經驗為限，勿提及第三者的經驗。

2. 敘述重點，應避免過於瑣碎且浪費時間。

3. 時時注意受輔者的反應，觀察其神情是接受或是不耐煩。

4. 經驗分享的次數不宜過多，以免主題偏離又浪費時間。

五、歸納的技巧

　　在此，我們先對同理心技巧與歸納的技巧做一區分。雖然在同理心反應中也有歸納的技巧，但在同理心反應中，諮商員是將受輔者一句或數句敘述做一整理歸納。有時同理心反應對情緒感受反映的重視，大過於對事件陳述的歸納式反應。而本節所指的歸納技巧，是專指一大段對話內容或一次晤談內容的整理與歸納。

有關歸納技巧的使用與功用為：

1. 歸納可在一次晤談之初使用。諮商員把前次晤談內容做歸納性的交談，並且道出本次晤談的主題與方向，使受輔者能夠順利地進入本次晤談重點中。

2. 在晤談進行中的任何時刻，諮商員都可將自己對受輔者的了解做一歸納性陳述。一方面調整晤談的節奏與方向，另一方面藉以檢查自己的認識與了解是否有錯誤。一旦有誤，受輔者可立即提出做修正。

3. 在每一次晤談結束前，諮商員可將本次晤談的內容做歸納性總結，或再次提醒受輔者要做的家庭作業與曾決定過的行動目標，並作為下一次晤談的熱身運動。

練習 6-9　總結性練習

本練習可配對進行或在訓練團體中進行。

A.配對進行

兩人分別扮演諮商員與受輔者，進行一次完整的晤談練習，時間 45 分鐘。身為諮商員應運用傾聽、有助益的問話等，以及本章介紹過的技巧，協助受輔者自我探索。過程最好能加以錄音或錄影，以利事後的檢討與改進。最後，角色互換再進行一次練習。

B.在訓練團體中進行

訓練員提供錄音檔或錄影影片，甚至帶成員實地觀察學習的晤談情境，以便團體成員有理論之外的經驗。之後再將團體分成數個小組（三人一組，觀察員、諮商員及受輔者）在安靜的環境中進行晤談練習，過程最好能加以錄音或錄影，以便全體討論時運用。

第七章

溝通與催化技術

萬山不許一溪奔，攔得溪聲日夜喧，

到得前頭山腳盡，堂堂溪水出前村。

～南宋・楊萬里

《桂源鋪》

我們生活在一個訊息多元而氾濫的時空中，許多訊息真假難辨，虛實不明，不管接受與否，它就是那麼真實地展現在各類媒材中。日夜喧鬧，沸沸揚揚，人心浮動。此時的溝通變得快速而便捷，但成效如何則有待考驗。在助人工作中，溝通須借助有效的催化技術，方能匯聚隱含訊息，直指問題核心。其沛然不可擋的趨勢，正如溪水出前村的深遠意境。閱讀完本章，讀者可熟悉連續性的訊息、避免令人沮喪的訊息，以及同理心反應技術，熟練催化技術。

催化（facilitate）一字源自拉丁文，原意為「使容易」。當諮商員做出催化反應時，受輔者將更容易自我開放，並深入探索自己的內在世界。催化技術最顯著的效果是能夠進入受輔者內在的參考架構。所謂參考架構是指受輔者自行發展出的一套規範，用以衡量環境、他人與自己的價值判斷恰當與否，每個人的參考架構都是獨一無二的，因此每個人行事、處理問題的方式也多少有所不同。諮商員使用催化技術讓受輔者願意開放自我，也願意讓諮商員進入其參考架構，兩人以同一種方法、同一種眼光及標準看待問題，進而處理問題。因此，催化技術是諮商技巧的基本要素之一。

▌壹、連續性的訊息 ▌

前一章說明專注的技術及使用時機。透過專注技術，可表達諮商員希望受輔者繼續談下去的意願。此外，尚有一些訊息也鼓勵受輔者繼續開放自己的經驗，這類訊息可稱為鼓勵性訊息。這類訊息通常透露出「請繼續講」，以及「我正陪著你、聽著你」等訊息，因此能鼓勵受輔者繼續開放那些鮮為人知的內在經驗。但此類鼓勵性訊息若使用不當，則很有可能變成受輔者自說自話，而遺忘了諮商員的存在。

許多鼓勵性訊息，與其說是口語的訊息，不如說是一種肢體語言，例如：臉部專注聆聽的表情、適時的點頭反應、眼睛視線的接觸以及適當的身體姿勢等。而口語訊息則有：「嗯、我懂」、「我能體會」、「請繼續」、「然後呢」、「原來如此」、「事實上……」、「有意思，再多說一些」、「真的」、「哦」、「是啊……」等。

受輔者在自我坦露時常需要獲得鼓勵與支持，若諮商員很少給予適當反應，等於在消弱受輔者的傾訴行為。但是，若諮商員反應過度，不僅顯得不自然，甚至會阻礙傾聽的效果，如此將使諮商關係變得緊張且壓力過重。

初級催化技術的目的，不僅在促使受輔者說得更多，以便讓諮商員蒐集多方面資訊，更重要的是，在敘述表達的過程中，協助受輔者更了解自己，更能體會自己深層的經驗。諮商歷程的重點不只是諮商員能為受輔者

做些什麼，更重要的是如何促使受輔者為他們自己做些什麼。如同美國哲學家 Eugene T. Gendlin 所發現的：如果諮商員能專心傾聽，不做不必要的反應，將會發現令人驚訝的事實，也就是受輔者會主動表達出更多、更深入的內在世界，而這些都是平時不易見到的。

由上可知，初級催化技術的使用及鼓勵性訊息的表達，都是諮商員在晤談初期經常使用的方式。其目的，都在營造一個有利於表達、溝通的連續性訊息（continuation messages）的產生。

練習 7-1 是結合了鼓勵性訊息及初級催化技術的練習。希冀藉此練習能提供正確的方法，以取代表面的、沒有助益的傾聽。

練習 7-1　鼓勵性訊息的使用

本練習可配對進行或在訓練團體中進行。

A.配對進行

兩人先利用 5 分鐘的時間，仔細傾聽自己內在的聲音。在這段專注的時刻中，先集中注意力在呼吸上，然後轉移到身體的感覺上，注意腦海中出現的任何感受。之後成員甲利用鼓勵性訊息及催化技術，促使成員乙說出內心所關心的事。成員甲應多使用肢體或口語傳達鼓勵性的訊息，而成員乙應盡量表達心中所想說的事件與感受。成員甲除了表達鼓勵性的訊息，不可以改變話題也不必立即給予回饋，只要盡量地讓成員乙傾吐即可。最後，兩人討論，交換心得。角色互換再重新進行一次。時間從 5 到 15 分鐘皆可。

B.在訓練團體中進行

訓練員先介紹初級催化技術的概念，以及鼓勵性訊息的使用方法，之後由訓練員做簡單的示範練習。團體再分成數個小組進行配對練習，結束後集合做分享及討論。並鼓勵成員時時觀察鼓勵性訊息的運用及練習。

貳、避免令人沮喪的訊息

要判定諮商員是否已具備良好的催化技術，要看諮商員能否避免傳達出令人沮喪的訊息而定。對受輔者來說，自我坦露是一件冒險的事，因為受輔者擔心自己推心置腹說出的話不被接受，或遭到排斥。因此自我坦露的深度往往與諮商歷程中的安全感、信任程度有關。

要讓受輔者進行自我坦露，及傾聽內在聲音，需要一些心理上的空間。這裡所謂心理上的空間包括了質和量兩部分，質是指諮商員對受輔者的想法、感覺之尊重與接受，而量則是指諮商員願給予足夠的耐心與時間等待受輔者進行自我坦露。如果諮商員常打斷話題、獨占話題或在肢體上表現了反對與排斥的訊息，如此則剝奪了受輔者的勇氣，也就是未能給予足夠的心理空間，讓受輔者深入探索他自己。

一、令人沮喪的非口語訊息

本小節討論一些會令受輔者沮喪的肢體訊息。諮商員畢竟也是人，也會有一些非專業性的行為，然而這些行為常會影響整個諮商關係及諮商歷程，例如：一位諮商員常打哈欠，他認為受輔者仍不肯信任他，總是說些瑣碎而不重要的小事，使得他老想睡覺；受輔者這方面卻認為諮商員根本不專心聽他說話，他又何必說出自己真正的心事呢？結果，這種諮商關係將很難有任何成效，除非情況有所改變。

由上例可知，當諮商員未能專注地傾聽時，已逐漸加深了受輔者的不安全感及不信任感。事實上，受輔者遠比諮商員所能想像的更敏銳，他們能從諮商員的口語內容、聲音高低、身體動作及眼神獲得各種訊息。只要諮商員是真誠而專心的，受輔者一定能深切感受到。同樣地，若諮商員有些微的分心或不認同，受輔者亦能立即感受到。

肢體所傳達的訊息有時候比口語訊息更有力量。Tepper 與 Haase（1978）的研究發現：即使諮商員有良好的口語訊息，但沒有良好的肢體動作配合而透露出相反的訊息，此時，口語訊息的效果會大為降低，甚至

引起受輔者的懷疑。另外，由Shapiro（2012）的研究亦發現，從照片中的臉部表情，就能判斷諮商員的同理心程度，由此可知肢體語言的重要性。

> ### 練習 7-2　鼓勵性與令人沮喪的非口語及肢體訊息

本練習可自行完成、配對進行或在訓練團體中進行。

A.自行完成

閱讀下面由諮商員傳達的非口語訊息，想像自己是受輔者，若你覺得被鼓勵就在題號後標「○」，若諮商員傳送的訊息令你覺得沮喪則標「×」。

1. （　）挖鼻孔　　　　2. （　）神色自若
3. （　）往後斜靠椅背　4. （　）頭部前傾
5. （　）拉耳朵　　　　6. （　）朝你身上打量
7. （　）與你坐在同一高度上　8. （　）翹腳上下擺動
9. （　）擺動手臂　　　10. （　）表達清晰
11. （　）凝視著你　　　12. （　）往窗外看
13. （　）放鬆的坐姿　　14. （　）無精打采
15. （　）揚眉　　　　　16. （　）敏銳的
17. （　）微笑　　　　　18. （　）座位高過你的位置
19. （　）閉起眼睛　　　20. （　）聲音尖銳的
21. （　）身體微向前傾　22. （　）清爽
23. （　）適當的談話速度　24. （　）低沉的聲音
25. （　）開放的姿態　　26. （　）支吾其辭
27. （　）茫然的　　　　28. （　）溫暖的聲音
29（　）聲音輕微　　　30. （　）不安的

做完之後，再想一下在諮商歷程中，你是否也傳達了一些令人沮喪或鼓勵人心的訊息。

B.配對進行

兩人分別回答以上的問題，再討論、分享。

C.在訓練團體中進行

訓練員先將團體分成數個小組，成員分別回答上述問題後討論感想，再集合做討論及分享。訓練員亦可透過錄影影片展示諮商員傳送令人沮喪的或鼓勵的口語及肢體訊息。

二、令人沮喪的口語訊息

在助人的歷程中，有一些口語訊息會造成受輔者的不安、不自在，甚至不安全感，使他們無法自在地坦露自己。這些口語訊息在日常生活中隨處可見，但要成為良好的諮商員，就必須避免傳達這類會令人沮喪的口語訊息。大部分令人沮喪的口語訊息，都是在諮商員未能進入受輔者的參考架構中而產生的。諮商員未能深切體會受輔者的感受與意念，而只以自己主觀的感覺來評斷事情，這種情況下受輔者將不敢說出自己真正的感覺，因為害怕不被接受。長此以往，將導致諮商關係的僵化與停滯。以下是一些例子：

1. 不當的指導與引導：控制受輔者的談話主題。

   例：我今天希望你談談……這個主題。

2. 不當的判斷和評定：了解不夠而妄下判斷。

   例：你是個占有慾很強的人。

3. 責備：隨意地做責任歸因，語氣不夠婉轉，有責備意味。

   例：那全是你的錯……。

4. 道德式、教條式的反應：告訴受輔者他們應該如何生活。

   例：在生命中，性不是最重要的，你應該……。

5. 不當的歸類與診斷：隨意地將受輔者分類，或對其行為任意加添標籤。

   例：你有自卑情結……，或你有戀母情結……。

6. 表面、膚淺的安慰與幽默：試圖讓受輔者覺得輕鬆，但並不真正了解其感受。

例：你會好轉的。

7. 未能體會受輔者的感受：對受輔者的感受沒有加以處理，即告訴他該怎麼做。

例：你不應該這樣就洩氣的，重新再……。

8. 不恰當的勸告和教導：沒有給受輔者時間與空間去處理其問題。

例：你為何不和她一起喝杯咖啡，把事情談開呢？

9. 審訊：使用令受輔者感到威脅的探究式問句。

例：你有手淫的習慣嗎？通常在何時進行？多久一次？有性幻想嗎？

10. 過度解釋：替受輔者的行為做解釋，而對受輔者而言，這些解釋可能是錯誤或不相關的。

例：你對社交活動的抗拒說明了某些未解決而隱藏著的衝突，例如性……。

11. 不適當地談論自己，且中斷受輔者的談話。

例：你有你的煩惱，我也有我的，我說給你聽吧……。

12. 以專家自居，並以防衛式的方式來溝通。

例：我受過許多專業的訓練，解決過許多類似的問題。

13. 虛偽的專注：不真誠或假裝很有興趣、很投入的樣子。

例：那真是太有趣了。

14. 給予時間壓力：讓受輔者感受到時間的壓力。

例：你最好簡短地講。

練習 7-3 的目標是探究有哪些反應方式會干擾受輔者，減少其自我開放的程度。

練習 7-3　令人沮喪訊息的自我檢查

本練習可自行完成、配對進行或在訓練團體中進行。

A.自行完成

根據你在諮商歷程中的表現，評估以下行為出現的頻率：

總是出現　4

經常出現　3

偶爾出現　2

很少出現　1

從未出現　0

1. （　　　）不當的指導和引導

2. （　　　）不當的判斷

3. （　　　）責備

4. （　　　）道德式、教條式的反應

5. （　　　）不當的歸類和診斷

6. （　　　）表面、膚淺的安慰與幽默

7. （　　　）未能體會受輔者的感受

8. （　　　）不當地勸告和教導

9. （　　　）審訊

10. （　　　）過度解釋

11. （　　　）不當地討論自己

12. （　　　）以專家自居

13. （　　　）虛偽的專注

14. （　　　）給予時間壓力

算算自己評估為 2、3、4 的項目，考慮其對受輔者的影響。

B.配對進行

兩人分別完成上述練習再討論，或兩人共同完成。

C.在訓練團體中進行

訓練員先介紹會令受輔者感到不安的口語訊息，讓成員們討論如何避免之。或將團體分成數個小組，進行以上練習，最後進行討論與分享。

本練習試圖讓受訓者在諮商歷程中或日常生活中，能更敏銳地察覺自己所傳送的訊息，且避免表達出令人沮喪的訊息。

▌參、同理心反應技術 ▌

這裡所介紹的同理心技術是指Barrett-Lennard「同理心循環」中的同理心的傳達，亦即同理心反應三階段中的第二階段。第一階段是同理心的共鳴，第二階段是針對受輔者的陳述做適當的了解及同理心反應。在諮商關係中，諮商員除了傾聽之外，尚要表達出已正確了解的訊息。

一、同理心反應的定義

有兩個主要的諮商派別都使用了同理心的技術，只是應用上有個人取向及任務取向的差異。羅吉斯（Rogers）代表個人中心取向的學派，他認為同理心的使用是促使受輔者開放自我及探索自我的重要因素。

羅吉斯堅決反對把同理心的傾聽與反應，視為僅僅是重複受輔者敘述的非教導式技術。他在1975年出版了一本有關「同理心的歷程」的書，書中為同理心所下的定義為：進入他人的隱密內在世界裡，……敏銳而細心地體會他內心每一刻的感受與思想……，這種感受與經驗可能是他一直畏懼承認，且不敢開放的……，藉由你全新且無所畏懼的眼光，去體會這些被深藏的感受與經驗，真實地傳達出你所感受到的，讓受輔者伴隨著你溫暖而堅定的支持，拋開以往的畏懼，逐漸地更深入自己的內心世界，探索那些埋藏已久的感受，重新審視這些令其困擾已久的經驗……。這種過程

並非總是順利的，它需要時間、耐心與支持……，也需要諮商員敏銳的感受力，以及透澈的洞察力……。諮商員亦需不斷的檢覈其了解是否正確，適時地調整，改變……，並幫助受輔者刪減混淆的線索，指出隱含的意義，以便能進入更深層的內心世界（Rogers, 1975）。

羅吉斯特別強調，將同理心運用在經驗的回溯上，有獨特的功能。他期望受輔者不論是在質或量上，都能對自己內在生理─心理的經驗流，有著更深更多的傾聽。這裡所謂的經驗流（experiencing of flow）可說是一種可不斷反覆省察、反覆提取的記憶或意識流。「心流」（flow）用以表示其連續性及不確定性，因為許多當時我們不明其意的事件，在不斷地回憶思索下，會逐漸呈現其真正面貌，例如：一位和父親關係不佳的男孩，他對自己和父親之間的關係無法很清楚地理出頭緒，當諮商員做同理心反應如：「你似乎對你父親感到憤怒！」男孩猶豫地不作聲，而當諮商員說：「你似乎對你父親感到失望！」男孩則如獲知音地猛點頭。

受輔者常因為某些原因，未必能清楚地覺察自己的感受，此時諮商員需運用同理心反應，一方面協助受輔者澄清感受；另一方面協助受輔者更敏銳、深刻地體驗自己的經驗流。Gendlin 稱這種特殊的內在探索為「意識流的覺察」（awareness of a felt sense）。

在個人取向的諮商關係中，同理心反應技術是諮商員最主要的工具。而在任務取向的助人關係中，這種技術則較少見，因為同理心只是多種技術中的一種而已。有一項研究指出，羅吉斯個人中心取向口語反應有 53% 以上是屬於反映及重述。而 Lazarus 任務取向則僅有 10% 的反應是反映與重述，另外有 28%、22% 及 19% 是屬於指導性輔導或建議、提供資訊或蒐集資料。

許多學者、專家在初層次同理心（primary level empathy）和高層次同理心（advanced empathy）之間做了區別。在初層次同理心中，諮商員只須反映出受輔者所敘述的及諮商員所感受到的；而在高層次同理心中，諮商員必須反映得更深入，甚至對於受輔者逃避談論或隱含的意義都必須能夠有所反映。

二、受輔者對同理心反應的覺知

　　進一步對同理心反應所下的定義，是根據受輔者對同理心反應的認知而來。要了解受輔者感受到的同理心內涵如何，有兩種方法可使用：一是了解受輔者與諮商員在諮商關係中的互動情形；二是直接詢問受輔者對諮商員的看法如何。有研究證實，受輔者自我探索的深度會隨著諮商員高、中、低三種程度的同理心而有變化。因此，可以推論的是，受輔者達到不同程度的自我開放之前，都會感受到諮商員不同程度的同理心。另外，亦有研究證實：具有較高程度同理心的諮商員，受輔者在各種效果評量都有較佳的成效。也有研究發現，隨著諮商的進行，受輔者所感受到的同理心會愈來愈多。

　　Barrett-Lennard設計了一份關係量表，由受輔者來評定諮商員所營建出來的諮商關係。這份問卷特別是用以評定個人中心學派的諮商員，量表中的一個分測驗，包含了正、反兩面的問題，可作為諮商員同理心程度的評量。其中正向的題目如：

　　「他願意了解我如何看待事情。」

　　「他幾乎都能了解我的想法。」

　　「他經常能體會或了解我所感受的。」

　　「他能正確理解我所經驗到的一些事件。」

　　反向的題目有：

　　「他可能了解我的話，但他似乎和我看法不同。」

　　「他能理解我的感受，那是因為這也是他的感受。」

　　「他並不了解我們所討論的事情，但這件事對我而言卻是意義重大。」

　　「他的反應是如此的固定和機械化，我無法對他真正地暢所欲言。」

　　受輔者對諮商員的認知，可能也摻雜了其本身的需要及期望，而非按照諮商員原本的樣子去了解。對某些嚴重困擾的受輔者來說更是如此，他們常對諮商員或諮商關係有曲解。但同理心反應仍然是很重要的，因為許多證據顯示：諮商員的同理心反應愈好，受輔者對同理心的感受也愈清楚、深刻。

三、辨識同理心反應

在諮商歷程中，辨識同理心反應（discriminating empathic respond）與溝通是有所不同的。辨識同理心反應是指如何評定他人或自己的反應，而溝通則是實際的反應。一個具備良好辨識同理心技巧的人，不一定具備良好的溝通技巧；但熟悉辨識同理心技巧，卻能更深入了解對方的感受與語意。

本節的重點放在同理心的互動，或諮商員如何溝通，以便能從受輔者表面的想法和情緒中去了解一些潛藏的訊息。好的同理心反應就是「接納受輔者為一獨立的個體」，避免傳達出一些令人沮喪或足以中斷談話與情感交流的訊息。因為這些訊息會使受輔者感到不安、自卑、防衛心等。好的同理心反應透過淺顯易懂的話即可表達，且必定伴隨著好的口語及肢體溝通。在具有良好同理心的諮商關係中，諮商員和受輔者的合作，有助於了解受輔者的參考架構和個人意義。諮商員透過同理心辨識，不斷地直接或間接省察自己對受輔者的了解是否正確。而即使受輔者發現諮商員對他們的了解不完全正確，他們仍樂意去討論並修正諮商員原本偏誤的了解。

從臨床的實務來看，我們可把辨識同理心反應視為三個聯結的鏈子，陳述—反應—陳述。理想的同理心反應，不僅只針對受輔者的陳述做反映，它會影響到受輔者接下來的陳述。好的同理心反應對受輔者接下來的陳述提供了良好的機會，使其能繼續他們最初的想法和經驗，而不理想的同理心反應則無此種功效。

練習 7-4　辨識同理心反應

本練習可自行完成、配對進行或在訓練團體中進行。

A.自行完成

同理心反應包括正確地傾聽及了解受輔者的陳述，隨後再用清楚、簡要的話，把自己的了解告訴受輔者。請閱讀「練習例題」中的題目，

根據以下五個等級，評定對受輔者所做的三個反應的等級，並寫下評定
等級的理由。

非常良好的同理心反應　　4

良好的同理心反應　　　　3

中等的同理心反應　　　　2

輕微的同理心反應　　　　1

無同理心反應　　　　　　0

B.配對進行

兩人各自評定後討論，或一起完成評估工作。

C.在訓練團體中進行

訓練員帶領成員一次進行一項敘述句的評定並討論。

示範例題：婦人與婚姻輔導員

受輔者：我很難做個決定，到底要不要離婚。我有太多的事須考慮，
　　　　我也很害怕孤零零的一個人。

婚姻輔導員：

a.（　　）妳結婚多久了呢？有沒有小孩？

b.（　　）離婚的事，你還未做最後決定，因為你要從各種角度來
　　　　　考慮，其中包括對孤獨的恐懼。

c.（　　）現在，你太害怕離婚了。

評定等級與理由：

a.（0）外在的參考架構，審訊的方式。

b.（4）對受輔者的參考架構表達出了深入的了解。

c.（1）雖表達了部分的了解，但超過受輔者所表達的，同時也
　　　太過簡短與生澀。

練習例題

1.男士與開業心理師

受輔者：公司把我當冗員看待，那真令人傷心，我已經45歲了，在事業上應該要達到高峰才對。

心理師：

a.（　）你對自己的遭遇感到憤怒。

b.（　）現在，你沉溺在自憐當中。

c.（　）你心中很痛苦，當你應該在事業顛峰時，卻被當成多餘的人看待。

2.受雇者與經理

受雇者：我有三個星期的休假，我現在就要休。我太太剛生產，我希望留在家裡幫忙做些家務。

經理：

a.（　）恭喜！為了家庭的理由，你很急著利用你的休假。

b.（　）你可以在家待一陣子，但我擔心辦公室有得忙了。

c.（　）你應該事先告訴我，我才好安排。

3.年輕婦人與輔導員

婦人：當工作開始變得忙碌時，我藉著藥物來放鬆自己，結果上癮了。我現在要靠著藥物，才能得到一點快樂和輕鬆感。

輔導員：

a.（　）吸食藥物是你克服緊張與壓力的方法。

b.（　）你覺得是被迫吸食藥物的，因為生活太沉重了。

c.（　）當你覺得脆弱且幾乎被淹沒時，藥物成了你紓解的唯一方法。

4.中學應屆畢業生與老師

學生：當這一年快過去時，我愈來愈緊張，因為入學考沒考好，我以後就無法成為工程師。若這樣就糟了！

老師：

　　a.（　　）到目前為止，你一直表現很好，只要保持鎮定，別太緊張，一定沒問題。

　　b.（　　）我自己在考試前也很緊張，但考試時就好了。

　　c.（　　）你愈緊張愈糟，說不定就因為太緊張而考糟了。

四、反映：重述內容

　　鏡子最能表達「反映」（reflect）一字的意義。反映又可分為內容反映與感受反映兩種。內容反映只是反映出受輔者語句上的意義，這種反映只要稍微改變方式去重述即可完成。然而，感受反映則不僅是找出受輔者語句上的意義，同時也要注意其口語與肢體訊息的反應。

　　對於初入門的諮商員，反映的概念似乎是有點機械化。其實在諮商關係中，諮商員要集中注意力隨時做抉擇，以便做出最佳的反映，如果注意力無法集中，則諮商員的反映就會流於形式化、機械化。

　　即使是有經驗的諮商員，在做反映時，仍不能掉以輕心。一個好的反映絕不是對受輔者說過的話做機械式的重述，受輔者需要的是與「人」建立諮商關係，而非與一隻鸚鵡對談。有一個有關鸚鵡式對話的笑話是這樣描述的：

受輔者：我感到害怕極了。

諮商員：你感到害怕極了。

受輔者：我真的感到害怕極了。

諮商員：你真的感到害怕極了。

受輔者：為了兩塊錢，我可以從那扇窗戶跳下去。

諮商員：為了兩塊錢，你可以從那扇窗戶跳下去。

受輔者：我要跳了。

諮商員：你要跳了。

受輔者：（砰！重物落地的聲音）

諮商員：砰！

　　許多人誤認為，只要他們聽，他們就能正確清楚地抓到別人所說的重點。在簡單的對話中可能是如此，但當對話變得複雜且摻入個人情緒時，就不是件容易的事。練習 7-5 著重在語意簡述（paraphrasing）的技巧上。諮商員必須有足夠的能力，對受輔者做正確且有彈性的反映，而非像鸚鵡般的重述。此外，在語意簡述時尤需注意用字遣詞，以避免不必要的影響及副作用，例如，一般的研究均指出，一些較為人們所接受的名詞，如「性問題」較「性功能障礙」易為人們接受。一些心理學上的專門術語亦應盡量避免使用，使用一般常見的口語已足以表達感受、看法與親和力，不必刻意使用艱澀、難懂或敏感的字詞。

練習 7-5　重述內容

　　本練習可自行完成、配對進行或在訓練團體中進行。本章最後列有本練習的參考答案，但請注意，對受輔者的敘述可以有多種的簡述法，因此答案並無正確與否之分別。

A.自行完成

　　對於受輔者的每一句敘述，改以清楚、簡單且合適的方式做簡述，不需要重述受輔者的每一句話，只要能表達出重點或主要訊息即可。

B.配對進行

　　兩人各自完成練習後加以討論，或是由一人扮演受輔者，另一人扮諮商員，進行練習。最好能錄音記錄以便事後討論。

C.在訓練團體中進行

　　訓練員給成員們足夠的時間完成簡述練習，再帶領成員進行討論。也可以選定一名成員做簡述的示範。最後將團體分成二到三人小組進行簡述語意的對話練習。

示範例題：受輔者與復健諮商員

受輔者：自從意外事件發生後，我一直很沮喪，並且感到難過。現在，我覺得雖然我已傷殘，但還有一大段路要走呢！

復健諮商員：自從受傷後，你一直覺得處於低潮且自憐。現在你了解到，雖然你的腳受了傷，但要走的路還很長。

練習例題

1. 寡婦與傳教士：我的先生是一個好人，他意外的死亡真是一大震撼，我仍然十分懷念他。
2. 老闆與受雇者：我很高興你一直表現良好。你真是大有進步。
3. 母親與社工人員：我的狀況似乎已有好轉，過去真是度日如年。
4. 年輕人與觀護人：我母親要我做這個，我父親卻要我做那個，我真是搞不懂該聽誰的。

五、反映：專注於感受

反映感受可視為與受輔者情感及經驗的交流，同時將這種交流傳達給受輔者。初為諮商員，經常會為反映感受的概念所苦惱，因此他們常僅是討論感受，而較少提供情感交流的機會。這種交流，其實可以由反映受輔者的感受為開始。反映感受是針對受輔者所傳達的所有涵義做反映，不只是對字句做反映。為了能妥善做好，需要熟練下列事項：

1. 觀察臉部和肢體的動作。
2. 聽清楚口語溝通。
3. 傾聽話語。
4. 允許受輔者有傾訴自己經驗的空間。
5. 適時地表達你自己的情感反應。
6. 了解受輔者訊息中的意義。
7. 說明受輔者自我覺察的程度。
8. 針對感受做反映。
9. 檢覈對受輔者了解的正確性。

印象派主義者如：美國的 Rich Little、澳洲的 Max Gillies、英國的 Mike Yarwood 等人都是反映觀眾肢體及語言訊息的專家。他們能按對象所傳送的訊息，做恰當的反映再傳達給他們的觀眾。作為一位傾聽者，你的任務就是接收受輔者所表達出的情感及其他訊息。為了要「反映」，則必須能將受輔者的反應加以統整，再傳達出去。許多時候可透過音調的變化和臉部表情來協助，例如：一位有自殺傾向的受輔者說：「我覺得好難過。」這時可以藉著語調的改變及臉部表情，來反映出你對沮喪的了解。諮商員口語的改變，並不妨礙其同時透過聲音與臉部表情來表達溫暖與同情。

感受的反映包括：傾聽和反應兩部分。一般而言，感受反映在兩方面要求很高的正確性，一是能正確地確認感受；一是能正確無誤地表達感受的強度。一位木訥的諮商員，常會減低（或不重視）受輔者的感受強度；而一位很誇張的諮商員者則會增加受輔者的感受強度。在西方文化中，如澳洲及英國的社會裡，較傾向於忽視感受的強度，因為他們認為，減低受輔者的感受強度，總比過度強調來得好。

反映感受另外要考慮的是，受輔者是否清楚自己的感受，以及感受的強度，例如：諮商員可能會面對被小孩激怒的父母，為人父母者可能因為意識到憤怒的情緒和理想的父母形象相抵觸，而不知如何是好。此時諮商員必須審慎判斷，到底要反映出受輔者的感受到何種程度。

前面的章節曾強調傾聽口語訊息與觀察肢體訊息的重要性。練習 7-6 著重在從受輔者的口語與肢體訊息中了解其感受。一般而言，兒童習慣以開放的方式表達其情緒，而成人則因接受了不少文化、社會、家庭背景或教育所提供的標準，因此寧願以間接的方式而非清楚直接地表達。結果，情緒訊息變成了一種暗碼，即使諮商員做了正確的解碼，受輔者未必能自我察覺這種情況，因此透過受輔者的口語訊息與肢體訊息來了解其真正感受是很重要的。

練習 7-6　從口語及肢體訊息了解感受

本練習可自行完成、配對進行或在訓練團體中進行。

A.自行完成

在下表空白處寫下你對每一種感受可能觀察到的口語及肢體訊息。此外，從別人的口語及肢體訊息中，評量自己對他人感受的了解有多少？

B.配對進行

兩人各自完成以上練習後討論，或兩人合作共同完成及討論。

C.在訓練團體中進行

訓練員將下表發給每名成員，讓團體分成二人或三人一組完成練習，最後集合進行分享與討論。

非口語線索	憤怒	快樂	悲傷	焦慮
音調				
音量				
眼神接觸				
臉部表情				
姿態				
手勢				

受輔者透過口語訊息所表達的，也能提供許多有關感受的資訊。在反映感受中，聽別人情緒性字眼的能力是很重要的一項技巧。下列例子說明了情緒性字眼是如何被忽略：

受輔者：我馬上有一個法律學科的考試，這個考試的結果關係著我的
　　　　未來，我非常擔心。

諮商員：你的考試快到了。

受輔者：是啊，就在下個月呢！

　　上例中諮商員的反映方式，使受輔者從感受性的陳述轉到了資料性的陳述。這段對話也從感受層面進入到了事實的層面。

　　下面的例子，說明了感受反映如何協助受輔者進一步討論其問題：

受輔者：我馬上有一個法律學科的考試，這個考試的結果關係著我的
　　　　未來，我非常擔心。

諮商員：你真的很緊張，因為你馬上有個重大的考試。

受輔者：是啊，我吃不好、睡不好。我既緊張又迷惘，我該怎麼辦才
　　　　好！

　　諮商員的反映已經確認出受輔者的擔心和焦慮，能夠讓受輔者開始去討論它。受輔者不僅能利用這個機會去仔細考慮自己的感受，也為自己的迷惘與不知所措，做了投石問路的工作。這裡的反映把重點放在受輔者的感受上，是為了促使其採取行動以克服問題。

　　當然，持續性的感受反映也有一個危機，就是鼓勵受輔者去談，卻未鼓勵其採取行動，例如：討論到受輔者與分手伴侶的關係時，受輔者可能沉溺於受傷和自憐的感受中，不斷敘述，卻未去思考如何面對它。但這並不意謂感受反映的重要性有所減損，相反地，它提醒了我們，在使用這種技術之前必須做恰當的判斷。

　　練習 7-7 試著協助諮商員能更熟練這些技術。當諮商員已清楚了解受輔者的感受時，可以用自己的敘述方式來代換。為了教學之目的，練習中是要求針對受輔者所表達的感受做反映，而在真實諮商過程中，對於受輔者的感受，可以選擇優先處理較急迫的部分。

練習 7-7　聆聽與反映感受

本練習可自行完成、配對進行或在訓練團體中進行。

A.自行完成

在下面的每一句敘述中：

a. 指出受輔者用以描述其感受的字眼或語詞。

b. 使用意思相似的字眼或語詞，描述受輔者的感受。

c. 針對受輔者的感受，形成一個反映句，以「你覺得……」為開始，寫出答案。

B.配對進行

兩人各自完成後討論，或兩人合作完成練習。也可進行對話模擬，一人扮演諮商員，一人扮演受輔者進行練習。最好能錄音以便事後討論。

C.在訓練團體中進行

訓練員先讓成員完成一個敘述句的答案後進行討論，再進行下一個敘述句。或者和一名成員共同示範感受反映。最後團體可分成小組進行感受反映練習。

示範例題：老人與傳教士

老人：我覺得我是個活不久的人了。我很感激曾擁有過的美好生活，我愛我的家人，在這世上，家人是最重要的。但我並不想死，雖然我並不畏懼死。

a. 受輔者描述其感受所使用的字眼與語詞：活不久、感激、愛、最重要的、畏懼。

b. 可使用代換的字眼與語詞：時光已逝、感謝、喜愛、最珍貴的、害怕。

c. 反映的重點放在老人的感受上：你感到自己的時間不多了，你感謝生命中的祝福，特別是你的家人。你雖不怕面對死亡，但仍希望活下去。

練習例題

1. 年輕人與工作人員：我盼望這裡有好一點的聚會場所。這個小鎮，傍晚以後真令人厭煩，年輕人需要有個地方碰面、相聚、享受我們自己的生活。

2. 女學生與輔導員：前幾天，我在實驗室裡和一個同學爭吵，我覺得他簡直是把我踩在腳底下。最近和別人相處，我特別暴躁易怒。

3. 女性與婚姻輔導員：我丈夫是個油漆工與裝潢工，他的工作效率似乎逐漸走下坡了，也不像過去有很多工作等著他，他常悶悶不樂地在家中走來走去。生活在這種沉悶的氣氛中，我已經感到煩膩了。

反映性的反應常有助於感受及事實的澄清，例如：前面有一位面臨考試壓力的受輔者，他的憂慮感受是出現在他敘述的後半段。而諮商員傾聽時，發覺憂慮感受是重點，所以把它放在反映的開頭部分，之後才陳述考試的事實。練習 7-8 要求使用標準化的「你覺得……因為……」的型式去反映感受和事實。一般人在開始訓練傾聽的能力時，常會遇到兩大難題：一是確認感受，二是正確地陳述感受。在尚未進入事實的反映練習前，以下的練習先從感受方面著手。

練習 7-8　反映感受與事實

本練習可自行完成、配對進行或在訓練團體中進行。

A.自行完成

針對下面每一個敘述，寫出能反映受輔者感受與事實的陳述句，盡量使用「你覺得……因為……」的標準方式。

B.配對進行

兩人各別完成練習後討論，或兩人共同完成練習。

C.在訓練團體中進行

訓練員帶領成員完成一個敘述句後，即進行討論，然後再進行下一個練習句。

示範例題

莉雅與其母親：太好了，我知道考試結果了。我的成績比我原先想像的還高，我可以進入一個好大學了。

可行的反映：你覺得很高興，因為你獲得了比原先預期更高的分數，你可以進入好大學唸書了。

練習例題

1. 學生與老師：我痛恨被嘲笑，我真的很討厭這樣。我和別人沒什麼兩樣，但他們似乎特別喜歡聯合起來對付我。那讓我既生氣又難過。

2. 婦女與社工人員：我有一位鄰居，她要她的小孩和我的孩子一起玩。我喜歡這個鄰居，可是她的小孩太沒教養、太沒規矩了。我真不知該怎麼辦才好。

3. 婦女與家扶工作人員：超出我們的計畫，我突然懷孕了，這真令

我驚訝，幸好，我丈夫要我留下這孩子。

4. 男孩與女朋友：別人都誤會我和大仁的關係了，這令我很生氣。即使我們看起來較親密，但這有錯嗎？那些人真是不了解同性間的友誼。

六、選擇同理心反應

在第一章中曾強調了諮商員也是抉擇者，他們必須在角色、方法及反應上做適當的選擇。同理心反應是一種複雜的技巧，表 7-1 呈現了諮商員於每一次的同理心反應時會面臨的抉擇，更詳盡的指引則在下文說明。

表 7-1　同理心反應選擇參考表

1. 何時反應？
2. 我是否了解受輔者的內在參考架構？
3. 反應要多長呢？
4. 反應速度該如何呢？
5. 聲音該如何？
6. 該如何做肢體運用？
7. 該針對哪些點做反應？
8. 使用哪一些話？
9. 該反應得多深入？
10. 對於受輔者的了解是否正確？

資料來源：引自 Carkhuff 與 Truax（1965）。

（一）何時反應？

在這裡的選擇包括：是否保持沉默、停頓一會兒、中止……等。在諮商歷程中，諮商員一直都傳送著肢體的訊息，而何時使用口語表達同理心是很重要的問題。在晤談之初，受輔者述說其最關切的事時，諮商員最好不要頻頻發言，以便受輔者能充分敘述其狀況。也有些受輔者在會談之初，

即需要諮商員的同理心反應以協助其感到緩和及舒適。一個重要的原則是為了要讓受輔者知道你對他的了解，諮商員必須要熟練且一再地使用同理心反應。

（二）我是否了解受輔者的內在參考架構？

諮商員須扮演一位好的傾聽者，並恰當地做選擇，選擇重點去了解及反應受輔者的口語和肢體訊息。若你（諮商員）能做出這樣的反應：「我這樣對你的了解是否正確呢？」則受輔者將樂於協助你，使你能有更正確的了解。若你對受輔者的某部分敘述不甚了解，則可以針對了解的部分做回饋（反應），再針對不了解的部分，請受輔者多敘述一些，例如：「你似乎感到……，但是當你說……時，我不是很了解你的意思，……」若你完全不了解或根本遺漏了一段敘述，仍可以同樣的方法做些機智性的反應，但是以「你表達得不夠清楚」或打斷受輔者說話的方式，是較為不妥的。

（三）反應要多長呢？

當諮商的重點放在同理心反應時，一個粗略的標準是受輔者和諮商員說話的比例應是 2：1。有時候，簡短的反應卻會有意想不到的效果；當然，有時候較長的反應也是必要的。諮商員要做的是，嘗試將聽到的受輔者說話內容的重點再傳達回去。若諮商員說得太長或開始重複自己的話，將會造成對受輔者的干擾。

（四）反應速度該如何呢？

諮商員有必要形成一套輕鬆的會談風格。新手諮商員常藉由急促的說話速度，表達內心的焦慮，但每當如此，就無法停頓，或使用沉默的技術。他們往往對受輔者做了許多反應，卻減少了讓受輔者一起合作、一起面對問題的機會。因此，發展出一套輕鬆的同理心反應方式是必要的，它可以幫助受輔者冷靜下來，並讓受輔者有較大的心理空間，以便能更深入地和深層的感受相接觸。

（五）聲音該如何？

清楚的反應和合適的音量是很重要的。太過輕聲細語，會顯得軟弱，也可能使受輔者更缺乏自我肯定的信心；但語氣太過堅定也會顯得氣勢逼人。好的諮商員應能利用聲音的抑揚變化，適當地做出反應，也適時表達自己的支持、同情等感受。

（六）該如何做肢體運用？

肢體的運用可以表達關注和接收訊息的態度，此外，應避免傳送出令人沮喪的肢體訊息。諮商員若是能配合受輔者的肢體訊息，將對諮商的進行大有助益。有一項研究指出，當諮商員的手勢、坐姿都採取與受輔者一致的姿勢時，受輔者更會認為諮商員具有同理心。

（七）該針對哪些點做反應？

諮商員有必要從受輔者所傳達的訊息中，選擇部分訊息做反應。有三點是諮商員在做選擇時應注意的：(1)試著向受輔者表達自己對問題癥結或大部分情結的了解；(2)若受輔者已表達出任何有意義的感受，則挑出此感受，把此感受放在反應的開頭，若把它置於敘述的後半段則會減少感受的強度；(3)盡量把反應重心放在受輔者身上，例如：一位受輔者敘述其和母親之間的爭吵時，與其讓他描述母親的狀況，不如協助他說出對母親的感受等。Allen E. Ivey 與 Jervy Authier 也有同樣的看法：輔導員在諮商過程中應專注於受輔者身上，讓所有的討論及敘述盡量和受輔者有關，或以受輔者的立場為出發點。

（八）使用哪一些話？

在諮商過程中，諮商員盡量使用新鮮、清楚的語句和富有變化性的語調來和當事人溝通。使用一些非正式的語言，並不表示諮商員態度輕忽。在處理虞犯少年時，類似「嘿！小伙子」或一些江湖用語均偶可使用。總之，諮商員應能因時因人而說出適當的話。

（九）該反應得多深入？

這是屬於高層次同理心的問題。高層次同理心反應可協助擴展或加深受輔者自我覺察的層次。高層次同理心試著反映受輔者較深層的思想、感受與經驗，而這些對受輔者的自我坦露而言，可能是頗具威脅性的。使用高層次同理心可以達到很好的效果，但也有可能因方法錯誤而達到反效果。因此，使用探索式（exploratory manner）的反應方式會較好。促使諮商員選擇使用高層次同理心的原因可能有：(1)想更了解受輔者；(2)讓受輔者感到安全；(3)增加受輔者的自我覺察程度，減低防衛狀況。

無論如何，諮商員的口語與肢體訊息的表達方式應和口語訊息的內容相配合，才可將受輔者感到的威脅減至最低。

（十）對於受輔者的了解是否正確？

諮商員對受輔者的了解是否正確，應該經過一個恰當的檢驗程序。諮商員和受輔者可發展一個「共同合作處理」的關係，使諮商員不斷檢覈自己對受輔者的了解是否正確，受輔者也可修正或補充諮商員了解不足之處。很重要的一點是：諮商員的同理心，必須能讓受輔者感覺得到。

七、做一連續性的同理心反應

個人中心學派的諮商員特別會提供一連串的同理心反應，通常諮商的重點在於問題處理或協助抉擇。以下摘錄一段一位女孩與諮商員的會談過程。在這段對話中，諮商員對於受輔者的敘述一一做同理心反應，這也是練習 7-9 所強調的技術。閱讀這段對話時，要明瞭諮商員並不知道受輔者下句話會說些什麼，但憑藉著同理心反應協助受輔者表達出她的故事。在對話進行中可發現，受輔者逐漸能拋開外在的價值判斷，而進入自己的參考架構，開始探索父母婚姻觸礁對她的意義。這種是諮商過程中常見的現象，在受輔者感受到同理心所提供的安全感後，他們將不再支吾其辭地談論不相干事物，轉而開始談論自己的私人事件，這些都是其埋藏許久、不敢輕易透露的感覺與事件。

受輔者：上週我回家，我很驚訝地發現我母親正在進行買房子的事。

諮商員：妳並未預料到她準備要搬家。

受輔者：我母親嫁給我繼父才一年，搬家，表示她可能又要離婚了。

諮商員：因此，妳母親的搬家，顯示她的婚姻觸礁了。

受輔者：是啊！我繼父甚至不知道我母親的打算呢，這點令我很難過。

諮商員：妳覺得不舒服，因為妳繼父完全不知情。

受輔者：我看得出他們處得並不好，但我繼父並不是很糟的人，他為這個家投注了不少的時間、精神和金錢。

諮商員：他們的關係雖不好，但妳很喜歡妳繼父，因為他為這個家付出不少努力。

受輔者：我想母親離開他也是好的。但我不喜歡他認為勸告母親是我的責任。我會很想念他的。

諮商員：雖然離婚可能對母親來說是好的，但妳不願意插手管這件事，同時，妳懊惱將失去一個好繼父了。

　　上面整段對話中，諮商員試圖站在受輔者的立場一起討論，他表達出「我很感興趣，請再多說下去」的訊息。通常受輔者來尋求協助時，很容易只討論表面的問題而不真正接觸問題的核心。所以需要諮商員花時間、耐心及同理心才能使受輔者脫去心理保護外殼，進行真正的討論與諮商。

練習 7-9　連續性同理心反應的練習

　　本練習可自行完成、配對進行或在訓練團體中進行。

A.自行完成

　　先寫下兩到三頁想像的會談紀錄，在紀錄中諮商員會使用到同理心反應，協助受輔者探索並處理個人問題。

B.配對進行

　　兩人進行諮商會談的角色扮演。諮商員表現專注與接納並給予鼓勵性訊息，避免令人沮喪的口語及非口語訊息，同時給予連續性的同理心反應，盡量協助受輔者處理問題。若可能，可錄音或錄影便於事後的分享與討論。在討論時，可由扮演受輔者的成員指出諮商員的良好反應與須改進之處。

C.在訓練團體中進行

　　訓練員選定一名成員進行示範練習，將過程錄影或錄音。再將團體分成三人小組，分別扮演諮商員、受輔者及觀察者。觀察員的工作包括：(1)會談結束時給予回饋；(2)在重新觀看或收聽影片檔、錄音檔時給予回饋；(3)提出諮商會談中應注意的優缺事項。最後團體集合做討論與分享。

▌肆、結語 ▌

　　有一句對話是一位接受羅吉斯諮商輔導的受輔者，在晤談進行 10 分鐘後說的：「怎麼搞的，我頭一次這樣說個不停。」

本章練習之參考答案

練習 7-4

1. a.（1）事實上受輔者的難過多於憤怒。

   b.（0）批判式的。

   c.（4）清楚具體地抓住受輔者的問題與感受。

2. a.（4）人性的反應，準確度高。

   b.（1）前半段表達出一部分同理心，後半段則無。

   c.（0）一個防衛性的指責。

3. a.（2）表面的描述。

   b.（3）一個探討因果的嘗試。

   c.（4）迅速、直接地抓住了受輔者的感受。

4. a.（0）太早下定論，給予不必要的安慰。

   b.（0）不適當的自我開放。

   c.（3）一次良好的反應。

練習 7-5

下列是建議性的反應，對每一敘述而言無所謂標準的正確答案：

1. 妳的丈夫是個好人。

2. 你很高興我的進步與協助。

3. 雖然過去每一天都是一種掙扎，但妳逐漸好轉了。

4. 你被搞糊塗了，你的父母對你分別有不同的要求，你不知該聽誰的。

練習 7-6

非口語線索	憤怒	快樂	悲傷	焦慮
音調	尖銳的	溫暖興奮的	柔弱的	膽小猶豫的
音量	大聲的	容易聽到的	安靜的	安靜的
眼神接觸	直接的	直接的	避開的	避開的、間斷的
臉部表情	咬緊牙齒的	露齒微笑的	掉眼淚，嘴角向下的	勉強擠出的笑容
姿態	握拳	放鬆的	無精打采的	緊張的
手勢	手指指著別人	高舉手臂雀躍的	雙手環抱著頭	手指輕敲

練習 7-7

a.受輔者描述其感受所使用的字眼或語詞，b.可使用代換的字眼與語詞，c.以「你覺得……」為開頭的反應句：

1. a.盼望、厭煩、享受我們自己的生活。

   b.喜歡、呆板、有些樂趣。

   c.你覺得在這鎮上要有好一點的聚會場所。傍晚之後這裡變得呆板無趣，應該要有個專為年輕人彼此熟識且享受歡樂的地方。

2. a.踩在腳底下、暴躁易怒。

   b.被瞧不起、容易生氣。

   c.你前幾天因為覺得被瞧不起了，所以和同學吵架，你也覺得最近自己特別容易生氣。

3. a.走下坡、悶悶不樂、沉悶。

   b.退步了、不快樂、無生氣的。

   c.妳覺得妳丈夫的工作效率已大不如前了，也不像以前有許多工作可做。他老是在家中晃來晃去，妳對這種毫無生氣的生活感到煩膩了。

練習 7-8

1. 你覺得被激怒且孤立了，因為你厭惡被嘲笑。其實你和別人並無差別，但他們總聯合對付你。

2. 妳覺得不知所措，因為妳的鄰居希望她的小孩能跟妳的孩子玩。妳不想讓她失望，可是妳又無法忍受她孩子的不守規矩。

3. 妳覺得頗為驚喜，因為妳意外懷孕了，而且幸運地，妳丈夫也有同樣的感覺。

4. 你覺得不愉快，因為別人誤解了你和大仁的友誼。

第八章

感受的處理
與練習

想法決定主要的感受。

～艾利斯（Albert Ellis）

認知行為學派大師艾利斯的名言「想法決定主要的感受。」（You mainly feel the way you think.）說明我們的思想、信念如何影響我們的情緒反應。這同時是認知行為理論最具代表性的觀點，亦即：人們的想法與感受，決定大部分行為反應結果。顯見，想法與感受是連動而不可分的，它們直接或間接影響我們的行為。閱讀完本章，讀者可熟悉如何協助受輔者體驗感受、處理感受，以及增進自我協助的能力。

　　感受、思考與行動,是個人的三個重要層面,諮商輔導的對象是人,因此對這三個層面的了解,便顯得無比的重要了。從本章開始的三章,將連續介紹有關感受、思考與行動的處理方式。從圖 8-1 可看出此三者是息息相關的;人們的思考常常受到感受或情緒的影響,而思考的方向也會左右行動的發展,行動的結果更會產生正向或負向的感受。總之,感受、思考與行動是彼此相互牽連的。為了說明上的方便,將之分成三個章節。請讀者在閱讀此三章時,能牢記三者不可分割的關係,如此在學習與運用上將更為順暢無礙。

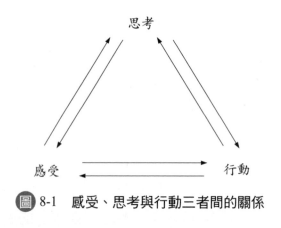

圖 8-1　感受、思考與行動三者間的關係

壹、協助受輔者體驗情緒感受

　　一般而言,大部分的受輔者對自己的感受都缺乏深入的了解,因此,本章將先介紹諮商員可用以協助受輔者更深入探索感受的幾種方法。

一、了解並辨認情緒感受

　　了解思考、感受與行動三者的關係後,接著要協助受輔者了解並辨認自己的感受。諮商員為何要協助受輔者辨認感受呢?因為在刺激的情境下,個人最先有反應作用的是生理上的反應,例如:心跳加快、血壓上升、肌

肉緊繃、四肢僵硬、呼吸短促、顫抖等。隨著生理反應後，才是大腦開始運作，而在生理的作用下，人們常無法像平常一樣地冷靜思考，對感受（情緒）的辨認也就顯得曖昧不明了。特別是當引發情緒反應的刺激並不十分明顯時，辨認感受益形困難。大多數人都曾有過「非常憤怒，卻一時找不出原因」或「憤怒、悲傷與失望混雜，難以釐清」的狀況出現。有時外在環境的刺激過多，也會使人一時難以區辨情緒究竟是由哪一種刺激所引起，又屬於哪一種類的感受。

然而，想要對情緒感受做一妥善的處理，除了第一步體會感受外，還需要辨認感受的類別，甚至需更進一步尋找引發感受的事件，才能給予妥善的處理（不論是感受上的處理、思考上的處理或行動上的處理均有相似之處）。以下先簡單地將情緒歸為幾個類別，再練習如何辨識情緒。

為了便於區辨情緒的類別，一般人將情緒大略分成四類，其中各象限（區域）所代表的情緒舉例如圖 8-2。

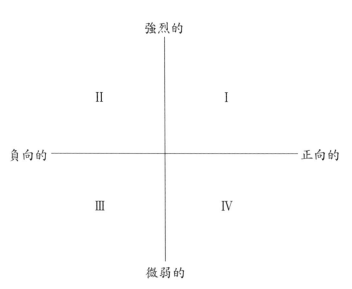

Ⅰ：快樂、興奮、精神振奮、充滿信心
Ⅱ：憤怒、敵對、痛恨、厭惡
Ⅲ：失意、無助、抑鬱、無趣
Ⅳ：安祥、愉悅、滿足、平和、舒適

圖 8-2　情緒的類別

　　除了對情緒類別加以區辨外，辨識情緒的強度也很重要。情緒的強度可利用點坐標的方式來表示（見圖 8-3）。圖中一個點坐標代表一種情緒的類別與強度，例如：（-3, -3）可能代表無聊透頂，（-2, -5）可能代表小小的欣喜等。

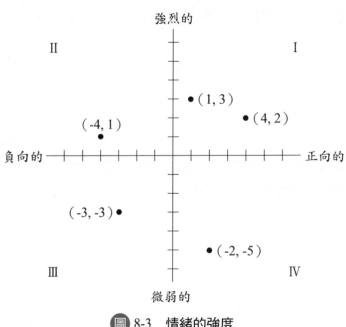

圖 8-3　情緒的強度

　　在區辨情緒的類別與強度後，為了能增加受輔者對情緒的自我覺察，可以讓受輔者根據幾個點坐標，回想曾引發自己情緒反應的情境，例如：和妻子大吵一架後的情緒坐標在（-5, 4），女兒不聽勸告頂嘴時的情緒是（-2, -1）等。之後再讓受輔者回想自己當時的反應如何，甚至可評估反應的適當與否。以上各項可以表列方式呈現，使情緒更清楚、更具體地表達出來（見表 8-1）。

表 8-1　表列式情緒類別、強度、情境、反應方式與效果

情緒類別與強度	情境	反應方式	效果*
(-5, 4)	與妻子因金錢觀念不同而大吵。	以語言互相批評後冷戰。	很差
(-2, -1)	女兒結交損友，不聽勸告且頂嘴。	搖頭嘆息並扣除零用錢。	不佳

*效果欄因牽涉到行為的評估，將於第十章再討論。

　　這種辨識情緒的技巧，是值得提供給受輔者的一項自助技巧。這種辨識情緒的活動經過多次運用後，不但可以使受輔者能時時釐清自己的情緒狀況，更有助於受輔者在情緒激動時保持某種自覺的程度，如此將可以減少許多因情緒激動而造成的失誤。

練習 8-1　辨識情緒練習

本練習可自行完成、配對進行或在訓練團體中進行。

A.自行完成

1. 根據圖 8-2、圖 8-3、表 8-1 進行回想，並記錄下來，至少要完成十個情緒類別、強度辨識與情境回想的練習。

2. 想像自己是諮商員，正要指導受輔者學習上述情緒辨識技巧。思考應該如何進行，並寫下可能的對話與步驟，指導過程應包括下列各項：

    (1)說明辨識情緒的重要性，說服受輔者學習。

    (2)介紹情緒的四大類別及強度標定（根據受輔者的主觀感受標定強弱）。

    (3)介紹表 8-1，並進行練習。

    (4)訂定家庭作業。

B.配對進行

兩人各自完成自己的辨識情緒練習後，進行討論與分享。之後，兩人輪流扮演諮商員的角色，進行 A 部分的第二項練習，並進行檢討。

C.在訓練團體中進行

訓練員先介紹辨識情緒的重要性及辨識的方法，藉示範以指導成員學習此一技巧。之後，將團體分數個小組，進行以上的練習。

二、提供基本的理論或知識

在幫助受輔者了解自己的情感時，諮商員可適時提供一些淺顯而基本的理論與知識，以協助受輔者更完整地了解自己的感受。以下有三個案例：

例一：
小娟是位 16 歲的學生，當她和諮商員討論有關學業與職業的選擇時，她不斷地提及父母的期許及意見，卻沒有提到自己的看法與打算。

例二：
雅芝，40 歲的職業婦女，她的家庭有遺傳性的心臟病，她隨著年齡的增長而愈來愈擔心。但她並沒有按時做身體檢查，反而過度地工作與大量抽菸，完全不理會心臟病的可能性。

例三：
老陳，67 歲，最近剛喪妻，面對這種巨慟，他採用的方式是強忍住悲傷、痛苦與生氣的情緒，不准自己掉眼淚，但他擔心自己無法繼續忍耐下去。

由以上三個案例可知，他們對自己的感受了解得不夠充分。小娟忘了自己的看法與打算是比他人的期望都來得重要的。雅芝則採用過度工作的方式來逃避面對心臟病的恐懼。老陳需要適當地紓解悲傷的情緒，而非一

味壓抑。他們三人除了對自己的感受了解不夠之外，還一致採用了不適當的處理方式。

讓我們看看諮商員可以採用何種方法來幫助他們。以小娟為例：第一，諮商員可以協助小娟把注意力轉回到自己身上，開始正視自己的想法與感覺。第二，諮商可以採用催化性面質：「小娟，妳說了不少有關父母的期望，但我不知道什麼才是妳真正想要的，妳覺得呢？」第三，諮商員可以建議小娟做職業性向測驗，探索自己的興趣。第四，諮商員可以提供小娟一些淺顯且基本的理論與知識，促使她更了解自己的感覺：「小娟，妳說了不少父母的期望，但我覺得妳似乎不太明瞭自己對前途抉擇的感覺。如果妳能更認識並傾聽自己的感受，我想妳一定能減低迷惑的感覺，也比較能做出正確且日後不會後悔的抉擇。」

諮商員提供一些基本的知識與理論，是希望受輔者能了解自己感受的重要性，不再忽視，而能確實面對，以做出最符合自己心願的行動或決定。

練習 8-2　提供理論的練習

本練習可自行完成、配對進行或在訓練團體中進行。

A.自行完成

模擬一個諮商情境，為你的受輔者寫下一個淺顯易懂的理論，以便協助其更明瞭自己的感受。

B.配對進行

兩人分別完成自己的練習後討論，或是兩人合作完成上述練習。

C.在訓練團體中進行

訓練員先說明提供理論的目的，而後進行示範，再將團體分成小組進行以上練習，最後再集合做討論與分享。

三、增進對身體的感受和體驗

　　受輔者常忽略由自己身體所傳達的訊息。完形學派創立者 Fritz Perls 曾說：「放下思考，沉浸於感受。」（Lose your mind and come to your senses.）或許有不少人批評 Perls 忽略了思考的重要性，但不可否認的是，多數人都錯失了身體所傳達的訊息。諮商員可採用一些方法，協助受輔者體驗身體感覺的流動，抓住感覺，且進一步將之表達出來。這種集中注意力去感受身體所傳達的訊息，亦是提高自我了解的重要方法之一。

　　完形學派治療法要求受輔者盡量體會此時此地自己的感覺。他們常利用簡短的句子，要求受輔者專注在自己的身體感覺、呼吸、情緒等。Perls 認為：人們太容易受到環境及思考的干擾而中斷了對身體訊息的接收。練習 8-3 的設計，就是藉著一些練習，使讀者能專注在自己的身體感覺上。

練習 8-3　專注身體感覺的練習

　　本練習可自行完成、配對進行或在訓練團體中進行。

A.自行完成

　　1.坐在安靜的地方，閉上眼睛，試著沉浸在身體的感覺中，注意身體感覺的流動，而非思考的轉換上。

　　2.體會手臂、頭、身體軀幹、腿和腳等部分的感覺。

　　3.體會呼吸的感覺，以及身體隨著呼吸的自然律動。

　　4.想像自己在生氣、悲傷、歡樂、恐懼時的感受，身體會產生何種不同的變化。

B.配對進行

　　兩人輪流扮演諮商員與受輔者，諮商員以口述帶領受輔者進行以上練習，結束後討論想法與感覺。

C.在訓練團體中進行

訓練員先說明體會身體感覺的重要性，再帶領團體成員進行 A 部分的練習，或讓團體分組以一對一方式練習。最後進行分享與討論。

四、同理心反應

在第七章曾介紹同理心反應的技巧。這裡，再次強調它的重要性。羅吉斯（Rogers, 1962）指出真誠、積極關懷與同理心的價值。他認為同理心反應對受到嚴重傷害、感覺混亂、焦慮、被疏離或心中充滿衝突與矛盾的受輔者而言，是最好的撫慰方法。它能協助受輔者從不愉快的經驗中紓解而出，不再受到冰冷與痛苦記憶的干擾。同理心反應就像一股柔和的暖流，它來自諮商員真誠的關懷，是協助受輔者的最大利器。

諮商員的同理心為何可以幫助受輔者深入了解並重新體驗其感受呢？因為它使受輔者能由全新的觀點認識自己，而非以社會所期望的角度來評定自己。諮商員所投注在受輔者身上的時間、關注與接納，可以增加其價值感與信心。由諮商員細心敏銳地傾聽，受輔者亦學習到如何傾聽自己內心的聲音，以正確的方式重新評估自己及過去的經驗。在良好的諮商氣氛下，受輔者擁有足夠的心理空間與時間，自在地探索屬於自己隱密的情感與經驗。他們也被鼓勵重新了解自己的需求，確認哪些是自己真正想要的，哪些又是來自他人的要求。在整個自我探索的過程中，諮商員隨時予以支持與鼓勵，受輔者可以由諮商關係中獲得足夠的安全感，使他們願意重新再面對曾令其飽受傷害的外在環境或事件，展開行動以獲得新的經驗。

當然，同理心反應亦有其限制存在，例如它必須花費較長的時間在建立諮商關係上，或在協助受輔者自我探索上。因此對一些情況較緊急的受輔者而言，同理心反應不是最好的方法，而必須和其他的諮商技巧並用。

五、角色扮演法

在日常生活的人際關係中，人們常會累積情緒與看法，諮商員可以利用角色扮演法，協助受輔者釋放積藏已久的情緒。而在這種紓解情緒與看

法的過程中，受輔者常能發展出新的觀點，而能進一步自我探索。在經過角色扮演後，諮商員可使用同理心反應幫助受輔者澄清、釋放出感受，進而探索其意義。

角色扮演的方式有許多種，受輔者可分別扮演兩個角色（例如：父與子），或只扮演其中的一個角色。在這種方法中，受輔者可閉著眼睛想像另一個角色的存在，或是面對一張空椅，假想成另一個角色。諮商員也可以參與角色扮演，與受輔者合作，扮演受輔者本人或與受輔者相對的角色。假使能將過程錄影下來，事後諮商員與受輔者一起觀看討論，助益更大。

> ### 練習 8-4　角色扮演練習

本練習可自行完成、配對進行或在訓練團體中進行。

A.自行完成

首先，以最近日常生活中所遇到的一個人為對象進行角色扮演，此人曾引起你強烈的感受，卻沒有得到紓解的機會。角色扮演時不要有任何的壓抑，想說什麼就說什麼。將全程錄影，以便事後自己觀看及思考。

B.配對進行

兩人彼此輪流協助進行角色扮演，事後討論當時的感受並澄清想法。

C.在訓練團體中進行

訓練員先介紹角色扮演的功能與方法，進行示範後將團體分成數小組進行以上的練習，最後再集合進行討論與分享。

六、熟悉內在同理心

同理心技巧的重要性已一再強調，本節的重點在教導受輔者如何使用內在同理心，也就是指導他們傾聽自己內在聲音、探索自己情感的技巧。這正是引導受輔者踏上自助之旅的第一步。其步驟如下：

1. 首先要讓受輔者明瞭自助（self-help）的重要性，並讓其了解內在同理心的功用。

2. 讓受輔者知道內在同理心可在生活中的任何時刻、任何事件中運用。只要受輔者覺得有需要時，他們隨時可找個安靜的空間進行內在同理心。當然，在能熟練運用內在同理心之前，受輔者應每天抽出一段時間練習。

3. 諮商員提供有關內在同理心的概念，教授傾聽自我內在的技巧，以及應注意的事項，例如：諮商員應告知受輔者在進行內在同理心時，須進入自己的內在參考架構，而非採用他人的參考架構。

4. 諮商員協助受輔者進行練習，並從旁指導。

5. 諮商員與受輔者共同訂定作業。鼓勵受輔者記錄每一次練習後的感覺，以便下一次晤談時討論。

練習 8-5 是專為幫助讀者熟悉如何訓練受輔者學習內在同理心的練習。

練習 8-5　學習內在同理心練習

本練習可配對進行或在訓練團體中進行。

A.配對進行

兩人輪流扮演諮商員與受輔者，諮商員按下列步驟訓練受輔者學習內在同理心：

1. 諮商員說明學習的理由及內在同理心的基礎理論。

2. 強調內在同理心的使用時機與功能。

3. 教導與示範。

4. 諮商員協助受輔者練習。

5. 指定家庭作業。

B.在訓練團體中進行

訓練員先介紹內在同理心的概念，接著說明培養受輔者自助能力的重要性。之後將團體分成小組進行以上練習，最後再集合做分享與討論。

七、鼓勵展開行動

受輔者在了解自己的感受之後，除非能展開行動，否則無法獲得新的突破與成長，例如：前面敘述過的雅芝在明瞭自己恐懼心臟病的感受後，除非她展開行動克服恐懼，否則她的情況無法獲得改善。因此諮商員在協助受輔者澄清感受後，即應鼓勵其開始行動。

貳、協助受輔者處理情緒感受

上一節的重點在於協助受輔者體認其感受，本節則在協助受輔者處理其感受。處理感受的兩種方法，是肌肉放鬆法及系統減敏感法。這兩種方法都有助於受輔者緩和其較激烈、緊繃的情緒。一旦受輔者能有效地緩和其情緒，就可以免受失眠、頭痛等煩惱，而有個理智且清醒的頭腦，可做理性的思考。

一、肌肉放鬆法

本節所介紹的肌肉放鬆法，是由放鬆訓練的先驅者 Edmund Jacobson 醫師所創，經後人加以修改而完成的。

在練習肌肉放鬆法時，房間最好是安靜、舒適且燈光稍弱，以利於休憩。受輔者可坐在躺椅上或沙發上，頭舒適地靠著椅背。在開始訓練前，諮商員應讓受輔者對肌肉放鬆法有一個整體性的了解，並讓其明白成功的祕訣在於不斷地練習。

在受輔者拿掉眼鏡、鬆開領帶、腰帶與鞋子後，練習即可開始。諮商員先以自己的右拳為示範並講解。其中的要領包括：(1)專注，把注意力集中在右拳上；(2)緊縮，將右拳盡量握緊；(3)保持緊縮約 5～7 秒；(4)慢慢

釋放緊縮的拳頭及肌肉；(5)放鬆，並體會放鬆的感覺。

　　在諮商員示範講解後，由諮商員發出口語命令，受輔者正式開始練習，務必讓受輔者熟練到可自行發出命令，並且完全地達到肌肉放鬆為原則。這段過程說起來容易，執行起來卻需花費不少時間與多次的練習才能完成。在練習之初，諮商員可從旁觀察，隨時給予指導或修正。表 8-2 列出了人體十六處的肌肉，供受輔者依序練習。受輔者應每日練習 1～2 次，每次約進行 15～20 分鐘。有任何問題或障礙時，應於下次晤談時與諮商員溝通討論。

表 8-2　各肌肉部位與肌肉放鬆訓練的緊縮指令

肌肉部位	緊縮指令
右手及前臂	握緊右拳頭，繃緊前臂肌肉。
右臂二頭肌	彎曲右手臂，繃緊右上臂肌肉。
左手及前臂	握緊左拳頭，繃緊前臂肌肉。
左臂二頭肌	彎曲左手臂，繃緊左上臂肌肉。
前額	盡量抬高眉毛，上額緊縮。
眼睛鼻子與上臉頰	緊閉雙眼，並使鼻子皺起來。
下巴與下臉頰	咬緊牙齒，並緊縮嘴角。
頸與喉嚨	將下巴往下，盡量能碰觸到胸部。
胸和肩膀	雙肩向後緊縮，並做深呼吸。
胃	繃緊胃部肌肉，好似被強力撞擊過般的緊縮。
右腿（大腿）	將右腿伸直，並繃緊右大腿的肌肉。
右小腿	將右腳板往身體方向拉，並緊縮右小腿肌肉。
右足	盡量踡曲右腳趾及腳板。
左腿（大腿）	將左腿伸直，並繃緊左大腿的肌肉。
左小腿	將左腳板往身體方向拉，並緊縮左小腿肌肉。
左足	盡量踡曲左腳趾及腳板。

　　一旦受輔者能在全身十六處肌肉隨意地進行緊縮—放鬆練習後，就可以進一步介紹簡易肌肉放鬆的程序。簡易肌肉放鬆程序只須實施在四處肌

肉：(1)臉、頸、喉嚨；(2)手臂；(3)胸、肩、胃部；(4)腿、足等共四大部分。四個部分可依序放鬆或是全部同時緊縮再放鬆，後者稱為同時肌肉放鬆法，是相當省時省力的一種放鬆法，但受輔者必須先對前兩種放鬆法都極為熟練後再使用。

在每一次練習或正式運用時，受輔者皆應仔細體會肌肉由緊繃到放鬆的感覺。如此，在每一次全身的肌肉放鬆後，受輔者會有從平靜的睡眠中清醒的效果。

諮商員或受輔者亦可自行錄製錄音檔，於每次肌肉放鬆練習時使用，但最好是不需錄音檔亦可進行肌肉放鬆，如此受輔者可於生活中的任何時刻進行肌肉放鬆活動。

除了肌肉的放鬆外，諮商員亦可教導受輔者進行心靈上的放鬆。心靈上的放鬆可在肌肉放鬆法後使用。這種心靈放鬆法是指導受輔者想像一個平靜的畫面，例如：天氣晴朗的週末，躺在草地上享受微風吹拂、白雲飄移。每個人都可尋找一幅最令自己心情放鬆的想像圖，隨時進行心靈的放鬆。

練習 8-6　肌肉放鬆練習

本練習可自行完成、配對進行或在訓練團體中進行。

A.自行完成

每天至少利用時間練習一至二次肌肉放鬆法。

B.配對進行

兩人輪流引導對方進行肌肉放鬆活動，並觀察對方是否確實放鬆。

C.在訓練團體中進行

訓練員先教授及示範肌肉放鬆法，再將團體分成二人一組的數個小組進行練習，並於結束後討論。

二、系統減敏感法

當受輔者超過一般性的緊張，而摻雜有其他特別的恐懼或焦慮時，系統減敏感法會比肌肉放鬆法更為適用。但使用前必須對恐懼或焦慮做一個明確的界定，因為有些焦慮（如：不知如何做決定）使用系統減敏感法處理，還不如使用其他更恰當的技巧，效果會更好些。

系統減敏感法（systematic desensitization）是由 Joseph Wolpe 所提出，其中有三個主要的程序：(1)先做深度肌肉放鬆的訓練；(2)把會引發焦慮的刺激，按照所引發的焦慮強度、大小加以排列，由弱到強，由小到大；(3)要求受輔者先做肌肉放鬆活動，待放鬆後，想像會引發焦慮的刺激因素，並逐漸加強焦慮刺激的情境。這種訓練的目的，是要減低焦慮刺激與焦慮之間的連結，使受輔者再次面對同一焦慮刺激時，能減少焦慮反應的程度，甚至完全不感到焦慮。這是一個值得介紹給受輔者的方法，也是一種很好的自助方法。以下是系統減敏感法的階段與步驟說明：

（一）準備工作

先對受輔者說明系統減敏感法的功用及原理，再介紹系統減敏感法的三個程序。如果未曾學過肌肉放鬆法，諮商員應先指導受輔者練習。

（二）建構一份焦慮刺激階層表

在開始正式練習之前，諮商員應協助受輔者建構一份焦慮刺激的階層表。把所有可能引發焦慮的刺激列出來，再按照所引發的焦慮強度由小到大排列。這個過程說來容易，但光是評定焦慮的強度，就需花費不少的時間與精力。諮商員應告訴受輔者，焦慮等級的評定是以受輔者自身的主觀感覺為準。此外，由於受輔者會被要求想像經歷（體會）這些焦慮刺激，因此焦慮刺激最好是具體化的描述，並且越詳細越好。表 8-3 舉例列出有關考試焦慮的焦慮刺激階層表。

表 8-3　一位受輔者的焦慮刺激階層表

排序／（百分等級）	焦慮刺激情境
1　（等級 5）	考前三個月在書桌前準備。
2　（等級 10）	考前二個月在書桌前準備。
3　（等級 15）	考前一個月在書桌前準備。
4　（等級 20）	考前一週在書桌前準備。
5　（等級 25）	考前的晚上在書桌前準備。
6　（等級 30）	前往考場的途中。
7　（等級 35）	考試當天早上睡醒時。
8　（等級 40）	到公佈欄看考試結果的途中。
9　（等級 50）	在考場外等待入場考試。
10　（等級 60）	進入考場時。
11　（等級 70）	看到考卷的第一眼。
12　（等級 80）	在考場中坐定位時。
13　（等級 90）	在滿是考生的考場中，無法逃避的應考時間內。
14　（等級 95）	對考試內容感到驚慌、急著想離開。
15　（等級 100）	因為驚慌而匆忙地離開考場。

練習 8-7　建立焦慮刺激階層表

本練習可自行完成、配對進行或在訓練團體中進行。

A.自行完成

選擇一個生活中的焦慮事件，自行完成一份如表 8-3 的焦慮刺激階層表。

B.配對進行

兩人分別扮演諮商員與受輔者，諮商員協助受輔者確認生活中的焦慮事件，再合作完成一份焦慮刺激階層表。之後，角色互換再進行一次。

C.在訓練團體中進行

訓練員先介紹系統減敏感法的概念與功能，再教授團體成員建構一份焦慮刺激階層表的方法與注意事項。之後，訓練員可親身示範建構一份焦慮刺激階層表。再將團體分成數個小組，以一對一的方法合作進行練習。最後可根據團體成員建構出的階層表進行討論與分享。

（三）焦慮刺激與鬆弛活動的配對運用

在焦慮刺激階層表建構完畢之後，即可開始正式的活動。受輔者輕鬆地坐在椅子上，諮商員先說明注意事項：(1)在整個活動過程中，非必要時，受輔者不要開口說話，以免干擾鬆弛與想像力的集中；(2)受輔者按照諮商員口語的指示行動，如果感覺到無法忍受的焦慮時，即刻輕抬食指。

減少敏感期開始，諮商員先要求受輔者閉眼，進行深度的肌肉放鬆法。待其達到全身放鬆後，諮商員的第二個指令是要求受輔者閉眼想像焦慮刺激階層表中，焦慮程度最輕的刺激情境。以表 8-3 為例，諮商員說：「請你現在盡量仔細地想像，考前三個月坐在書桌前準備的情景，並體會當時的感受。如果你感覺到任何的緊張，請輕抬食指。」如果受輔者沒有任何焦慮感，在 5～10 秒後讓其停止想像。之後，再一次深度的肌肉放鬆活動，30～40 秒後，再度要求受輔者想像同一個情境，如果受輔者仍未感覺到焦慮，這個焦慮刺激階層算是已通過（不再焦慮），而可進行下一個焦慮刺激階層。這種放鬆－想像的循環才算完成。但如果訓練過程中有任何一個階層未通過，則需退回前一個階層，再進行一次（例如：第五層未通過，則退回第四層，第四層進行通過後再進入第五層）。如果同一階層有三次未能通過的紀錄，則中止本次練習，下次再進行。這種系統減敏感法練習數次之後，受輔者面對生活中類似的焦慮事件與情境時，通常不再產生以往般的高焦慮，甚至可將焦慮減輕到最低程度。這種練習方法可錄製成錄音檔，以便受輔者能在家中自行練習。

練習 8-8　系統減敏感法練習

本練習可自行完成、配對進行或在訓練團體中進行。

A.自行完成

利用錄音檔，自行進行系統減敏感法的練習，只要有感到焦慮，隨時可停止播放並讓自己放鬆。

B.配對進行

兩人分別扮演諮商員與受輔者，諮商員協助受輔者進行系統減敏感法。討論感想之後，角色互換再進行一次。

C.在訓練團體中進行

先由訓練員示範系統減敏感法，或以錄影影片供團體成員觀察學習。之後將團體分成小組進行練習，最後再集合進行討論與分享。

（四）結語

對某些想像力不夠好的受輔者而言，系統減敏感法可能沒有很大助益。此時，他們必須在真實的生活情境中練習，在每一次焦慮刺激出現之前或之後，進行肌肉放鬆活動。事實上，即使是那些想像力豐富的受輔者，在他們利用想像力完成系統減敏感法之後，他們仍須到真實生活中運用及試驗。諮商員應鼓勵受輔者熟悉系統減敏感法，並多加運用以成為自己的自助技巧之一，以處理任何的壓力與焦慮情境。

參、增進自我協助的能力

本章所介紹的方法，如熟悉內在同理心、增進身體感受、角色扮演法、肌肉放鬆法及系統減敏感法等，都可發展成極好的自助方法。諮商員除了

進行諮商協助外，亦應傳達受輔者發展自助能力的觀念。甚至，建議受輔者參與一些自我協助的團體，與一些有需要的同伴共同發展自助技巧與自助能力。受輔者平時亦可努力擴展自己的社會支援網絡，並增進自己對挫折的忍受力，做個適應良好的人。

第九章

思考的處理
與練習

思考是行為的種子。

～愛默生‧美國作家

思考具備程序性、影像式、有意識的內在語言，及後設認知修正之心理歷程等特質（Nelson-Jones, 1988）。因此，諮商員需敏銳地評估、理解受輔者的思考模式，並審慎處理，方能因勢利導，促發領悟與改變。馬斯洛晚年的名言：「個案並非有病，僅是想錯了方向。」值得令人深思再三。閱讀完本章，讀者可熟悉受輔者思考模式之評估、時機、介入問題處理訓練，及自我協助等技術。

作為一位諮商員，了解受輔者如何思考是很重要的。定義受輔者的問題時，諮商員必須找出造成其思考上有偏差或思慮不周的原因。許多問題的處理過程都涉及協助受輔者導正其錯誤的思考模式，因此，建立正確而實際的思考方式是諮商歷程極重要的一個目標。馬斯洛（Maslow）晚年曾指出：「個案並非有病，僅是想錯了方向。」換句話說，他們做了思考上錯誤的抉擇。

思考包含了四個特質：(1)思考是有程序性的，例如：記憶、推理、觀念的產生、聯結、反省、評價及防衛等；(2)思考可以是影像式的，例如：問及一個人的喜好，被詢問者可能產生一幅溪邊垂釣的畫面，卻不包括任何的文字；(3)思考是內在的語言，只要處於清醒狀態，人或多或少都會進行內在的對話，且多是在有意識、有知覺的狀況下產生。會注意受輔者在想些什麼的諮商員，可藉由恰當地運用這種內在的對話，幫助受輔者的思考更為流暢、正確；(4)思考的第四個特徵是「後設認知」，意指藉由思考，可以找出並修正原先錯誤的思考模式之心理歷程。

▌ 壹、評估受輔者的思考模式 ▌

在評估受輔者的思考模式時，諮商員必定會用到其潛在的思考模式，以評定哪些是重點且需要修正。但這種方式有一個危機，就是諮商員可能只看到自己想要看到的，只接收自己想要的訊息，而造成評估上的錯誤或不完整。這是諮商員必須敏銳去覺察的部分。

對受輔者思考的評估工作，最好是在諮商員和受輔者共同合作下執行。因為有關評估的資料，應該是根據受輔者的獨特性而蒐集的，所以諮商員和受輔者必須先建立良好的諮商關係，評估的工作才能順利進行。

評估受輔者的思考模式有下列幾種方式：

1. 受輔者對其本身的思考過程，都有某種程度的自覺，因此可利用受輔者的自我陳述，例如：某些受輔者往往知道自己有悲觀的傾向，只是不知該如何改善。

2. 經由細心傾聽受輔者描述的內容及方式，可獲得不少資料。此外，

在受輔者和諮商員建立關係的過程中，及所建立的關係形式（是信任、依賴、懷疑或抗拒），諮商員亦可獲得相關的資料。

3. 可利用疑問與面質法，了解受輔者在特定情境下的想法，也可直接問：「是否有充分的理由讓你這樣想？」「有什麼證據嗎？」

4. 讓受輔者想像某個令其焦慮的情境，鼓勵其說出心中的想法。然後再仔細地探討思考歷程是否有所偏誤。

5. 採用列表方式，讓受輔者把引起負面情緒的情境，及當時的想法仔細條例出來。

6. 有許多的問卷（自陳式測驗）可用來評估受輔者的思考模式，例如：「貝克憂鬱量表」及 Seligman 的「歸因風格量表」。

7. 鼓勵受輔者在令其恐懼或困惑的情境下，採取和以往不同行動的因應措施，並於事後討論採取因應措施時的思考歷程及結果。

　　關於評估受輔者的思考模式，有許多的爭論存在，包括什麼才是正確的思考模式及如何測量評估等。到目前為止，可以歸納並提出的暫時性結論是：(1)對受輔者的思考評估應由諮商員及受輔者共同檢視；(2)思考評估的結果對於受輔者自我協助技能的發展極為有用。

▍貳、什麼時候應注意受輔者的思考模式 ▍

　　「在哪些時刻要特別注意受輔者的思考模式？」這個問題並沒有標準答案。通常來說，在定義問題時應該要注意受輔者的思考模式（以免問題界定錯誤）。若以理情治療學派來說，因為其中心主旨是期望受輔者成為更具理性思考的人，所以在其整個諮商歷程中，都會注意受輔者的思考模式是否有偏誤。而注重同理心的受輔者中心學派，也會協助受輔者改善其思考模式，只是處理重點不一樣而已。

　　另外要考慮的是受輔者的意願問題。在決定要特別注意受輔者的哪一個思考方式時，諮商員應考慮下列問題：(1)受輔者是否願意重提以往的經驗，同時開放自己不愉快的感受；(2)受輔者是否會因為焦慮，以致嚴重扭

曲事實。若真如此，諮商員有必要等到受輔者不那麼焦慮時，再探索其思考上的困擾；(3)對一些較敏感的受輔者而言，要他們信任諮商員是需要時間的；(4)有些受輔者需要再鼓勵或再保證，才可能有所反應，諮商員對這類受輔者應多給一點時間和多一點的耐心。歸納以上數點，我們確信在適當的時機，諮商員謹慎地運用合適的技巧，協助受輔者改善其思考方式，將使受輔者獲益良多。

參、思考的介入

當受輔者在思考上有偏誤，而諮商員試圖了解受輔者的思考方式時，諮商員會運用到一些催化性及教育性的技巧。在這些過程中，諮商員應協助受輔者學習自助的技巧，以便能自行更正思考上的偏誤，轉而能更實際、更有效率的思考。

一、正確的歸因

歸因理論假設人們會試圖去了解自己、他人與環境間的互動因果關係，以便能對生活有最大的控制力。因此，諮商員必須幫助受輔者培養正確歸因的能力，使其在生活中能做出正確的思考抉擇。由於因果歸因和責任歸屬有很大的關係，因此也可以將此部分稱為「責任的歸屬」。受輔者必須能對過去已發生、現在正發生及未來可能發生的事做正確的因果歸因，且承擔起應負的責任。

本章重點在協助受輔者對特定或連續的情況做正確的歸因。表 9-1 顯示了歸因的類別，可作為有效的輔導工具之一。

表 9-1　可能的歸因類別

	正確歸因	錯誤歸因
自己（內在）		
他人（外在）		
環境（外在）		

　　一項有關歸因的研究指出，有婚姻危機的夫妻，習慣於將配偶的負面行為做內在歸因；無婚姻危機者則習慣將配偶的正面行為做內在歸因。因此研究者推論：有婚姻危機的夫婦容易做出不正確的歸因，也就是會誇大配偶負面的行為，而忽略了其正面的行為。若要改善夫妻的關係，夫妻雙方應了解本身錯誤的歸因方式，並予以改善。

　　人們對自己的歸因也會有出錯的時候，貝克（Beck）觀察到，憂鬱症患者往往將身外事件認為是因自己的過錯所導致，而這種錯誤的歸因方式常常就是造成憂鬱症的原因。因此，貝克提倡一種「再歸因」的技術，即是和受輔者一起重新審視相關的證據，做出正確的歸因。Seligman 也發現不正確的歸因模式和憂鬱症之間有密切的關係，憂鬱症的學生比非憂鬱症的學生更容易將失敗做內在歸因而將成功做外在歸因（也就是認為失敗都是自己造成的，而成功則是偶然的、意外的）。

　　以下介紹一些可用以探索受輔者歸因模式的方法：

1. 提供受輔者一些基本的理論，讓其明瞭錯誤的歸因會造成嚴重的結果，以及正確歸因的重要性。
2. 諮商員可採用面質法，讓受輔者自行體認到自己行為與思考上的偏見，例如：諮商員可以問：「你這麼做會對你有什麼好處？」「讓我們來看看什麼原因會讓你這樣想？」
3. 鼓勵受輔者用以「我」做開頭的陳述句，並且要求受輔者把「我不能……」的句子改成「我不願意……」，因為「我不能……」的陳述句會造成受輔者錯誤的自我定位。
4. 諮商員可強調正確歸因的好處，讓受輔者明瞭正確的歸因方法可以改善自己的生活。

　　最後，必須再強調一次，對於偏誤性歸因的受輔者，需要等待恰當的時機並使用合適的方式去處理，才能見效。以下是一個有關正確因果歸因的練習。

練習 9-1　正確的因果歸因

本練習可自行完成、配對進行或在訓練團體中進行。

A.自行完成

1.仔細想一想，自己是否常以錯誤的方式做因果推論。

2.寫出一項自己認為有待改進的生活事件：

(1)想想看錯誤的歸因是否對此事件造成不良的影響。

(2)嘗試做出正確的歸因。

(3)想想正確的歸因如何影響感受和行為。

3.寫下你在諮商歷程中，曾發生過的錯誤歸因的例子。

B.配對進行

1.和配對成員討論有關歸因的理論。

2.兩人彼此協助探索生活情境中可能發生的錯誤歸因，包括知覺上的扭曲及偏見。

3.一起討論出較為正確的歸因方式。

4.一起討論正確歸因方式對感受及行為的影響。

C.在訓練團體中進行

訓練員先介紹歸因理論及錯誤歸因的影響。引導團體成員討論可用在諮商歷程中協助受輔者正確歸因的技巧；或者將團體分成數個小組討論，最後再集合做總討論與分享。

訓練員也可將 A 部分練習作為成員家庭作業的一部分。

二、處理內在對話

前面曾提及內在對話是思考的特性之一，心理學大師 Donald H. Meichenbaum 使用「內在對話」（internal dialogue）此一名詞，以描述個人內在極隱密的語言。它是一種自己說、自己聽的自我溝通過程。諮商員對受輔者思考的處理，其目的就在於影響受輔者的內在對話，使其能轉變成更恰當的思考方式。透過對內在對話的了解，可以明瞭受輔者在想些什麼及如何思考。藉由內在對話，亦可改變受輔者的歸因方式、信念、概念等，這在處理焦慮、壓力、憤怒、衝突、害羞等情緒上，也是一項有效的工具。

在此，有必要對「因應」（coping）及「控制」（mastery）兩個名詞加以區分。舉個例子來說明：在使用內在對話來處理受輔者的焦慮時，諮商員應是協助受輔者因應及處理其焦慮，而非控制使其消失，因為這個焦慮消失了，還會有其他的焦慮出現，所以諮商員應協助受輔者面對及處理其焦慮。

就像受輔者可以藉由探索自我而進入問題之中一樣，他們也可以經由協助及行動而走出問題。以下舉一個例子說明：

> 凱莉是一位很害羞的女孩，她被邀請參加一個聚會。在到達會場後，她的內在對話是：「真不舒服，我一定是太緊張了，別人一定看出我是笨拙且無趣的，沒有人會和我聊天的，我還是回家算了。我實在不喜歡這種人多的場合。」

在處理凱莉的問題時，不只要讓她了解她這種自我打擊的思想與行動，同時也要幫助她找出可以因應這種情境的內在對話。此外，諮商員也要提供一些技巧來改善她的人際互動方式以重建她的信心。諮商員可從兩個向度來提供內在對話：在達成目標方面，可利用的內在對話是「一步一步地做」；在處理焦慮方面則可用：「保持平靜，慢慢地深呼吸，沒什麼好緊張的。」當然，兩者亦可合而為一個指示：「保持冷靜，一步一步地做⋯⋯」。

像凱莉的例子，她可以應用的一些自我指示包括：「緊張沒什麼好怕的，這只表示我該運用學到的適應技巧罷了。」「冷靜下來，想想看下一步該怎麼做。」「我是一個堅強的人，可以處理這種狀況的。」「放輕鬆，一次只處理一件事，我一定可以做好它。」而在壓力情境結束後，凱莉可

以給自己一些鼓勵性的內在對話，例如：「我處理得愈來愈好了。」「真高興我學會了處理恐懼的方法。」

當諮商員要使用這種因應性的內在對話協助受輔者處理問題時，可依下列五項步驟一一進行：

1. 幫助受輔者了解思想與感受及行為之間的關聯性。

2. 幫助受輔者注意到自己負面的自我批判及自毀性的思考方式。

3. 幫助受輔者學會「一步一步地做」及「一次只處理一件事」的問題處理方式，避免感覺到負荷過重。

4. 協助其找出可運用的適當內在對話，並不斷練習，以便能熟練運用於生活情境中。

5. 協助受輔者能更有效地選擇及練習其內在對話。使其以後即使沒有諮商員的協助，仍能運用此種方法處理問題。

諮商員在此部分運用到的技巧包括：幫助受輔者「說出」自己的內在對話，塑造更有效的內在對話，練習至熟練，給予適當的家庭作業等。

練習 9-2　有效地因應內在的對話

本練習可自行完成、配對進行或在訓練團體中進行。

A.自行完成

自行找出生活中某一個令人感到不舒服的情境，按照以下步驟練習處理之：

1. 寫出與情境有關的內在對話。

2. 檢查是否有負面或自毀性的自我批判。

3. 把處理問題的過程分成數個階段，一步一步地慢慢進行。

4. 尋找適用的內在對話，以便在處理問題之前、處理問題之時及問題結束之後均可運用。

5. 練習內在對話，使能熟練運用於生活情境中。

B.配對進行

　　兩人做晤談練習，扮演受輔者的成員選擇生活中一件令人感到困窘的情境，和諮商員共同討論處理的方法。諮商員根據以下五個步驟來協助受輔者：

1. 諮商員提供一些基礎理論（有關思考偏誤及內在對話等）。
2. 協助受輔者尋找出自我貶損或批判式的內在對話。
3. 教導受輔者「一次只處理一件事」、「一步一步地做」的問題處理方法。
4. 協助受輔者建立適當的內在對話，並熟習之。
5. 模擬相同的情境，讓受輔者嘗試運用其內在對話，並鼓勵其應用於生活之中。

C.在訓練團體中進行

　　訓練員先示範諮商員該如何協助受輔者使用適用的內在對話。之後，團體分成小組練習，或以配對方式做 B 部分練習。最後再進行分享與討論。

三、實際的內在法則

　　在一般的狀況下，人們會形成自己對「真實世界」的一套觀念。這些觀念不一定是正確的，因為人們常會忽略矛盾的證據，而仍維持自身所抱持的信念。以一個笑話來說明：某心理醫生和一位深信自己已死亡的患者已經晤談了三個月，他用盡了任何方法都無法讓患者改變其想法，最後，他決定採用一個孤注一擲的方法。醫生問：「死人會流血嗎？」患者答：「不會。」於是醫生抓起患者的手，以針刺入手指，再將流血的手指放在患者面前，患者很驚訝地說了一句話：「我錯了，原來死人會流血。」

　　艾利斯（Ellis）認為：諮商員必須能夠了解受輔者非理性的想法以便治療之，因此，他發展了一個簡單的 ABC 架構，以協助了解受輔者困擾的

癥結所在：

A 表示會引發 B、C 的事件。

B 表示受輔者對事件的看法及信念。

C 表示事件造成的結果。

艾利斯認為人們多數只注意到 A 和 C，卻忽略了 C 是由 B 所造成的。人們除了會自然形成一套對外在世界的看法外，也會發展出一套潛在的標準，並以此衡量自己、他人及環境的合適與否。許多受輔者採用的是他人的標準，而非自己內在所產生的標準。恰當的內在標準可以促使人們為達到目標而努力，但不夠實際的內在法則只會使人被一大堆的「應該」、「必須」所壓制，且會使人產生負面的情緒及挫折感，因而造成非理性的行動方式。

艾利斯舉出三個例子，說明不實際的內在標準可能形成的負面情緒：

1. 我「必須」成功，並得到贊同，否則我就是「不好的」、「失敗的」人。

2. 他人「必須」體貼及溫柔地對待我，以我所想要的方式對待我才對。

3. 在我所處的環境，「應該」要細心安排，使我能儘快得到我想要的，避免我不想要的。

艾利斯將這些「必須」、「應該」稱之為「非理性的信念」，以下是幾個非理性內在信念的舉例。A 表示事件，B 表示內在法則，C 則表示結果。

惠珍，一位 40 歲的家庭主婦。

A：她的孩子總做不到她所要求的整潔。

B：惠珍認為：「家中任何東西都應該是乾淨整潔的，否則我就是個糟糕的家庭主婦。」

C：惠珍因為覺得家中不夠完美，常感到不愉快和焦慮，她極端要求家裡必須非常整潔。所以她不敢邀請朋友來家中作客，就因為她覺得家中不夠整潔。

仁雄，一位有兩個孩子的父親。

A：他的孩子並不認為他的工作有何值得驕傲之處，對於他的努力工作也未表示支持。

B：仁雄認為：「沒人支持我，我一定是個差勁的人。」

C：仁雄感到傷心、自憐和憤怒，所以常責罵孩子，造成父子間的距離。

安惠，一位 20 歲的護校學生。

A：安惠對於作業上有些困難。

B：安惠認為：「任何時候，我都該是正確完美的，生活中不該出現困難的。」

C：她對自己生氣，感到沮喪，且無法集中注意力。

諮商員在面對這類有著非理性內在信念的受輔者時，可運用以下三個原則加以處理：(1)提供一些基本的理論；(2)找出非理性的內在標準並駁斥之；(3)形成更實際的內在法則。

（一）提供基本理論

提供受輔者一些相關的理論，有助於幫助其了解信念、情緒和行為之間的聯結。ABC 理論就是一個值得介紹的理論。諮商員應該讓受輔者明白，許多不合理的信念都是潛藏在意識之下，而所要學習的就是如何找出這些不合理的信念並扭轉之。諮商員提供理論及技巧，也正是要協助受輔者能破除非理性的內在標準。

（二）尋找及破除不實際的內在標準

找出不實際的內在標準，可根據兩項特徵追溯原因：

　1.可利用負面的情緒找源頭。像前三個例子，可以根據其沮喪、失望、傷心等情緒往前回溯，探索不實際的內在標準。

2.對於受輔者「必須」、「應該」等詞語應特別注意，這亦是找出不
實際內在信念的重要線索。

一些常見的不實際內在法則通常有以下特質：
1.標準過高，對自己過度苛求。
2.堅持完美主義。
3.缺乏彈性，無法因時、因地、因情境而有變通，堅持想法，固執到
底。
4.錯誤的自我評價，因為未能達到標準而有嚴重的自我批判。
5.認為未能達到目標是件可怕的災難、無法挽回的錯誤。

而較實際、較理智的內在法則有以下特質：
1.強調適應性，會因情境、環境的改變而有不同的處理及適應方法，
而非無彈性地執行單一標準。
2.符合個人自我的需要、喜好與價值判斷，標準是自己內化而產生
的，而非以他人的標準為標準。
3.能做正確的自我評價，而且是積極、有建設性的評價，不因某方面
的失誤而做出極端或全面性的負面評價。

諮商員可利用發問技巧，幫助受輔者尋找其不實際的內在法則。艾利
斯觀察到，可用「駁斥法」及「面質法」向受輔者的非理性觀念挑戰，例
如：諮商員可問：「有什麼證據？」「證明給我看，一點小失誤會造成何
種災難？」「到底為什麼你無法忍受失敗？」「為什麼這樣就會使你成為
無用的人？」

（三）形成更實際的內在法則

僅僅找出及駁斥非實際的內在法則是不夠的，諮商員還必須與受輔者
合作發展出更實際的法則，且熟練運用之。示範例子如下：

惠珍：

不實際的內在法則：家中任何東西都應該是乾淨整潔的，否則我就是
個糟糕的家庭主婦。

較實際的內在法則：雖然我喜歡房子一直保持乾淨，但以此要求孩子
是太嚴格且不切實際的。如果有客人要來訪時，
還是可以大肆清掃一番。

仁雄：

不實際的內在法則：沒人支持我，我一定是個差勁的人。

較實際的內在法則：孩子們對我的工作表示支持是一件很好的事情，
但更重要的是我自己對於工作的看法。

安惠：

不實際的內在法則：任何時候，我都該是正確完美的，生活中不該出
現困難的。

較實際的內在法則：沒有人是完美無缺的，人都會犯錯，重要的是能
否從錯誤中學習。

　　諮商員可以給予一些家庭作業，讓受輔者自行探索自己內在法則的實
際性。在信念的重塑階段，諮商員可以將重建後的信念錄起來，讓受輔者
反覆聆聽。黑板或白板也是極有用的工具，可幫助受輔者克服思考上的障
礙，因為視覺上的呈現往往提升了語言呈現的效果。

練習9-3　尋找、破除與重建內在法則

　　本練習可自行完成、配對進行或在訓練團體中進行。

A.自行完成

　　根據自己的生活經驗或以受輔者的情況為例，按以下步驟施行：

　　1.以ABC架構寫下與事件相關的內在法則、事件想法及行為結果。

　　2.檢視內在法則是否實際，若否，則加以駁斥。

　　3.重建較實際的內在法則。

4.寫出新內在法則可能產生的行為結果。

5.找出在未來可能出現，會讓自己再度出現不實際的內在法則的危險情況。

B.配對進行

和配對成員一人扮演諮商員，一人扮演受輔者，選定一個特定的事件或情境。

1.諮商員介紹有關內在法則的相關理論，說明不夠實際的內在法則會造成負面情緒及行動。

2.兩人共同合作形成事件的 ABC 架構。

3.共同合作破除不實際的內在法則。

4.合作重建一個較實際可行的內在法則。

5.兩人合作設計一個可以鞏固學習效果的家庭作業，例如錄音記錄或其他。

6.完成後，進行角色互換練習。

C.在訓練團體中進行

訓練員先介紹如何尋找、破除與重建不實際的內在法則。然後可利用錄音檔或錄影影片加以示範，也可利用白板記錄以指出受輔者思考上的偏差。再將團體分成小組進行練習，最後集合做分享與討論。

四、發展不同的認知模式

前面的章節曾提及諮商員協助受輔者對問題發展出不同的認知模式。在此，重點則在於協助受輔者對特定情境發展出不同的認知，這裡的特定情境是指會引發負面感受，像是憂鬱、沮喪、生氣等情緒的情境。

通常我們對每一情境（況），都可能有一種以上的覺知方式，有一個笑話是關於一位精神科醫師與一位性犯罪者的對話。在他們施行「羅夏克

墨漬測驗」之後（「羅夏克墨漬測驗」有十張圖片，受試者看過圖片後被要求說出圖片像什麼），醫生說：「我無法幫助你，我認為你對於性有著嚴重扭曲的看法。」病人：「少來了，醫生，你才是有問題，你剛才給我看了一大堆骯髒的性愛圖片。」

貝克注意到負面的情緒，例如憂鬱、焦慮等，會不斷地侵入受輔者的思考中，對於此種現象，貝克將之命名為「自動化的偏誤思考」。通常受輔者不會意識到有此現象，或者他們刻意忽略它。這些自動化的思想以特定的、個別且快速的方式作用著，人們很容易就產生此種現象且無法自拔。

諮商員要幫助受輔者發展出不同的覺知方式，首先是要幫助其了解感覺和行動之間的關係。ABC 架構是值得介紹及使用的方法：

A：大明帶小珍去參加一個舞會，但多半時間，大明都和別人在一起。
B：小珍認為大明根本不重視她。
C：小珍覺得生氣且不高興。

但是，如果小珍在 B 階段想：「我很高興他可以玩得很愉快。」那麼，小珍也可以很愉快地享受舞會的樂趣。

另一個例子：

A：正明坐在房間中做功課。
B：他想：「我又不會做，我真是個白痴。」
C：他覺得沮喪、挫折和厭煩，想停止，但卻又不能不將功課做完。
　　所以他隨便地完成了功課且滿腹不快。

如果，正明在 B 階段碰到困難時想：「這真是個不容易的功課，但我總有辦法完成的。」或「我可以去請教哥哥。」則正明完成功課會較快較好也較愉快。

一旦受輔者了解到自動化偏誤思考的影響，他們就能容易地辨認且尋找出來。如果受輔者無法很快地察覺 B 階段的想法，則可讓其在感到不愉快等負面感受時立刻問自己：「剛才發生了什麼事，我對自己說了什麼話？」簡言之，受輔者應該要學會使用 ABC 架構來觀察、記錄自己貶損或

批判式的想法及行動。B 階段是屬自動化思考，通常包括了不正確的認知與解釋。受輔者最好能敏銳地覺知 B 階段的想法，記錄下來並力求改變。

> ## 練習 9-4　觀察與記錄自我貶損或批判式的思考

本練習可自行完成、配對進行或在訓練團體中進行。

A.自行完成

以下是一張觀察及記錄的表格：

A 階段：事件 （時間、日期）	B 階段：想法	C 階段：感覺

製作一份類似的表格，在接下來的 24 小時內，觀察及記錄沮喪或負面感受的事件、想法及感覺。特別要注意 B 階段的思考模式。

B.配對進行

兩人先各別完成 A 部分的練習，然後討論記錄的內容，特別是 B 階段的記錄。

C.在訓練團體中進行

訓練員示範填寫以上表格。團體成員各別完成 A 部分，再請一名成員當受輔者，說明其在 B 階段的思考過程，然後將團體分成二人或三人一組做 B 部分的練習，最後集合做分享及討論。

在受輔者已有能力找出令其沮喪的事件後，接下來則是要讓受輔者能發展出不同的認知方法，以改變在 B 階段的想法；也就是要協助受輔者克服其扭曲及狹隘的想法，改採另一個更恰當、更實際的認知方法。

諮商員可運用以下兩種問法：(1)「有什麼證據？」讓個案以邏輯、理性來檢視其想法；(2)「對這種情境，有沒有其他的解釋方法？」鼓勵受輔者在思考方式上更有彈性，並避免接受由習慣而來的自動化偏誤想法。此外，諮商員可讓受輔者對每一個情境都提出一個以上的認知方法，增進其思考的方向。諮商員亦可幫助受輔者評估其感受，如貝克所說的：「諮商員必須不斷地問，找出哪種取代的思考方式對受輔者來說才是最有幫助的。」

練習 9-5　感受評估

本練習可自行完成、配對進行或在訓練團體中進行。

A.自行完成

先繪製以下的表格：記錄重要的情境及當時的想法，如果當時想法是較負面的，盡量想出其他可能的解釋方法。然後，針對此情境選出一個最實際、最適合的想法（解釋）。

情境	負面的想法	其他的想法

B.配對進行

兩人先分別完成以上練習，再一起討論。或者一人扮演諮商員，另一人扮演受輔者，諮商員協助受輔者針對特定事件，找出負面的想法，

鼓勵受輔者找出不同的思考方法。然後經評估後選定最合適的思考方法。一次只處理一種情境，之後角色互換。

C.在訓練團體中進行

訓練員示範如何填寫 A 部分的表格。之後請一名成員示範記錄及評估的方法。再將團體分成二人或三人一組進行 B 部分的練習，最後集合做分享及討論。

五、正確預測未來的風險與收穫

人類的生活是朝著未來發展，而非過去。預測，就是對未來的假設及想像。因此，過去的環境及經驗都會影響對未來的預期。許多人由於過去的經驗或恐懼失敗，常將自己的能力低估，而自我能力的評估與對風險及收穫的期待，彼此有極高的相關。一個自覺沒有能力的人，會較強調風險性，而低估收穫的可能性。多數受輔者對其能力的預期都是較悲觀的。當然，也有一些是樂天派或自我評估過高的人，不論如何，諮商員都須協助受輔者正確地評估自己，前瞻未來。

這種協助的過程，能使受輔者更實際地期望未來，同時能更肯定自己的價值。當受輔者獲得了這些正確知覺、思考及行動的技巧，他們對未來的恐懼也會隨之減少。

諮商員和受輔者討論的不只是失敗的風險性，更要討論成功的可能性及收穫。對某些受輔者而言，收穫可能也代表了失去，因為他們在問題解決後會失去伴隨著問題而存在的次級收穫，例如：一些特別的照顧、關心及特權等。因此必須讓受輔者明瞭，如果他緊握著這種次級收穫不放，將使未來的光明為之衰竭。

改善方法的第一步，應讓受輔者說出他們行為的代價及收穫為何？在探究收穫時，所針對的問題是：「你喜歡什麼？」探究風險及代價時，所針對的問題是讓受輔者知道：「你是否注意到你恐懼失敗的心理，正阻撓了你的獲得？」「可能發生最糟的事是什麼？」「你真正失去了哪些東西？」

　　諮商員的目的是要幫助受輔者能對收穫及代價（風險）做正確的評估，以便受輔者能在特定情況下自行選定及評估恰當的行動，而非悲觀的退縮。

練習 9-6　風險及收穫評估

　　本練習可自行完成、配對進行或在訓練團體中進行。

A.自行完成

　　1.找一個特定情境，在此情境中，你因害怕失敗而避免或拒絕行動。

　　2.寫出你覺得行動將帶來的風險及收穫。

　　3.評估風險與收穫。

　　4.根據對風險與收穫的正確評估，決定可採行的行動步驟。

B.配對進行

　　兩人共同討論及進行以下步驟：

　　1.何謂正確地預期（評估）收穫與風險。

　　2.各別選定一個特定情境，彼此協助做風險與收穫的評估。

　　3.根據前項的評估，彼此協助決定應採取的行動方式。

C.在訓練團體中進行

　　訓練員先介紹正確預期（評估）風險及收穫的概念，並鼓勵團體成員討論。之後可讓團體成員以工作或生活上的經驗作為示範，或將團體分成數個小組，進行 B 部分之練習，最後再進行分享與討論。A 部分的作業可作為家庭作業。

▌肆、問題處理的訓練 ▌

　　在第八、九章介紹了感受與思考問題的處理模式。在此，諮商員可融

會貫通，將問題處理的技巧介紹給受輔者。這些技巧包括：決策能力、角色轉換、處理負面情緒及行動、處理內在與實際的衝突。

問題處理訓練是由 D'Zurilla 與 Goldfried（1971）的研究所發展並修正而來，其中提出問題處理的五個階段包括：(1)問題的一般性說法或定向（general orientation or set）；(2)定義問題；(3)產生替代方案；(4)決策；(5)行動驗證。

由上述問題處理五階段為基礎，發展出化繁為簡、訊息發掘和資料處理的問題處理方案（Centre for Information Discovery and Data Analytics, CIDDA）。這種方案和第十一章的 DOSIE 有類似之處。但後者是由諮商員運用以協助受輔者，前者則強調受輔者學習運用以自行處理問題，兩者的重點不同。

CIDDA 有五個主要步驟：

階段一：面對問題

階段二：蒐集資訊

階段三：定義問題

階段四：決定行動方案

階段五：實際行動與評估效果

這五個階段是互相重疊且交互使用的。

階段一：面對問題

一般人習於面對問題、解決問題；但也有極少數的人經嘗試再三，始終無法圓滿解決問題，可能採取延宕的態度，忽視問題的存在，反而誤了先機。

1. 態度：是指個人面對問題的看法或可能考慮的因素及觀念。問題是人正常生活中的一部分，正確的態度就是去處理它。特別是在問題發生之初就要及時發現，而非等問題發生後才意識到，也就是說，發現問題要愈早愈好。

2. 負責：意指承認問題的存在，而非否認或將責任歸之於他人。

3.專注：面對問題要有足夠的耐心與注意力，如此問題才能得到充分的時間及心理能量以解決之。

階段二：蒐集資訊

蒐集資訊可分為兩方面：一是向外，了解外界環境可提供的資訊；另一是向內，對自己做更深入的了解。不論是哪一種，都需注意到明確性、特定性及廣泛性。

1.內在的訊息：要得到內在的訊息需要自我省察，探索更深層的情感，了解自己，設計目標，分析對問題的思考方式及想法。

2.外在訊息：指環境及他人的有關訊息，包括他人對某事件的看法、是否能給予支持等。

階段三：定義問題

在階段二蒐集了足夠的資訊後，在階段三必須找出阻礙有效處理問題的變項為何？學習自助技巧並不意味著受輔者不需要專業的幫助，而是在日常生活中隨時有問題出現時，能學習技巧以自行解決問題，因為諮商員不可能隨時守候著受輔者。

定義問題，必須能夠清楚找出重心，且看清實際狀況，否則一旦問題定義的方向錯誤，會連帶影響了其後的行動方向及結果。因此定義問題是很重要的一個階段。

階段四：決定行動方案

在階段三正確定義問題之後，受輔者在階段四必須決定要採取何種行動，因為本階段的目的是要決定行動方案。

練習找出解決問題對策的方法，可以使用腦力激盪的方式。之後，將列出來的對策一一轉換成較具體的方案，以便能發展成清楚而確定的行動步驟。

在想出多種行動方案後，必須對各方案進行評估及選擇。評估時可根據實用性（utility）及成功的機率（probability）兩項標準。所謂實用性是

指行動方案和真實生活中問題情境的相似程度。若行動方案愈可能實行運用於生活中解決問題，則其實用性愈高。反之，一個設計再好的方案，若不符合真實情境而無法運用，則其實用性低。其次要考慮的是行動方案的效果如何，亦即成功的機率有多少。根據上述兩項標準，可選擇出一個最適合執行的行動方案。

階段五：實際行動與評估效果

這裡的行動意指任一個用以改變行為、思考及感覺的步驟，行動通常包含下列四個步驟：

1. 計畫：必須列出完成方案的詳細步驟。
2. 進行：執行步驟。
3. 觀察：觀察計畫的執行，注意自己情緒上、行為上及思考上的改變。
4. 評估：評估方案執行是否徹底、是否產生足夠的影響及改變，如果效果不佳，則必須回到 CIDDA 的初步階段，蒐集更多的資料，或是重新定義問題。也有可能是執行方案時，技巧有所缺陷而造成效果不彰，如此則須在技巧上進行改善。

練習 9-7　CIDDA 系統性問題處理訓練

本練習可自行完成、配對進行或在訓練團體中進行。

A. 自行完成

1. 根據 CIDDA 的架構及步驟，寫出自己技巧上的缺點及優點。
2. 嘗試以 CIDDA 的架構處理生活中的一個問題，並寫出你在每一個步驟中的感覺。

B. 配對進行

1. 兩人相互評估彼此在 CIDDA 架構中每一階段技巧上的優缺點。

2.輪流相互訓練，以 CIDDA 架構處理生活中的一項問題，並討論彼此在每一階段的感受。

C.在訓練團體中進行

訓練員先介紹CIDDA的問題處理架構，然後將團體分成小組討論彼此在各階段的技巧優缺點。並由訓練員示範以CIDDA架構處理問題，或請成員示範運用。或者團體分成二人一組進行 B 部分的練習。最後再進行討論與分享。

伍、促進自我協助

讓受輔者了解自己的思考方式、思考歷程，是幫助他們踏上自我協助的第一步。而內在同理心（inner empathy）不只是用以傾聽自己內在的思考，並應擴充至傾聽自己的感受及情緒。「認識自己」這句話可進一步分解成「認識自己的思考模式」及「認識自己的感覺」。徹底地認識自己之後，CIDDA 的系統性問題處理訓練將能發揮最大的功能。

諮商員亦可鼓勵受輔者參加協同諮商（co-counseling）或同儕自我成長團體，這將有助於其發展自助技巧或是鞏固所學得的技巧。例如：一個女性（或男性）的成長團體，可以使其跳脫出傳統的性別觀念，以及更了解身為一個女性（或男性）的潛能。當然，這類團體皆需要有經驗的諮商員來帶領。

第十章

行動的處理與練習

因為立志為善由得我，只是行出來由不得我。故此，我所願意的善，

我反不做；我所不願意的惡，我倒去做。

～《聖經·羅馬書》

「改變」是一件極為弔詭的事。……有些改變，是成長、發展中自然發生；不過，有些改變，卻要耗盡心力後才能完成。「Prochaska與 Norcross（2003）提出六階段改變歷程，其中包括：醞釀前期（Pre-contemplation）、醞釀期（Contemplation）、準備期（Preparation）、行動期（Action）、維持期（Maintenance）與結束期（Termination）。在受輔者覺察到需改變、想改變、決定改變後，接著就是採取行動，改變周遭環境與行為。最後，持續行動並維持改變。」（黃政昌等人，2015）換言之，沒有採取行動，想法依舊是想法，改變不可能發生。閱讀完本章，讀者可熟悉如何設定目標、模仿學習、運用酬賞增強、角色扮演、目標達成的想像訓練，以及促進自我幫助。

對一般人而言，助人歷程被認為多半在談話，甚至全部都在談話，而較少具體的行動（行為）處理。其實，受輔者行動上的改變是緩慢的，但晤談中並非毫無行動的處理。本章的目的，即在幫助受輔者改變其外顯的行為。因為，容許受輔者沉溺在自憐中，導致行為沒有改善，也可能是一種潛在的危機。因此諮商員應在合適的時機，鼓勵及幫助受輔者採取必要的行動，以改變其生活方式或者其行為。由於感受、思考及行動三者之間是具有相關性的，因此，前兩章之重點放在受輔者的感受和思考；而本章的重點，則是放在「直接」改變受輔者的「特定行為」。

前文曾提及，把受輔者視為決策者，可促使受輔者為自己做行動的抉擇。在諮商的歷程中，諮商員應幫助受輔者獲得有關行動決策的技巧，以便作為日後生活上自我協助的技能。

▌壹、設定目標▌

設定諮商目標時，可將目標放在感受、思考與行動三者上。換言之，設定目標的對象是感受、思考與行動三個層面的任一層面或多個層面。

一、目標的設立

在諮商關係中，通常是由諮商員和受輔者一起設定行為改變的目標。設定目標可以產生下列的效果：

1. 使目標更明確：一個明確的目標，可以清楚地指出達到目標的行為為何。
2. 增加動機：目標可提高受輔者實質上的行為動機。
3. 增加堅持度：有清楚、實際目標之受輔者，在問題處理上會持續較久、較賣力，且堅持度較高。
4. 增加行動的計畫性：目標需要執行，為了達成目標，會促使受輔者謹慎地計畫行動步驟。

當然，目標設定也可能有缺點。特別是，在設定目標的方法或時間上

有誤時，可能產生下列弊端：

1. 造成依賴：設定目標方法上的錯誤，如諮商員過度熱心，越俎代庖而造成受輔者的依賴性，如此非但不能促使受輔者產生行為的改變，反而可能更糟。

2. 缺乏彈性：目標的設立可能由於思慮不周或資訊不足而產生誤差，或者太過僵化，毫無變通。這樣的目標不僅會干擾助人關係的發展，同時也無法促使行為改變。

3. 過多的壓力：目標會帶來期望，倘若期望過高，可能會引起不必要的焦慮和抗拒，因而導致失敗。

4. 諮商員的投射：諮商員可能會把自己的特質及期望，投射在受輔者的目標中。如此，目標將並非純為受輔者擬定，額外的變數亦多。

由上述可知，目標的設定有時可能極有助益；但有時可能是不恰當，甚至是有害的。其關鍵不在目標本身，而在目標設定過程是否考慮周到、是否配合受輔者的需要。

二、理想的目標陳述

設定目標之前，宜對目標有清楚的概念。理想的目標陳述是整理概念最好的方法。讓我們先從一個例子來討論、敘述目標的理想方式：

雷達已婚，有兩個小孩。由於太過熱衷於工作，他太太的抱怨愈來愈多，妻子及小孩都很少能看到他。好幾次，雷達都說他準備多花些時間在家裡陪陪家人，但到目前為止，雷達始終沒有做到。

針對上述的案例，諮商員和受輔者在設立目標時應該注意到：

（一）以行為來陳述目標

雷達希望花更多的時間來陪家人，這是一項目標，但不是對目標的陳述。為了目標能確實達成，應該明確地指出達成目標所需的行為是什麼，例如：晚上早點回家、週日與家人共進午餐、週六觀看孩子們的比賽等。

Egan（1986）認為行為目標必須被確實執行，才算完成，例如：某位受輔者的目標是要獲得一些溝通的技巧，則他的目標應該是在他能實際運用到所學的溝通技巧時，才算完成。除了以行為的達成來陳述目標外，也可描繪達成目標後的結果為何，如此目標將更為具體。

（二）特定的及可測量的目標

行為心理學家為了「測量」行為改變是否確實發生，會蒐集相關資料，畫出「基本線資料」，例如：「早晨與家人共度」可以用次數計算，比較行動前後的差異。另外，有些行為是可以被量化計算的，例如：把在家中的時間和工作的時間做比較。也就是說，為了能蒐集基準點的資料以及改變後的狀況，應該明確界定目標，例如：雷達的目標是每週至少有二個晚上待在家中、週六或週日的其中一天與家人共度、下班後不許帶工作回家做等。

（三）有助益且實際的目標

有助益的目標應能使受輔者更有效地處理他的問題。如果未能做到這一點，必須重新檢查目標，以了解哪裡出現問題。如果目標設定時，能把諮商員、受輔者及環境上的限制納入考慮，則此目標的實用性便能符合要求。如果目標的設立未能考慮情緒上的負荷是否過重，或技巧是否足夠熟練，則此目標必定有某些缺陷或不足的地方。事實上，實用性不足的目標可能對受輔者產生太大的壓力，而導致更嚴重的問題出現。此外，諮商員的專業能力也會對受輔者目標的達成造成影響；許多研究發現：諮商員本身的價值觀也是一個重大的影響因素。

（四）根據受輔者的情況而設定的目標

目標的設立應該是諮商員及受輔者彼此合作的結果。為確定問題是否被定義得很明確，諮商員與受輔者的合作是必要的。如果受輔者了解到目標的訂定是依據他自己的處境，而非諮商員的意願，那麼受輔者將會有更強烈的動機去達成目標。如果目標的設定不恰當，可由受輔者的缺乏動機、

行動拖延等現象看出來，如此則有必要重新設定目標，或重新評估原有的架構，以了解問題出在哪裡。

　　如果一次擬定一個以上的目標，諮商員便需要和受輔者共同排定目標的先後次序。排定先後次序時，有兩點必須加以考慮：(1)考慮目標的難易程度；(2)目標是否有優先順序，亦即某些目標是否有時間上的限制。一般而言，目標並非一成不變，它需要根據受輔者的進展和環境因素而做調整改變。

　　此外，也需考慮諮商員和受輔者間諮商合約的明確性。為了使合約明確、具體，可以用書面文字詳細條列。合約內容中可載明受輔者的期望、行為目標以及行為改變的程序；在一般情況中，這些合約還需由雙方共同簽名。當然，合約中也可以記載達成目標時的獎賞，或未達成時之懲罰等條款。

練習 10-1　設定行為改變目標的練習

　　本練習可自行完成、配對進行或在訓練團體中進行。

A.自行完成

　　首先，分析自己或受輔者生活中的問題，隨後寫下改善問題的行為目標。從行為觀點來看，改變問題的行為目標最少應包括下列幾點：

　　1.以「行為」為主要內容來敘述。

　　2.是特定的，可測量的。

　　3.有益的，且實際的。

　　4.根據受輔者的情境而設定，且目標應被受輔者所認同。

B.配對進行

　　兩人分別完成以上的作業，而後討論。或是成員之一扮演諮商員，另一人扮演受輔者，共同討論行為的改變與目標的設定，並訂立合約作為結束。最後，角色互換再一次練習。

C.在訓練團體中進行

　　以一名成員為受輔者，訓練員做一個設定目標的會談示範。或者，訓練員先介紹設立目標的技巧，再指定兩名成員做示範，最後做分享及討論。此項練習也可以作為家庭作業。

‖ 貳、模仿學習 ‖

　　Perry 與 Furukawa（1986）將模仿（modeling）定義為：一種觀察學習的過程。在過程中，被視察的樣本（對象），可以是一個人或一種團體行為，而觀察者根據所觀察到的態度、行為、思考方式加以學習，以便自身有所改善。這裡的模仿意指：諮商員對受輔者提供或說明一個可觀察的行為樣本，藉此幫助受輔者面對刺激情境時，以正確的方式反應以減少焦慮，並且學習恰當的行動方式。反覆的模仿練習可以增加熟練度，加強信心，進而有利於進行真正的行動。在任何技巧訓練中，模仿都是種良好的學習方式。透過模仿學習，增加某一特定行為的熟練度，並培養信心。由此可學習到良好的行為模式，並將之內化成屬於自己的自助技巧。

一、行為模仿應注意的事項

　　諮商員提供某一行為樣本給受輔者做模仿學習時，可以把焦點放在行動技巧或思考技術上，甚至二者兼具的技術上。表 10-1 是諮商員在呈現一個示範模式時，可考慮的因素。

表 10-1　呈現一個示範模式的考慮因素

層面＼對象	示範模式			
	學習者		示範者	
	自己	他人	自己	他人
行動技巧				
思考技巧				
混合技巧				

資料來源：引自 Perry 與 Furukawa（1986）。

一般的示範模式包括下列幾種方式：

1. 諮商員的示範：指諮商員親自為受輔者所做的示範。

2. 由其他人所做的現場示範：例如在團體中選擇一名成員來示範，而其他人做觀察學習。此外，也可以鼓勵受輔者去觀察日常生活中，其他人的某一特定行為模式。

3. 諮商員事先準備的示範：諮商員可選擇製作錄音檔或錄影，以視聽媒體示範。其優點是效果好、可重複使用、消除不恰當行為的效果佳；缺點則是缺乏彈性，且無法變通。

4. 其他人事先準備的示範：採用由別人所做的示範，諮商員預先篩選，因此，比較可以控制樣本的品質，較能取得受輔者的認同。至於性別、年齡、種族和態度的相似性，倒不必考慮太多，以避免受輔者產生排斥。

使用示範的主要目的，在塑造有效的行為供受輔者學習模仿。當然，受輔者也同樣可以由無效行為的呈現中學習某些事物。無效行為的呈現可以利用略帶幽默的方式來展現，讓受輔者了解此種行為的無效性，以減少受輔者採用此種無效的行為。一般而言，諮商員必須選擇漸進式的示範程序，其呈現的方式是由易漸難、由單一而複雜，有時可以採用數種示範，同時進行。但應該注意在示範進行中，適時地加以解說，讓受輔者了解目標行為的意義所在。在示範結束時，諮商員應對示範的技巧做整體性的結論。此外，諮商員也應了解受輔者是否從示範的行為中獲得助益。

二、增加模仿學習的效果

為了增加學習效果，並將所學應用到生活情境中，可以採用下列方法：

（一）演練

除了觀察學習外，還需要加上實地的演練。演練可以增加受輔者對示範行為的了解，並促使其應用於生活情境中。最有效的演練方法是諮商員和受輔者一同做角色扮演。

（二）教導

諮商員直接指導受輔者。在演練的過程中或演練之後，適時提供回饋，幫助受輔者加深印象。

（三）教導內在對話

對受輔者而言，其內在對話影響行為至鉅，因此能不能引導其行為，要看受輔者是否擁有正確的內在對話而定。諮商員在行為塑造的過程中應當適時教導受輔者，使其擁有積極的內在對話。

（四）提供鼓勵

在受輔者的演練過程中，諮商員可以藉由精神鼓勵及實質獎勵，增強學習效果。這對受輔者獲得新技巧上有極大的幫助。

（五）練習

受輔者需要把模仿到的行為類化到日常生活情境中。為了達到此一目的，可採用反覆練習與家庭作業習作二種方法。倘若受輔者能在每天的日常生活情境中練習，其學習效果必佳。

以下利用一個常見的例子，將前兩部分的重點做一說明並統合：

莉慧是一位大學應屆畢業生，來尋求生涯顧問的協助。因為她畢業後半年，雖然面試了好幾次，但都未能找到理想的工作。生涯顧問認為她在面試技巧上有待改進。在經過幾次會談後，她觀看了「有效掌握面試技巧」的錄影影片。示範人員是一位和莉慧相同年齡、性別的人，同樣碰到類似求職技巧的問題。影片中解說且標示出要改進的技巧。之後，生涯顧問安排類似的情境做角色扮演，指導莉慧學習，並使莉慧熟練所學到的技巧。在這過程中，莉慧得到不斷地鼓勵，而且不僅觀看影片演練，還做了實際的練習，二者交互使用。此外，亦再加上家庭作業。最後在真實的求職過程中，她有效地使用新學到的面試技巧，而獲得一份理想的工作。

三、示範思考技巧

前面曾經強調過，受輔者的知識及內在對話，對其行為的塑造有很重要的影響。本章所介紹的技巧，均可藉由示範的方法培養而成。思考的技巧也可以經由錄音檔或錄影影片的示範、演練培養而成。

> ## 練習 10-2　使用示範的練習

本練習可自行完成、配對進行或在訓練團體中進行。

A.自行完成

根據自己或受輔者的經驗，寫出一項待改進的生活技能，並設計一個改善行為及思考方式的示範方案。撰寫時，須注意以下數點：

　　1.對欲改進的目標行為做明確的敘述。

　　2.描述呈現示範時，須注意相關的重要事項。

　　3.寫下可加強示範效果的方法，如演練、角色扮演等。

　　4.其他任何可行的配合方式。

B.配對進行

兩人輪流，一人扮演諮商員，一人扮演受輔者，根據個人的狀況寫下一項待改進的生活技能，並設計與執行一個改進技巧的示範內容。練習過程須注意以下數點：

　　1.對目標做明確的敘述。

　　2.寫出示範所需要的行動與步驟，其中，包括內在思考方式的改變。

　　3.對受輔者的表現方式給予增強、鼓勵。

　　4.其他任何可行的配合方式。

C.在訓練團體中進行

本書的許多作業中，訓練員藉由示範說明來鼓勵團體成員模仿所需要的技巧。在本項作業中，也是由訓練員示範在諮商及助人的情境中，「示範」所使用的方法。在示範之後，進一步指定 A 或 B 部分作業，以作為課堂練習或家庭作業。最後，在團體成員到齊時，做分享與討論。

▌參、酬賞的使用 ▌

根據操作制約（operant conditioning）理論，諮商員可以使用強化物（增強物），或是獎賞來幫助特定行為的養成。操作制約的理論是指：行為在環境的「運作」下獲得結果，也就是行為的養成或改變，是依據行為在環境中得到的結果來決定。若得到的結果是舒適的、滿足的或愉快的，行為便容易養成；相反地，行為便容易減弱或消失。同樣地，當受輔者發現行為的結果帶來獎賞，或愉快的經驗，那麼行為發生的機率將增加；反之則否。

一、基本概念

在這裡，我們使用較通俗的「酬賞物」來代替「增強物」此一專有名詞。以下是有關酬賞物的基本概念：

（一）正向酬賞物

正向酬賞物是指一項可以增加反應出現機率的刺激物，例如：金錢是一種可以增加工作反應出現機率的刺激物。

（二）負向酬賞物

負向酬賞物是指，當某一項刺激從情境中被移走時，會造成某些行為反應出現機率的增加，例如：把守衛移走，會增加囚犯逃脫之機率。注意，負向酬賞物不能和懲罰混淆，誤以為負向酬賞物即是懲罰。

（三）酬賞物出現的時機

有關酬賞物出現的時機，諮商員必須考慮三項因素：(1)正確反應發生的時機；(2)正確反應的定義；(3)酬賞的結果。

（四）酬賞的方式

基本上，酬賞的方式有三種：一是對每一個反應做酬賞；二是對無反應做酬賞；三是間歇性酬賞。間歇性酬賞可以產生非常好的效果，例如：賭博的輸贏、股票買賣的起落等。

（五）自我酬賞

指受輔者自行給予酬賞。

（六）消除

消除是指由於停止或結束特定行為的酬賞，而引起反應發生率逐漸下降，最後可能會使某一行為達到完全消失。

（七）提示與消退

提示（prompt）是指利用語言、身體或環境的暗示，將受輔者的注意力導引至所欲學習的行為上面；當行為養成後，這些提示將逐漸減少，直至完全消失為止。

（八）塑造

某一行為的養成，可以透過一些逐漸接近目標的小行為累積而成。這種循序漸進、由簡入繁的行為養成稱為塑造（shaping）。

（九）內隱的制約

利用受輔者的想像力，提供刺激、反應及不同程度的酬賞。

二、找出酬賞物

在諮商情境中考慮使用的酬賞物時，需要了解真正能對受輔者造成影響的酬賞物為何。每位受輔者的酬賞物可能都不一樣，有時，對一個人有增強作用的酬賞物，很可能成為另一個人的負向酬賞物。找出適合受輔者的酬賞物有幾個方法，其中包括：直接詢問受輔者的需要，或詢問受輔者的重要他人。此外，也可以透過諮商員自行觀察，或讓受輔者填寫問卷等方式。

相關的問卷有：MacPhillamy 與 Lewinsohn（1974）所設計的「愉快事件量表」（Pleasant Events Schedule）。本量表的目的是要對「愉快事件」做廣泛地了解，內容包括三百二十個項目，以五個量表的方式來評定。受試者可透過這份問卷，找出令其感到愉快的事件及活動。愉快事件的例子包括：和快樂的人在一起、會想到好朋友、呼吸新鮮的空氣、聽音樂、讀一本好書、與寵物玩耍、吃一頓大餐、看起來很性感、觀看美麗的風景、拜訪朋友等。諮商員可以使用該量表以了解受輔者的需要，據以找出酬賞物。

在面對年幼的個案時，問卷可以用圖畫代替文字的描述，例如：Daley（1969）設計出一個酬賞物目錄，用以發現 8～11 歲智障兒童的有效酬賞物為何。

到目前為止，本小節主要在描述如何去找出適合受輔者的酬賞物。但值得注意的是，在諮商情境中，諮商員永遠是最好的酬賞者。諮商員的稱讚、注意、眼神接觸、微笑、同理心反應、溫暖與真誠等社會性酬賞物，都是極有效的酬賞物。

練習 10-3　找出酬賞物

本練習可自行完成、配對進行或在訓練團體中進行。

A.自行完成

寫下自己認為可作為酬賞的物品、事情和行動。並根據以下量尺加以評分：

1.如果我能從事（或擁有）＿＿＿＿＿，對我來說是一種＿＿＿＿＿。

非常好的酬賞　　4

很好的酬賞　　　3

普通的酬賞　　　2

輕微的酬賞　　　1

2.寫一張清單，列出諮商員可能對受輔者造成酬賞效果的某些行為、態度、言詞。接著再列出一張清單，是受輔者可能對諮商員造成酬賞效果的某些因素。

B.配對進行

和配對成員一起花 15 分鐘，盡可能列出一般人在其生活中的酬賞。然後分別根據 A 部分的量尺評定酬賞之程度為何？如果認為不具任何酬賞的意義，則評為「0」。

再一次二人配對合作，花 10 分鐘的時間，盡可能列出諮商員和受輔者彼此認為有意義的酬賞方式。在結束時，討論並指出最重要的酬賞方式為何。

C.在訓練團體中進行

在開始時，訓練員先讓大家完成 B 部分的作業，或者在完成一個有關酬賞的討論之後，讓成員配對完成 B 部分之練習，然後再做分享。亦可再加上有關「生活中的酬賞」及「諮商情境的酬賞」的討論，使之更為完整。

三、階段式作業設計

除了聲音及身體語言的變化外，有許多方法是諮商員可用來酬賞受輔者的。其中，鼓勵是表達增強意義的方式之一。

階段式的作業設計是諮商員用來酬賞受輔者的方式。當受輔者確立行

為目標之後，有時，他們會因為太急切地想達成目標，而在執行作業時或處理焦慮時遇到失敗。諮商員採用階段式的作業，可讓受輔者以漸進的方式運用學到的技巧。階段式作業以兩種方式做酬賞：第一，在受輔者完成一個小步驟之後，給予內在口語的酬賞。接著，當達成更困難的作業時，可給予更多的酬賞；第二，當受輔者努力去改變，並達成特定目標的時候，諮商員給予外在物質面的酬賞。

階段式的作業是利用漸進式的酬賞及目標達成來塑造行為，包含下列步驟：

1. 評估受輔者是否準備好進行階段式作業。
2. 訂定最終目標。
3. 設定階段性的程序，由一個小步驟開始，逐漸朝向困難目標。
4. 當受輔者經由自己的努力達到目標時，諮商員給予鼓勵與肯定。
5. 協助受輔者對其自身的表現做實際性評估，其中，包括幫助受輔者對過去、現在及未來做技巧上優缺點的評估。
6. 幫助受輔者處理其懷疑、焦慮的情緒及困難的癥結。
7. 當受輔者在作業上努力表現並得到部分成功時，即給予獎賞。
8. 如果有需要，重新檢查或修訂目標以符合受輔者的需要。
9. 鼓勵受輔者練習及完成家庭作業。
10. 如果有需要，處理受輔者思考上的偏差。

以下是一個有關階段式作業的例子：

席德是一位害羞的 17 歲年輕工人，他希望和女性發展出較親密的關係。席德和他的諮商員一起討論可能達成目標的影響因素，並且設定一個由簡至難的漸進式作業。席德的漸進式作業是：在家中和母親及姊妹更融洽自在地相處→在同儕團體中亦能和女性融洽相處、個別與女性交談→在舞會中請女性喝飲料→邀舞、牽手、接吻等。席德和他的諮商員在每一個階段中都進行討論，以期做得更好。而諮商員也會依其表現給予「很好」和「做得不錯」的鼓勵。

> ### 練習 10-4 階段式作業的練習

本練習可自行完成、配對進行或在訓練團體中進行。

A.自行完成

　　為自己或受輔者寫下一個階段式作業的計畫。計畫中須明確地指出必要的酬賞。

B.配對進行

　　兩人各別完成 A 部分作業，再一起討論或共同完成作業。

C.在訓練團體中進行

　　訓練員首先介紹階段式作業訓練之主題，而後以一名團體成員做示範，設計一個達成個人目標之計畫。然後，將團體分成二人或三人一組（諮商員、受輔者、觀察者）練習設計階段式作業計畫。之後，進行整體分享與討論。

四、訓練受輔者使用自我酬賞

　　Kanfer 與 Gaelick（1991）在治療的「自我管理」研究中，將操作式（administrative）和參與式（participant）模式做了一個清楚的區辨。他認為前者是由諮商員操作一系列的治療，受輔者遵行並配合；後者則是強調受輔者的參與、受輔者自身的責任，或自我的協助。其中，諮商員僅被視為「一個短暫的社會支持系統」。從先前的內容可看出，本章所強調的是參與式而非操作式的模式。從訓練受輔者具有使用自我酬賞的觀念，正足以反映此一特色。

　　訓練受輔者使用自我酬賞，通常被稱為自我控制或自我管理的策略。它包括了目標設定、示範、找出酬賞物和階段式的作業計畫等。在協助受輔者設計自我酬賞計畫時，很重要的一點是，讓受輔者了解他們的自主性，

也就是受輔者必須自己決定目標為何，以及如何達成。階段式作業不僅可以增加受輔者的信心，並且在每達成一階段式作業時，都會增加受輔者繼續努力的動機。在開始建立自我管理計畫之前，要先熟悉下列的技巧：

（一）自我觀察

自我觀察或稱自我監視，除了注意自己內在的思考運作外，更重要的是記錄外在可觀察的行為。

自我觀察對於自我酬賞計畫而言，是很重要的。在計畫開始之初，這設立了一個基準點，以便驗收成效。計畫進行中，不斷地自我觀察及記錄，可以檢驗進度；而當計畫完成之後，自我觀察則可當做最佳的成效評估工具。

基本上，自我觀察牽涉到數據的蒐集，其工具包括：

1. 圖表和記錄的清單，例如：每日體重圖表，或是每日吸煙量。
2. 利用手機或電腦記錄，例如：一位害羞的年輕人，可以記錄他和異性對話的次數。

總之，自我觀察包含觀察內在思想及外在行動，這是受輔者必須具備的技巧。

（二）環境的安置

從環境因素來看，有兩種方法可用以協助受輔者自己達成有利行為的改變。第一，嘗試改變環境以增加目標行為的發生。第二，在環境中，安置或找尋足以自我酬賞的資源或方式，在達成一階段性目標後，受輔者適當地獎勵自己。

改變環境，是指盡量使目標行為能容易產生，且盡量減少可能破壞計畫的刺激（事件或活動），例如：泰勒計畫在三個月內減重十二公斤，他可以改變他的環境以減少食物的攝取量，像是不讓食物出現在其視線內或容易取得的地方、冰箱加裝時間鎖、盡可能將屋內食物的儲存量減少等。此外，他可以嚴格控制體重，並和勤於運動的人相處以增加有利的環境因素。

（三）正向的自我酬賞

除上述方法外，泰勒可以使用的第二種酬賞，是正向自我的酬賞。這類自我操作的酬賞可以在達成階段性任務時使用。一般而言，正向酬賞可分兩類：

1. 外在的酬賞：包括給自己一項愉快的刺激，例如買件新衣服、看場電影等。
2. 內在的酬賞：給予自己鼓勵式的讚賞，例如：「做得好」、「我很高興我做到了」。

在設定正向的自我酬賞計畫時，須注意下列事項。諮商員和受輔者必須找出合適的酬賞，且必須將任務（目的）分成數個階段而逐步完成。適當的酬賞須配合階段式作業靈活運用。此外，鼓勵受輔者寫下個人的自我約束契約，將正向自我酬賞和各階段的任務都標示出來。當然，合約也可以是諮商員和受輔者之間的雙邊契約。

以上強調了環境改變和正向自我酬賞兩種方法。第三種方法較少使用，但適當地使用也可以產生很好的效果，這方法是嫌惡刺激法，例如：因貪吃而超出每日的卡路里限制時，可強迫自己做一項不喜歡的活動，或是讓自己聞一些難聞的氣味。當然，也可以利用想像力，想像自己極為肥胖後的情景來警戒自己。國內有少數輔導員使用此方法處理戒菸行為，即是一例。

在和受輔者共同合作設計自我酬賞的計畫時，諮商員必須注意受輔者可使用的外在資源，例如：參與社會的、教育的、創造的或宗教性的活動，都是受輔者獲得信心和練習技巧的好機會。另外，閱讀合適的激勵性書籍或手冊也是極有用的輔助方法。

練習 10-5　設計自我酬賞的計畫

本練習可自行完成、配對進行或在訓練團體中進行。

A.自行完成

設計一個使用自我酬賞的計畫，用以改變某一行為，計畫中應包括：

1.如何觀察及記錄自己的行為。

2.明確的目標。

3.達成目標的確切步驟。包括是否要使用階段式作業，以及如何將環境的改變和正向自我酬賞納入計畫中。

B.配對進行

二人互相討論：根據 A 部分的項目設計一個自我酬賞的計畫，以便能改變某一特定的行為。

C.在訓練團體中進行

訓練員先介紹何謂自我酬賞計畫之後，由訓練員和一名成員（扮演受輔者）示範一起面談，共同設計一個自我酬賞的計畫，用以幫助受輔者改變某一特定行為。然後，再將團體分成幾個小組進行練習，最後做討論與分享。

▌肆、角色扮演 ▌

想像自己是位大導演，即將開始導演一部新片，男女演員都已選好，只等著演員們把戲演出來。這需要導演的協助，以便演員們能順利演出。在「角色扮演」這個技術中，諮商員和導演的角色很類似。在前面章節中，我們提到使用角色扮演來幫助受輔者釋放及探索其情感。這裡的重點，則

在於利用角色扮演以幫助受輔者更有效地行動。兩者的理論基礎相同，但重點不一樣。

一、角色扮演可視為評估的一部分

角色扮演可以用來指出受輔者技巧的缺點。雖然，受輔者在模擬情境與真實情境的行為表現可能有所不同，但仍能由角色扮演中得到不少的訊息；和「自行完成」不同的是，角色扮演會使聲調、身體及聲音等訊息更加凸顯。

珍妮便是一個例子。她和交往六個月的男友漢克分手了，但漢克卻不斷地出現在她四周，要求復合。珍妮發現自己很難處理這種狀況。諮商員要珍妮做角色扮演，以便明瞭當漢克出現時，她是如何處理應變的。經由角色扮演的結果，很明顯地可看出：

1. 當珍妮告訴漢克不要再來找她的時候，她的聲音軟弱缺乏力量。
2. 只要漢克敲門，珍妮便無法拒絕開門。

從角色扮演中顯示珍妮的聲調及身體動作的混淆訊息，均干擾了珍妮想結束此段關係的意願和決心。

當受輔者被要求扮演生活中的某一個情景時，可能會覺得不容易做到。諮商員必須讓受輔者知道：角色扮演可以幫忙找出行動中的缺失，並加以改善；或者諮商員也可以參與角色扮演，以便幫助受輔者更開放自己。

二、準備工作

要使角色扮演進行順利，必須考慮到目標的設定與理論的呈現兩因素。分別說明如下：

（一）目標的設定

所有先前提過設定目標的方法，都可運用。目標設定應根據行為來描述，例如：特定且可測量的、有助益且實際的、適合受輔者且被受輔者所認同的行為等。

（二）理論的呈現

向受輔者介紹理論時，可以使用知名的電影導演作為比喻，如此可增加趣味性。理論呈現不宜過度深奧，應循序漸進，由簡入繁。首先，應先向受輔者說明目的是在協助其發展新的角色或新的技巧。此外，諮商員應向受輔者強調：角色扮演法提供了一個安全的情境，使受輔者可以在自由、安全的氣氛中，發展出新的角色及技巧，並將所習得的角色與技巧運用在日常生活中以測試其有效性。Goldried 和 Dawison 提出一段治療師在個案準備角色扮演前所說的話，其內容為：「事實上，角色扮演就像是正式演出前的排演。在排演中，你不必擔心排演是否良好；如果排演不如預期中的滿意，還可以再來一次，直到你找出一個最佳的演出方式，以面對真正的舞台，那就是真實的生活。」

三、扮演的流程

在扮演時，諮商員應與受輔者一起討論，並嘗試各種不同的行為表現方式，而非只是告訴受輔者應該如何做。在角色扮演中，可以抱持著「嘗試錯誤」的觀念，盡量尋找最佳的行為模式。以下是扮演階段須注意的事項：

（一）選擇適當的「劇本」和行為表現方式

諮商員和受輔者對於同一個角色，可以擁有不同的「劇本」、不同的看法，例如在語言、語調和身體訊息上有不同意見，但彼此可以互相討論並找出最佳的「劇本」及行為表現方式。

（二）角色扮演

在角色扮演中，諮商員可以先示範，再讓受輔者進行扮演；或者諮商員可以扮演劇本中的一個角色，例如：受輔者的朋友、伙伴、父母、子女、同事或老闆等。只要有需要，角色扮演可以不斷地重複。角色扮演的變化方式之一是空椅技術，也就是由受輔者做角色扮演，跟另外一位坐在空椅上的想像人物談話。

（三）指導

在角色扮演時，諮商員對受輔者的指導可從兩個方面著手：第一，觀察受輔者的行為；第二，幫助受輔者獲得正確之內在對話，以便他們可以指導自己而不必依賴諮商員。

（四）事後檢討

事後檢討可以是受輔者自己事後的反省，或諮商員意見的檢討，不論檢討的結果如何，重要的是，受輔者必須培養出自我評估以及自我反省的能力。這種訓練可以藉由錄音、錄影來達成；而諮商員的建議是指導的另一種型式。

此外，受輔者和諮商員互相交換角色做角色扮演，對受輔者也有極大的幫助。受輔者在互換角色的扮演過程中，可以從另一種觀點來省視角色間的關係及互動方式。此外，還可讓諮商員直接以「鏡子模仿法」表演出受輔者的語言、聲調及身體的訊息，供受輔者觀察反省。檢討之後，應注意酬賞的使用以強化結果。

（五）訓練思考技巧

諮商員可以訓練受輔者的思考技巧，以便作為自我指導的工具。

（六）家庭作業

當受輔者對自己的角色扮演感到滿意時，諮商員應鼓勵受輔者將其運用到真實的生活情境中，以試驗學到的新技巧。諮商員除了支持他們實際的行動外，也要協助受輔者維持良好的效果。如果有需要，可再做進一步的角色扮演、演練和指導。

練習 10-6　使用角色扮演、演練和指導

本練習可自行完成、配對進行或在訓練團體中進行。

A.自行完成

針對一個特定行為或問題，以角色扮演為主要方法，設計一個劇本，使受輔者能更有效率地進行角色扮演。計畫應包括以下項目：

1.以角色扮演為評估的方法。

2.理論的呈現。

3.目標的敘述。

4.選擇合適的劇本及行為。

5.角色扮演。

6.指導。

7.事後檢討。

8.訓練相關的思考技巧。

9.家庭作業。

B.配對進行

一人扮演諮商員，另一人扮演受輔者，二人互相討論。根據 A 部分所列出的項目，針對一個特定行為，設計一個角色扮演的劇本，幫助受輔者能更有效地表現其行為。之後，進行檢討並做角色互換。

C.在訓練團體中進行

訓練員介紹在助人情境中有關角色扮演、演練及指導的使用。訓練員針對一個特定行為做角色扮演的示範，藉以幫助另一名成員（扮演受輔者）更有效地學習。然後，團體分成幾個小組，進行 B 部分的練習，最後再進行整體的分享及討論。

▌ 伍、目標達成的想像訓練 ▌

　　目標達成的想像訓練是幫助受輔者有效行動的另一方式。前面章節曾介紹「想像力」在系統減敏感法上的使用。在這一節中，想像不只是被用來作為抑制焦慮的因應技巧，同時也被用來增加行動的成功率。折衷理論學家 Arnold Lazarus 曾說：「如果你不斷且有意識地描繪完成一項目標的景象，那麼你成功的機會將大為增加。」以下舉一例子說明：

　　　傑克是一名中年男子，害怕獨自駕車過橋，他擔心會發生意外，總是盡量避免駕車過橋的機會。有一次駕車回家時，他必須做路徑上的選擇，一是較長的路，但不必過橋；另一條是較短的路，但必須過橋。在開車的路上，他不斷反覆地想像：他已成功地駕車過橋。這種想像帶給他信心，使他能繼續地往橋上前進。此外，在過橋之前及在橋上，他也使用了自我指導的方式幫助他處理焦慮。最後，他終於成功地過橋了。回到家後，傑克給自己一杯甜酒作為獎賞，以肯定自己努力的成果。

　　在達成目標之前，每一個人都可以使用目標達成的想像訓練來幫助自己。貝克及其同事也曾使用「認知演練」來要求受輔者想像每一個步驟的成功景象。從理論上看，至少有三個理由可以說明為何目標達成的想像可以幫助受輔者增加信心。

　　第一：想像讓他們熟練整個活動的過程。

　　第二：想像幫助他們專注於活動本身。

　　第三：反覆地想像成功的情景，增強了和練習有關技巧的熟練度，也抑制了干擾性的焦慮。

　　目標達成的想像訓練可被單獨使用，也可作為一整套計畫的一部分，效果均佳。

練習 10-7　目標達成的想像練習

本練習可自行完成、配對進行或在訓練團體中進行。

A.自行完成

根據最近的一項練習，找出表現成功的原因，然後重複演練想像自己的成功。最後，最好能在生活中實際試驗一下。

B.配對進行

配對成員各自選定一項練習，從事目標達成的想像作業。之後進行討論並作角色互換。

C.在訓練團體中進行

訓練員先介紹目標達成的想像方法，再示範訓練一名成員使用之。之後將團體成員分成二人或三人一組，進行 B 部分的作業。最後進行分享與討論。

陸、促進自我幫助

在促使受輔者行動時，就如同處理其感受與思考模式一樣，都應盡量幫助受輔者學習及熟練自我協助的技巧。訓練受輔者使用自我酬賞、進行目標設定、尋找酬賞物、設計階段式作業計畫及目標達成的想像演練等都是自我協助的好方法。當受輔者找不到能提供支援協助的人時，這些方法就是自助、自救的方法，自己扮演諮商員，也同時扮演受輔者。

前面已強調感受、思考與行動之間的關聯性，其中任何一個改變，都會影響另外兩個的運作。身為一位諮商員，必須選擇一個適當的方向切入處理，但限於篇幅，本書對於判斷技巧的相關知能提供得較少，因此建議，選擇一位優秀的督導，對學習判斷的技巧將有極佳的幫助。

第十一章

問題處理模式

個案概念化是指：在諮商助人歷程中，受輔者訴說並展現他的困擾、疑惑、對諮商的期待、個人特質、行為表現等，輔導員在這歷程中，適時蒐集相關資料，且用有意義的方式將這些零散的訊息與資料，彙整成一個較完整的評估與理解，進而對受輔者的行為模式形成假設，據此設定或修正輔導的目標及作法。

～黃政昌等人（2015）

問題處理模式是個案概念化的具體實踐及後續程序。Egan（1986）提出三階段的問題處理模式：界定問題、訂定目標、採取行動，成為學者專家公認的問題處理模式典範。據此，發展出許多不同類型的問題處理模式。閱讀完本章，讀者可精熟 DOSIE 五階段模式，增進問題處理的知能。

在助人關係中，諮商員除了提供支持、撫慰等情感上的支持外，仍須協助受輔者處理其問題，例如：壓力調適、行為決策等。

D'Zunilla 與 Goldfried 曾將「問題」界定為「個人在某種情境中，無法有效發揮所能，亦未能適當地做出反應。」此一定義表示在面對困境時，個體不是手足無措，就是在處理過程中一再遭遇失敗。因此「問題」是由：(1)必須有所反應的情境；(2)受輔者的因應技巧不足，兩種因素所共同構成的。上述定義包括社會現實因素，如貧窮、失業與家庭崩解等問題。

從諮商實務的經驗來看，「問題處理」（managing problems）一詞遠較「問題解決」（problem solving）為佳，其原因有三：(1)因為問題永遠沒有解決完的一天，每一個人每天都會不斷地面對各種問題等待處理，例如一位酒癮患者即使戒酒成功，但每天仍然要面對「要不要喝點酒」的掙扎；(2)有些問題（如肢障、聽障）只能透過各種努力來減輕其負面的影響，而無法完全地解決；(3)想要「徹底解決問題」的觀念可能使受輔者與諮商員為自己設置了過高期望。

過去已有許多學者提出各種問題處理模式，最有名的首推 Egan（2006）的三階段模式：(1)界定問題；(2)訂定目標；(3)採取行動。其中每一階段又各含三步驟，所以 Egan 的模式亦可稱為九階段式。其次如 Ivey、Ivey 與 Zalaquell（2013）提出的「有意向（intention）的諮商」為五階段式：(1)建立關係，場面構成；(2)界定問題；(3)訂定目標；(4)面質並探索各種可行的方法；(5)類化應用於日常生活。再如 Carkhuff（1969）所提出的四階段助人模式：(1)專注；(2)反應；(3)針對受輔者的狀況訂立目標；(4)採取行動。

進一步說，任何助人模式不論是行為取向或認知行為取向，實際上均是以「問題處理模式」為磐石。因此本章提出一個五階段問題處理模式 DOSIE 來協助受輔者提升處理問題的能力；這個問題處理模式並非新的觀念，它與現有的輔導諮商模式有許多重疊之處，但在使用的名詞與方法上有所不同。

壹、DOSIE 五階段模式

Nelson-Jones（1987）所提出的 DOSIE 五階段諮商與助人的協同合作問題處理模式，是協助受輔者解決問題極為有效的方法與策略，可作為諮商員在協助受輔者處理問題時的參考。為便於記憶，此模式以DOSIE五個字母來說明五階段：

1. D——描述並界定問題（Describe and identify the problems）。
2. O——為問題做操作性定義（Operationalize the problems）。
3. S——設定目標並研商可行的處理策略（Set goal and negotiate intervention）。
4. I——介入處理（Intervene）。
5. E——結束並鞏固所習得之自助技巧（Exit and consolidate self-help skills）。

表 11-1 簡要列出諮商員運用此模式所需的技巧、各階段的主要任務及受輔者在每一階段所需付出的努力等。本章的後幾節將進一步做更詳盡的解說。

表 11-1　DOSIE——協同合作的問題處理模式

任務	諮商員技巧	受輔者行為
階段一： 1. 建立共識。 2. 協助受輔者探索、發現、界定並描述自己的問題。	1. 場面構成。 2. 鼓勵性的傾聽。 3. 非指導性的傾聽。 4. 持續鼓勵受輔者傾訴。 5. 同理心。 6. 必要的詢問。 7. 鼓勵自我對話。 8. 輕微面質。 9. 摘述。	1. 界定問題範圍。 2. 詳盡的敘述。 3. 想法分享。 4. 感受分享。 5. 對私人意義的解說。

表 11-1　DOSIE——協同合作的問題處理模式（續）

任務	諮商員技巧	受輔者行為
階段二： 運用有關的資料來描述操作性定義問題。	催化技術： 1. 注意受輔者所做責任歸因是否正確。 2. 高層次同理心。 3. 教導／闡釋性面質。 4. 發展不同的知覺。 5. 密集式的資料蒐集。 6. 對問題做操作性定義並予以描述。	1. 確認並接受自己在因應技巧上的不足。 2. 對與問題有關的因素做更直接的陳述。 3. 發展出原先問題的新覺察與領悟。
階段三： 設定工作目標，並商討達成目標的可行方法。	1. 將問題轉換成目標式的定義。 2. 商議並確定處理方法。 3. 回答問題。 4. 協助受輔者將行動目標轉化為實際行為，並類化至日常生活中。	1. 與諮商員共同設定目標。 2. 接受自己必須主動努力處理自己問題的觀念。 3. 與諮商員討論如何將處理策略轉化為實際的行動。
階段四： 努力減少問題處理上的技巧障礙，並建立受輔者處理技巧的資源。	1. 以受輔者的感受、想法與行動為核心的基本催化技巧。 2. 協助受輔者完成適當處理的技巧。 3. 擬定時間表。 4. 與受輔者商議家庭作業、自我監控法與評估進度之技巧。 5. 鼓勵並支持受輔者的自助行為。 6. 必要時，回到先前階段（階段三）。	1. 致力於排除技巧上的障礙，並建立處理技巧之資源。 2. 與諮商員討論在任務完成過程中的成敗得失。 3. 協助諮商員評估自己的問題處理過程。 4. 獲取自助之相關知識與技巧。

表 11-1　DOSIE——協同合作的問題處理模式（續）

任務	諮商員技巧	受輔者行為
階段五： 結束彼此的諮商關係，並強化受輔者的自助技巧。	1. 為結束預做準備。 2. 認真檢覈受輔者的進步情形與目標達成程度。 3. 協助受輔者強化所習得的自助技巧。 4. 聽取受輔者對諮商員的回饋。 5. 處理彼此的關係及結束事宜。 6. 珍重再見。	1. 檢覈自己的進步情形並與諮商員分享。 2. 提出結束前必須處理之事宜。 3. 鞏固所學，並應用於日常問題之處理。

　　DOSIE（描述問題－操作性定義－設定目標－處理策略－結束）想提供的是指導原則而非速成藥方。即使每位諮商員所面對的問題均不盡相同，但諮商員與受輔者仍能夠從 DOSIE 中獲得助益。當然在實際輔導諮商的過程中，不可能完全依照上述既定的順序進行，各階段之間互有重疊處，例如：受輔者對問題的描述有助於諮商員澄清並做操作性定義；但也可能因受輔者所提供的訊息增加，而使諮商員要回到原先階段重新界定問題以設定不同目標。實際的輔導做法可以是亂中有序的，諮商員依據自己對受輔者的了解及諮商員自己的助人理念來運作，在將新的觀念與舊有經驗整合成為自己的助人理念時，要秉持著寬容且富彈性的心態。也就是說在使用五階段式的問題處理模式時，要因人、因情境與社會文化背景結構的不同而做適當的修正，例如：牧師在協助教友時，便可使用與諮商心理師不同的、較具有宗教背景的方法。

貳、階段一：描述與界定問題

　　在此一階段，諮商員要盡可能鼓勵受輔者說出前來求助的原因。在談及問題之前，受輔者與諮商員應先相互自我介紹，並明確約定往後的晤談

時間、地點等；諮商員最好能直呼受輔者的名字以示友善。第一次會面時，諮商員宜主動招呼受輔者並帶引他進入晤談室，千萬不要讓受輔者等候太久，並盡可能讓受輔者感到輕鬆。從雙方開始接觸的那一瞬間開始，諮商員便可觀察受輔者的語言（聲調、用詞……）及非語言（表情、姿勢、動作……）等訊息，以便針對受輔者的問題做出適當的反應，並建構出適合的處理模式。

本階段主要的工作有：

1. 協助受輔者確認問題所在，並做更完整的陳述。
2. 為往後的會談做熱身活動，例如讓受輔者了解雙方大概需晤談幾次，每次要花多少時間及保密的重要等。
3. 盡可能鼓勵受輔者以他自己的觀點（參考架構）來說明自己對問題的看法。

諮商員一方面使用催化技巧與受輔者建立關係，讓受輔者感受到自己是被了解的；另一方面也要協助受輔者對問題進行更深入的探索。諮商員在此階段固然可運用各種技巧，但最主要的還是同理心反應及開放式的詢問，如此可使受輔者很快呈現出他原先的參考架構為何。前文已針對一般詢問、具體詢問及引導詢問加以說明，這些基本的諮商技巧在本階段均適用。

催化受輔者說出自己的問題

接下來以雅玲這個個案為例，提醒諮商員切勿遽下結論。雅玲是位 20 歲的女大學生，前來諮商中心求助：

雅玲：我對即將來臨的期中考感到非常緊張！

諮商員的看法：這是考試焦慮問題。

雅玲：有些時候我在課堂上幾乎無法有效聽講。

諮商員的看法：啊哈！妳的考試焦慮是因為沒有效率的學習行為造成的。

雅玲：我開始懷疑自己是否唸錯了科系！

諮商員的看法：這可能涉及先前科系選擇的問題。

雅玲：我父親總是要逼我達成他所要求的標準，而我卻想依照自己的
　　　方式發展。

諮商員的看法：這應該是青少年晚期的認同困擾，她需要自我肯定訓
　　　練，以助其在父親面前更自我肯定一些。

雅玲：在我與齊錚分手之前，一切都還好好的，分手之後，我就一直
　　　沮喪到現在！

諮商員的看法：這應該是種反應性憂鬱。

雅玲：我想是因為我常亂發脾氣，才把齊錚氣走的。

諮商員的看法：現在又變成處理憤怒情緒的問題了！老天爺！我都被
　　　搞混了，我自己也有問題了！

　　上述過程很類似一般父母對子女的教誨方式——結論下得太早了！太快就將問題界定為某一類。其實受輔者最先提出的問題通常只是一種試探而已，故太快下結論是很危險的事。當雙方繼續晤談下去，而受輔者有了足夠的安全感且能充分信賴諮商員後，真正的問題才有可能呈現出來。

　　有時諮商員要協助受輔者為自己所提到的所有問題列出處理上的優先順序。在上面例子中，諮商員太過注意受輔者一開始所提出的問題，並當下做出結論，使得受輔者說出真正問題的機會大為減少，這樣一來，諮商員便無法與受輔者發展出能讓受輔者學會有效自助技巧的良好諮商關係。諮商員需要注意不要問得太多。如果諮商員太常詢問受輔者問題，則受輔者會習慣於被動等候詢問，而喪失了主動探索自己問題的自發性。

　　在描述與界定問題的階段中，首先是描述問題，此時受輔者所提供的資料是供諮商員了解問題之用；到了界定問題階段，諮商員便需超越描述問題的層次，協助受輔者確定他自己做過哪些努力？這些努力為何因無效而導致問題的產生？

　　基本的問題描述包含下列要素：

　1.你（受輔者）如何察覺這個問題的存在？

2. 這個問題是從何時開始出現的？

3. 這個問題從開始到現在已有多久了？

4. 問題出現的頻率？

5. 導致問題惡化的因素是什麼？

6. 這個問題帶給你哪些好處？哪些壞處？

7. 你對這個問題的感覺如何？

8. 有哪些生理方面的反應（失眠、喪失食慾……）？

9. 伴隨問題出現的想法是什麼？

10. 日常生活中遇到問題出現時，你都做些什麼行動或反應？

11. 過去你是如何處理這個問題的？

在此階段中，開放式問句是很有用的技巧，例如：若受輔者說：「我很沮喪！」輔導員可以說：「你說覺得很沮喪，可以多告訴我一些嗎？」這種詢問可以幫助受輔者找出最困擾他的問題及相關因素是什麼。只要諮商員經常保持對重要因素的敏感度，便可從受輔者的話及敘述事情的方式來發現有用的線索。

描述問題階段的重心是受輔者的自我陳述，雖然各家看法不一，但一般認為問卷是一種蒐集受輔者感受與行為的有用方法。Wolpe（1958）常使用「害怕行為問卷」（Fear Survey Schedule）來找出引發受輔者焦慮之因素，貝克則運用「貝克憂鬱量表」。此外，受輔者常被鼓勵去對自己的行為做自我觀察與報告。

練習 11-1 的主題是協助受輔者描述自己的問題，而在此過程中，諮商員要經常給予受輔者同理心反應。

練習 11-1　催化受輔者提出問題並加以描述

本練習可自行完成、配對進行或在訓練團體中進行。

A.自行完成

設計一份諮商員與受輔者會談的對話記錄，對話內容要盡可能有助於受輔者說出問題，且要包括場面構成、輕微的面質與簡單的摘要等。

B.配對進行

成員甲以 15 分鐘為限，運用階段一之原則幫助成員乙說出問題並詳加描述。全部經過均錄影（或錄音），然後兩人一起觀看這段影片，再由成員乙指出甲的反應中哪些是恰當的，哪些則是有妨礙的？討論結束後，彼此交換角色再做一次練習。

C.在訓練團體中進行

訓練員向成員說明本練習重點在於催化受輔者說出其問題並做詳細描述，接著示範如何進行配對練習，然後團體以二至三人為一組進行演練，演練程序同上。

下面是諮商員應避免的反應：

受輔者：這次的考試讓我愈來愈焦慮。
諮商員：為什麼你會這麼焦慮？
受輔者：因為我可能無法通過這次考試！
諮商員：為什麼你這麼害怕通不過考試？
受輔者：因為考試不過之後，找工作會有困難。
諮商員：你想找哪種性質的工作？
受輔者：……

以下是較具有輔導功能的反應：

受輔者：這次的考試讓我愈來愈焦慮！
諮商員：你感到非常焦慮，嗯……，願意多告訴我一些嗎？

受輔者：我在三週之後要參加一個很重要的考試，而我卻準備得不夠
　　　　充分！

諮商員：你覺得自己尚未準備好去接受這場重要的考試？

受輔者：是的，我的未來就看這次考試的結果而定了！

諮商員：你認為這次若是考不好，未來就完蛋了！你能再說得更詳細
　　　　一點嗎？

上面二例中，第一個例子是由諮商員控制談話並指導受輔者；而第二個例子中，諮商員則能讓受輔者自己描述問題。前例中的諮商員像是高高在上的，而後一例的諮商員較能鼓勵受輔者表達出內心的感受與想法。

▍參、階段二：對問題做操作性定義 ▍

本階段之目標是要使受輔者從主動描述問題進一步到主動處理其問題，亦即，諮商員要努力協助受輔者了解是哪些情緒思考模式及行為使其問題持續惡化。故將問題做一操作性定義是達成上述目標的好方法。

一個問題往往有許多層面的意義，且涵蓋許多枝節，例如：一位 40 多歲的家庭主婦抱怨：「我在家裡待得好厭煩哦！」她所傳遞的相關訊息可能是：

1. 她碰到困難時不會想要努力去克服，而是靜待援助。
2. 她和丈夫及孩子們的關係可能不是很親密。
3. 她所能接觸到的社會服務與休閒活動的機會可能較少。

簡言之，受輔者需要從只是描述問題的狀態，轉而對問題加以嚴格界定。一個操作性定義可明確條列出受輔者所欠缺的技巧是什麼，例如：(1)沒辦法向家人說出她的需要；(2)不知如何處理問題；(3)缺乏蒐集資訊的習慣，故對自己身邊可能存在的各種機會也就一無所知。

在階段一，諮商員要鼓勵受輔者說出問題，依據自己的觀點對問題做詳盡描述；而在階段二，諮商員則需陪同受輔者進一步探索他從未自我覺

察到，卻使問題得以持續惡化下去的因素是什麼？所以在此階段中，諮商員多少要依據自己的觀點來運作。諮商員要協助受輔者超越原先的認知層面，進而發展出對焦慮問題較有助益的思考方式。諮商員依據自己的理論知識與實務經驗，提供需要的資訊，並與受輔者共同為其問題做出操作性定義。此過程中，諮商員要具備從所有造成問題的因素中找出相關要素的能力，並能清楚地讓受輔者了解到使問題持續存在的重要因素為何。

在說明如何進一步澄清問題並給予操作性定義之前，需先提出三個有益於階段二諮商輔導效能之一般因素：

1.諮商員要熟練某一適當的理論架構

諮商員需要有一個能適當解釋受輔者如何產生問題、問題如何造成行為功能失常、為何持續下去、又如何改變才能恢復應有功能等的理論架構。

2.要擁有一套實用的處理策略

諮商員對受輔者問題所做的操作性定義，理想上不僅要有理論依據，還要包括協助其具體處理問題的方法與步驟。許多初出茅廬的諮商員只具備一、二種有限的處理策略，導致處理受輔者問題的效能大受限制。若能具備多種處理策略與技巧，則有助於提升諮商員幫助受輔者處理問題的能力。本書稍後的章節會詳細介紹幾種初學者也能用得上的處理策略。

3.要具備醫學方面的知識

有許多受輔者的問題有其生理方面的因素存在，處理時需用到生物學、醫學、藥物學、心理學等方面的知識，故諮商員有時須與受輔者的醫師共同合作，例如：輔導一位正在接受精神科治療的受輔者，或進一步要確定受輔者是否需要醫療協助時，均需藉助醫師的專業知識。

在評估受輔者一般功能時，諮商員必須考慮到生理因素可能造成的影響，例如：記憶喪失可能因腦傷而起，喪失性慾也可能有生理上的原因。諮商員也需要對某些症狀的嚴重性及身心症的複雜性等具有足夠的了解。

心理治療的診斷分類架構中，最主要的參考系統是 DSM-5，想對 DSM-5 做進一步探討的讀者們可參閱 Trethowan（1975）所寫的心理治療

教科書，以及 Coleman（1983）的變態心理學教科書。DSM-5 在台灣已有中譯本，頗值得閱讀。有心成為專業輔導員，該書可當作工具書。

一、協助受輔者做正確的責任歸因

在階段二，諮商員要協助受輔者面對問題，並且為問題的持續惡化負起責任。問題處理模式中的假設是：受輔者需要學會某些因應技巧，才能有效處理其問題。諮商員必須讓受輔者了解此點並接受適當的技巧訓練。

在對問題做歸因時，受輔者可能會誤將許多責任歸諸於其他人身上，此時最需要的是訓練受輔者具有歸因的能力，例如：明漢經常將問題原因歸諸外界；他在與諮商員談婚姻問題時，一直滔滔不絕地訴說他太太的不對，他只是個婚姻的受害者，但卻一句也沒提到他自己是如何對待太太的。此時，若諮商員鼓勵明漢多談些他在婚姻生活中的作為，將有助於明漢能正確地覺察到自己的責任。

有時諮商員要稍微強烈地面質受輔者，有時則可以與受輔者多談些責任歸屬的話題，好促使受輔者勇於面對責任歸屬的問題，例如：詢問受輔者「這種行為對你有什麼好處呢？」或「你知道是哪些因素讓問題持續惡化的嗎？」或「有什麼其他方法可以改善狀況嗎？」

惠珠是位總是責任往自己身上攬的受輔者，有任何事情不對勁，惠珠就會認為「都是我的錯」，因此使得她的焦慮與沮喪一直持續著。她也像明漢一樣要在責任歸屬方面做正確的劃分。另有些受輔者需要克服的是太過被動的生活態度，例如前文中提到的家庭主婦，就是一直坐待改變而不會走出家門自行發掘機會。這些現象，諮商員均應適時提出並與受輔者討論。

二、高層次同理心反應

本書第七章已對初層次與高層次同理心之間的區別做了探討。初層次同理心是指諮商員反映的感受及內容，與受輔者的表面意思非常接近。而高層次同理心則是諮商員的反映能協助受輔者做更深入的探索，幫助受輔者掌握問題的關鍵。人本取向的諮商理論曾提出許多證據支持，受輔者若

知覺到諮商員的同理心，則受輔者能超越原先表面膚淺的敘述，而表現出更深、更正向的反映。

　　高層次同理心可以透過多種不同的方式來呈現，以協助受輔者了解自己的問題，進而對問題做操作性定義。Egan視高層次同理心為促使受輔者更接近問題核心的橋梁，然而若運用得不正確或不恰當，如用詞、時機不對，或未能正確了解受輔者的反應等，則此種反映所造成的傷害會遠大於誤用初層次同理心反應之結果。

（一）準確地掌握受輔者的感受

　　受輔者常無法精確表達自己的內在感受及其強度，例如：

受輔者：我並非真的對芳玲神魂顛倒，只是想多見到她。
諮商員：我的直覺看法是你對芳玲非常著迷，但又害怕承認它。
受輔者：我的確一直在想她！

　　諮商員的回應，不僅同理理解受輔者的感受，同時準確地表達受輔者具體的感受內涵。

（二）清楚指出受輔者欠缺的技巧

　　有時受輔者會一直繞著問題的外圍打轉，諮商員要協助受輔者做更為簡潔的陳述。

受輔者：我既要做好自己的工作，又要伺候先生、小孩，真是忙得焦頭爛額。
諮商員：妳似乎很難在工作與家務之間定出明確的界限，並做妥善的安排。
受輔者：對！對！就是這樣。

　　上例中，諮商員幫助受輔者從「彷彿自己是位受害者」的敘述方式中，轉變為「發現自己在處理事情的技巧上有所欠缺」的方向。諮商員指出受輔者技巧上的欠缺，是引導受輔者想要解決問題的第一步。

（三）澄清隱含的事件

有時受輔者會不斷陳述某一表面事件，反而掩蓋了更重要的事件。

受輔者：兩個月前我和克勤訂婚，然後兩人間就常有激烈爭吵，但我
們在訂婚前都好端端的！

諮商員：聽起來像是妳非常擔心這樣的爭吵會破壞了彼此的關係；而
我卻覺得你們兩個都正在為訂婚後無法像過去一樣完全自主
而感到恐慌！不知妳的看法如何？

受輔者：對，我對於彼此會束縛對方這件事十分害怕。

從上述短例中，諮商員對於困擾背後潛在因素的敏銳覺察，使得受輔
者對其問題有重新了解的機會；本例中受輔者原本以為的問題是：「是否
要與克勤解除婚約」，但談過後，她重新界定自己的問題是：「如何與克
勤共同面對彼此間可能會失去自主性的恐懼。」

（四）確認主題

諮商員將受輔者談過的片段重新加以組合，便可看出受輔者所關切的
主題是什麼。這些主題經常顯示了受輔者某些技巧的缺失，以致問題一直
無法解決。例如：

諮商員：你將自己說成「寒風中的落葉」，而我注意到在你的描述中
有個明顯的重點，就是你自我批評的方式會使你老是沮喪不
已。舉例來說，你總是拿比自己成功的人來相比較，還有你
似乎對自己犯了點小錯都無法忍受，以及只要有一點點可能
會被拒絕的跡象你就立刻逃避等，結果是你一直花費時間、
精力於尋求既簡單又安全的方法，卻沒有做出任何具體的行
動。

練習 11-2　高層次同理心反應

本練習可自行完成、配對進行或在訓練團體中進行。

A.自行完成

1.寫下日常生活中別人能夠傾聽並了解你口語訊息的情境，對方所做的哪些反應能幫助你更精確地掌握自己的感受？更清楚自己欠缺哪些技巧？或更能幫助你釐清問題的重點所在。

2.寫下日常生活中你能傾聽並了解他人口語訊息的情境，你所做的哪些反應能幫助他們更精確地掌握自己的感受？更清楚他們所欠缺的技巧？且能釐清問題的重點。

B.配對進行

成員甲與成員乙進行諮商練習，雙方針對某問題探討 10 分鐘，並將過程錄影下來，在此一練習時間內，成員甲要嘗試做出 1～2 個高層次同理心反應。練習完成後，雙方共同看錄影影片並討論在成員甲所做的反應中哪些是有助益的，而哪些是有傷害的？最後雙方互換角色，依上述程序再做一次練習。

C.在訓練團體中進行

訓練員先介紹如何運用高層次同理心來協助受輔者澄清問題所在，接著由訓練員邀請一名成員示範上述配對練習的做法，再將團體分成二至三人一組進行練習。練習完成後可進行團體討論與感受分享。

三、指導／解釋性面質

本書曾在第六章分別說明催化性、熱椅式（挑戰性）與指導式或解釋性面質的意義與使用時機。在催化性面質中，諮商員運用自己對受輔者的

感覺與了解來幫助他澄清問題，並拓展其觀點。而在指導／解釋性面質中，諮商員則運用他對受輔者本身的作為如何使其問題持續惡化下去的知識，來面質受輔者，包括向受輔者解說他的行為如何導致問題的發生與持續。這種回饋可讓受輔者清楚地知道自己在哪些方面需要改進。指導／解釋性面質的重點是要讓受輔者清楚看出自己正運用不恰當的思考方式導致問題的惡化。這些主題將在本章後面做更詳盡的探討。下面介紹幾種諮商員用來面質受輔者之想法的方法。

（一）面質受輔者與現實不符的內在規範

不符現實的內在規範往往是受輔者用來評估自己與他人行為的標準，不符現實的規範其實就是造成受輔者自我挫敗的主要原因，事實上，它已喪失原有的規範功能。

例如：俊凱每次與陌生人打交道時都會感到很焦慮，所以他在團體中顯得很沉靜，舉止也有些異於常人。諮商員可以面質俊凱：「在面對陌生人時，你是否有『我必須很風趣，讓每個人都很喜歡我』的內在規範存在呢？」由於此一不適切的內在規範已造成俊凱人際關係的障礙，所以諮商員透過面質來提醒受輔者，其憑藉的規範正是造成人際關係障礙的原因，使得受輔者可以加以改變。

（二）不正確的責任歸因與因果推論

在本節開頭曾提及明漢的案例，他只是抱怨妻子而從不談論自己，這暗示著他是個被犧牲者而非迫害者，所以他正在進行「責備者」的遊戲；故諮商員可面質明漢，若想要改變家中現況，就必須正視自己的作為。諮商員尚可進一步指出明漢正將婚姻問題的責任歸諸妻子一人。而明漢也可從被面質的過程中明白自己在人際技巧上的缺陷，而這些缺失會繼續讓他過得不愉快。

指導／解釋性面質也可以用來處理受輔者欠缺效率的行為，並清楚地分辨自我挫敗的類型與原因。個人的想法與行為之間的關係是非常密切的，

但兩者無法相互配合也是常見的現象。後文會介紹一些以指導／解釋性面質來處理行為層面的例子。

（三）缺乏自我肯定技巧

　　有時受輔者之所以一直受到某類問題的困擾，是由於他缺乏自我肯定技巧所致。例如：欣華是位祕書，她經常對老闆生氣，因為老闆老要她加班，而她卻無法拒絕，所以欣華也對自己感到氣憤。正由於欣華無法（或是不願）直接找老闆商討出一個彼此都能接受的最大工作時數出來，所以她會一直氣憤，繼續生氣下去；諮商員可就此點來面質欣華。而老闆若不理會欣華的想法表達，仍一味要求她加班，則她可做的選擇是：更肯定表達自己的意思或是另謀他職。但若將此問題界定為工作抉擇或自我肯定技巧，則都嫌過早了些，因為使得欣華無法肯定表達的關鍵因素，也可能和其他的生活技能有關。我們就以上例來說明如何使用指導／解釋性面質：「欣華，妳已講過好幾次妳對自己及老闆都很氣憤，因為老闆一直要妳加班，而妳都無法拒絕；另外妳也提到，至目前為止，妳都是默不吭聲地接受加班的要求，從來沒有去找老闆談妳不願留下來加班的事情。我的看法是妳的問題有部分原因在於自己缺乏自我肯定技巧，因而不敢面對老闆，並明白告訴他妳的工作限度，不知妳對我的看法有什麼意見？」

　　練習 11-3 是特別設計給讀者用來演練指導／解釋性面質之用的，這種面質方式能指出受輔者之所以一直遭受某問題的困擾，是因為他缺乏某種技巧所引起。在進行指導／解釋性面質時，若受輔者無法了解，則諮商員要對他做更進一步的解釋。如上例，欣華可能需要諮商員說明什麼叫做「與老闆設定工作限度」？什麼是缺乏自我肯定技巧？

　　諮商員與受輔者要能討論並議定對問題的解釋方式，以作為往後階段的基礎。最後也是最重要的部分是：受輔者能了解並接受諮商員所做的解釋，及其中所指出的問題關鍵所在。

> ## 練習 11-3　指導／解釋性面質

本練習可自行完成、配對進行或在訓練團體中進行。

A.自行完成

先思索一下在自己的私人生活或輔導工作中，是否有哪些可利用指導／解釋性面質來提升自己生活或工作效能？接著選出一個以思考為主的情境來進行面質，寫下對該情境的描述及面質的內容。完成上述練習後，可再選出一個以行為為主的情境來做練習。

B.配對進行

二人進行諮商情境模擬，成員甲先輔導乙；主題為乙切身的生活或工作問題。成員甲先以基本催化技巧開始，接著要致力運用界定問題的技巧，其中要包括一個或一個以上的指導／解釋性面質，並要成員乙對此面質做反應。上述練習完成後，雙方再針對上述過程討論，最後再互換角色進行。所有練習過程都可錄影（音）下來。

C.在訓練團體中進行

訓練員先介紹何謂指導／解釋性面質，接著示範如何進行演練，然後便可將團體分為二至三人一組，依照 B 部分的方式練習。

四、發展區辨知覺的能力

每個人對問題的知覺均不相同，其差異性非常大。受輔者通常已對他自己、周遭的人及問題形成僵化的知覺形式。以某位自我防衛極強的母親為例，她那自我中心的思考與行為方式已嚴重妨礙到孩子們的情緒發展，因此需要讓她先對自己的知覺形式做些轉換（例如改變其「我是個好母親，只是很不幸地碰上了個情緒困擾的孩子」此類想法），否則將對她造成莫

大的威脅感，輔導的目標也將難以達成。在許多案例中，受輔者若能以不同於原先的知覺方式來探索其問題，往往可獲得更多的領悟，使他有能力重新建構對問題的理解。

幫助受輔者發展出對問題區辨知覺能力的方法有許多種，下列是較常用的方式。

（一）詢問受輔者一些有助於發展出區辨知覺能力的問題

例如：問受輔者「想想看有沒有其他的選擇？」「這個問題有沒有可能包含其他的意思呢？」「如果你採取不同的行動，結果是不是可能不同？」「在此種情況下，你真正想得到的是什麼？」「有其他的解釋方式嗎？」

（二）協助受輔者對其知覺做現實檢查

諮商有極大部分的工作是在幫助受輔者更精確地知覺自己、周遭的人與其所生活的世界。諮商員可要求受輔者拿出證據來支持他本來的知覺內容，特別是在諮商員認為受輔者可能有知覺扭曲的情形時更要這樣做。例如：康雄說：「老闆不喜歡我！」諮商員便可要求康雄舉些具體的事例來支持他所做的結論。同樣地，若達凱認為自己是個懦夫，諮商員亦可協助他找出令他做這種自我評價的依據是什麼。這樣的探索可能使達凱有機會看到自己在某些事件中其實是有能力的，因而深受鼓舞。

（三）協助受輔者發展出區辨知覺

一般而言，諮商員應該鼓勵受輔者自行負責，但有時也需要建議他做些不同的嘗試，例如：金妮待自己很嚴苛，因為她被解雇了，所以她一直認為這是自己的失敗。諮商員可協助金妮做不同的知覺，其中包括：可能的經濟（收入）來源還有哪些？造成她被解雇的不良表現是什麼？若她想再就業，欠缺的技能是什麼？她目前無法順利就業是不是也可能因無助感與沮喪感所導致？

（四）協助或催化受輔者獲取相關的資訊

Egan（2006）的研究指出：有時受輔者無法充分探索問題與採取行動，是因缺乏有關的資訊。遇此類受輔者，諮商員可告訴他如何上網搜尋相關資訊，例如：凱玲在得知接受護士培訓可享有獎學金之後，便改變了她原先的選擇；克強在得知男性或多或少會有某種程度的大男人主義傾向之後，對自己偶有的大男人主義傾向的負面想法便改變了許多；安琴已有一個智能不足的小孩，在得知自己的下一胎智能不足的可能性很高之後，對於是否要再懷孕便有截然不同的考慮。

練習 11-4　協助受輔者發展出區辨知覺的能力

本練習可自行完成、配對進行或在訓練團體中進行。

A.自行完成

選一個自己經歷過或受輔者提到的問題，將它寫在紙上，利用 15～20 分鐘盡量想出與問題有關之各種不同的看法，將它們記錄下來；最後進行評估，看看這些不同的看法在做問題的操作性定義時有何意義。

B.配對進行

二人進行 10 分鐘的諮商演練，成員甲針對成員乙生活上或輔導工作上遭遇的問題進行輔導，並且努力協助成員乙對其問題做出區辨知覺：

1.詢問成員乙一些可幫助其發展出不同知覺的問題。

2.協助成員乙對其原先的知覺做現實檢查。

3.提醒成員乙注意，是否可以從其他觀點來看待問題。

4.協助成員乙獲取相關的資訊。

練習完成後，雙方可共同討論彼此的收穫與心得，然後互換角色再進行一遍。

C.在訓練團體中進行

訓練員先介紹「協助受輔者發展出區辨知覺」的意義與做法，再示範練習之方式（如 B 部分），然後即可將團體分為二至三人一組進行演練。

> ### 練習 11-5　催化受輔者獲取相關的資訊

本練習的目的，在引導受輔者面對自身問題，從中獲取問題相關的資訊。本練習可自行完成、配對進行或在訓練團體中進行。

請就下列情境，提出有哪些資訊可協助受輔者對其問題有較切合實際的知覺方式：

1. 才發 23 歲，他說很害怕自己會變成思覺失調症者，可是他並沒有任何思覺失調症的主要症狀。
2. 鳳英 16 歲，已懷孕二個月了，正在考慮是否該墮胎。
3. 雅嵐 38 歲，在性行為中從來沒有獲得過高潮，她懷疑自己是否得了冷感症。
4. 美麗 27 歲，是位單親家庭的母親，目前失業中，她很擔心自己會走上絕路。
5. 芳儀 32 歲，正考慮在離婚後如何仍能與孩子們保持密切聯繫。
6. 麗萍 59 歲，醫生告訴她已罹患癌症，她被這個消息嚇壞了！
7. 文彬 42 歲，發現他女兒夢蝶已嗑藥成癮，他對女兒的行為非常氣憤！

五、努力運用所得資訊

一般而言，在問題處理模式中，諮商員與受輔者的接觸（談話）時間很短暫，通常在十次左右；然而許多問題卻是年深日久、盤根錯節的，需要較長時間的諮商才能奏效。在社會一般人的期望中，莫不要求諮商員發揮較高的效能，使受輔者盡快得到有效協助，但在這種狀況下，實際上很難進行長期的個別輔導。處於此種兩難情況下，諮商員更要善加運用短暫的談話時間來協助受輔者有效處理問題，假如受輔者的問題難以立即處理，諮商員亦要盡可能有效運用時間於獲取有關資料上。

諮商員與受輔者共同致力於運用資訊時，心中要有「受輔者何以會產生此問題，且會持續如此久？」的疑問。例如：蘇小姐 22 歲，極焦慮六週後就要舉行的期末考，輔導此個案時，諮商員心中可能有無數個可供選擇的處理策略存在，但對受輔者而言，最迫切的需要是「如何安然渡過期末考？」故諮商員要運用的資訊之一便是：受輔者對處理問題的優先順序如何？

DOSIE 階段二運用所得資訊的步驟中，有許多與階段一中鼓勵受輔者傾訴問題的部分相重疊。諮商員在努力運用資訊時，對受輔者的支持與協助態度是很重要的，例如：諮商員可嘗試提升蘇小姐對自己問題的了解程度，同時也要顧慮到自己對蘇小姐問題的了解程度。此時所需要的同理心反應，可以使用下列語句或問題形式來呈現：

1. 請蘇小姐多談談她所謂的「極焦慮」是什麼意思？是純感受的？還是伴隨有生理反應的出現？
2. 目前的生活狀況（例如：學習情形……）受到哪些因素影響？
3. 請她說說在考前與考試進行中的焦慮程度有何異同？
4. 詳細詢問會引發她感到強烈焦慮的考試是哪一類科目？為什麼？
5. 詳細詢問考試日期、時間。
6. 詢問她過去有考試焦慮的經驗嗎？如果有，那過去是如何因應的？
7. 她是否能找到適合唸書的地方？

8. 這個問題是否可能由於她準備不周而引起？她在班上的成績是否有落後現象？落後到何種程度？

9. 她是否已在重修全部或部分課程？

10. 她是否有明確的評估標準可供運用？

11. 她認為自己所唸的科系合適嗎？

12. 她複習功課與應付考試的技能如何？

13. 她的期望標準是否切合實際？

14. 她對於「假如考試沒通過」的感覺如何？

15. 她從課業上、學校與家庭環境上所獲得的了解與支持程度如何？

16. 為什麼她認為這次考試有如此重大的影響？

17. 她是否有其他的生理疾病而正在服藥治療中？

18. 她是否有其他的壓力？

19. 她在生活中的其他層面也如此焦慮不安嗎？

　　上面列出一大串受輔者的可能性問題，一位合格的諮商員可以毫不困難地在一小時之內，從中找出有意義的資訊。努力蒐取資料有兩個重要功能：(1)進一步澄清問題究竟出在哪裡；(2)檢驗諮商員對於「受輔者何以會如此？」的假設是否正確。在多方蒐取資料之後，諮商員便可確認導致蘇小姐的焦慮一直持續不退的最可能原因是什麼。當然在此過程中，諮商員要盡力與受輔者保持良好的信任關係，假若受輔者有機會討論到上述問題，並從諮商員處得到了解與支持，其情緒便會穩定下來。

六、對問題做操作性定義，並予清楚陳述

　　階段二的工作目標是要確認受輔者處理其問題所需要具備（也就是受輔者所缺乏）的技巧是什麼？易言之，受輔者之所以陷入困境，可能與他做了錯誤的抉擇有關；對問題所下的操作性定義，要指出受輔者所能重做的較佳抉擇是什麼！

　　到了階段三，問題的組成因素還可以分析得更具體、明確，但因諮商關係剛開始時，諮商員或受輔者對問題的界定可能並不正確，故有必要在

資料更為充分之後重加修正。

一個適切的操作性定義，可對受輔者何以持續受此問題困擾、究竟欠缺何種技巧等問題做假設。根據此假設，設定輔導目標，並奠定雙方共同解決問題的基礎。操作性定義具有彈性，可隨新發現的資料而隨時予以修正。

對受輔者的問題進行操作性定義時，應考慮到下列問題：

1. 該定義與受輔者所提供的資料是否具有明確的關係？
2. 該定義是諮商員與受輔者共同研擬出來的嗎？
3. 該定義與受輔者認為應優先處理的問題有關嗎？
4. 該定義能明確地指出受輔者需要努力補足的技巧是什麼嗎？
5. 該定義是能簡潔、明白地向受輔者解說清楚的嗎？
6. 受輔者認為此定義的確可說明其問題，且願據以作為解決問題的基礎嗎？
7. 該定義是以「假設的形式」來敘述的嗎？
8. 該定義有助於設定切合實際的目標嗎？

以前述的蘇小姐為例，她的問題是對六週後將舉行的期末考感到非常焦慮；依據所做的探索與發現，可以用各種不同的操作性定義來界定此問題。下面列舉一些可能性：

1. 假設蘇小姐的焦慮核心是「害怕自己在考場中失去控制」，則操作性定義便可強調：蘇小姐缺乏在考試情境中處理焦慮的技巧；對此定義的進一步探索發現「蘇小姐常會有引發焦慮的自我暗示」、「平時未能妥善安排時間，故常在準備考試科目時發覺時間不夠，因而驚恐不安」、「不曉得如何緩和緊張所導致的生理反應、不知該如何放鬆」、「不知如何運用呼吸法來幫助自己平靜下來」等。
2. 諮商員與蘇小姐均同意問題是：蘇小姐覺得自己在考前無法有效運用時間；進一步發現蘇小姐欠缺的技巧有：「平時沒有蒐集與考試有關資料之習慣」、「沒有為自己安排好適合唸書的地方」、「沒

有將自己的考試範圍劃分成幾個較小範圍，並標示重點的習慣」、「在唸書之餘，未能把握時間做些紓緩心情的活動」等。

3. 諮商員與蘇小姐均同意，她對自己太過嚴苛了，有要求完美的傾向，所以生理上總處於緊張狀態；諮商員對問題所做的操作性定義是：「蘇小姐有不切實際的成就標準，她不曉得唸書的效率比時間長短更重要，沒有為自己安排休息時間，如缺乏鬆弛緊張的技巧。」

在上述內容中，已示範了如何透過蒐集相關資料來為問題做出操作性定義，並加以描述。這些都要由諮商員與受輔者共同合作完成，諮商員要經常與受輔者檢查「正確性如何？」若受輔者對諮商員所提出的操作性定義有意見，諮商員便要更深入去探索這些意見背後的涵義是什麼？若受輔者的意見並非出於誤解，則諮商員便可進一步釐清在原來的操作性定義中的理念，並重新修正操作性定義。

上述均是對 DOSIE「協同合作的問題處理模式」第二階段的說明。為問題做個操作性定義並不容易，而且若定義錯誤，不僅造成時間、精力的浪費，更會損及受輔者處理問題的能力。例如：李同學是位馬來西亞僑生，他正在重修電機專業課程，且有可能再度被當。他很怕面對父母知道此事後的反應，也不知道自己是否真的想成為電機工程師。諮商員在協助李同學的過程中，很快就認定李同學的問題是缺乏自我肯定技巧（因李同學上課時不敢舉手發問）造成的，而不再去探索上面兩個問題，雖然李同學一再表示出與諮商員不同的看法，但諮商員仍堅持要幫助李同學學會「如何在課堂上發問」的技巧；如此做的結果是阻礙了李同學處理更迫切問題的可能。

練習 11-6　對受輔者問題做操作性定義並予描述

本練習可配對進行或在訓練團體中進行。

A.配對進行

二人共同探討某問題並予以澄清，一直到能為此問題「做操作性定義並予以描述」為止。首先由成員甲做定義與陳述，由成員乙做澄清，接著兩人交換角色再就某問題進行練習。整個過程最好能錄影（音）下來。

B.在訓練團體中進行

訓練員先向成員介紹如何「對受輔者問題做操作性定義並予以清楚描述」，接著示範如何做配對練習，說明完成後，團體便可分成二至三人一組進行演練。

肆、階段三：設定目標並研商出處理策略

在階段一、二中，諮商員所做的努力是在試著回答「問題是什麼？」並為之做出操作性定義。到了階段三，重點變為「處理此問題的最佳方法是什麼？」本階段又分為兩部分：描述目標及研商達成目標的方法與步驟。

一、描述目標

諮商目標可用一般性對話來描述，例如「我不要再繼續沮喪下去」或「我想改善與先生、孩子的關係」或「我想克服自己的弱點」。這樣的描述有助於受輔者了解到，他想從諮商中得到什麼好處？不過這種描述方式的缺點是：只提到結果，而沒有說明如何才能達到此結果的方法。

假若諮商員已很成功地幫助受輔者對問題做出操作性定義，則訂出諮商目標便是很簡單的事情；例如美國輔導學者 Robert R. Carkhuff（1969）觀察到的現象是：目標其實就是問題的反面，亦即，將問題反過來說就是所要達成的諮商目標。如果諮商員能定義出與問題相關的技巧是什麼，則在設定目標時，可以相對應地指出哪些技巧是受輔者必須努力學習以作為

解決問題的資源，例如：受輔者的問題是欠缺自我肯定技能，則諮商目標便可定為「學會自我肯定技巧」。

再以蘇小姐的考試焦慮為例，對其問題所做的各種操作性定義之中，（可能性二）可能將蘇小姐的技巧缺陷界定為：(1)未能事先蒐集與考試有關的資料並預做準備；(2)未能為自己安排一個適合唸書的地方；(3)未能將所需準備的考試範圍加以細部分解為幾個小單元，並找出重點所在；(4)未能安排唸書之外的休閒時間與內容。

接著諮商員便可以依據上述缺陷，來設定輔導目標如下：(1)要能事先蒐集與考試有關資料；(2)要為自己安排一個適合唸書的地方；(3)改進應考技巧——例如劃重點，分章節、段落等；(4)擬定更有利於學習的生活作息表，並切實執行。

練習 11-7 便是用來供讀者練習如何將操作性定義轉換為諮商目標的敘述形式。

練習 11-7　將操作性定義轉換成諮商目標

本練習可自行完成、配對進行或在訓練團體中進行。

A.自行完成

選定一個自己或從受輔者處得知的問題，依下列步驟進行練習：

1. 以普通敘述方式來描述問題。

2. 對此問題做操作性定義。

3. 將操作性定義換成諮商目標。

B.配對進行

二人進行諮商演練，由成員甲提出一個問題，請成員乙依 A 部分三步驟來練習，完成後，雙方互換角色進行之。

C.在訓練團體中進行

訓練員先說明，再示範如何將操作性定義轉換為諮商目標，然後將團體分為二至三人一組，依 A 部分的步驟進行練習，完成後再做團體討論與分享。

二、研商處理策略

目標確定後，便要協助受輔者有效地達成，此時最重要的議題是，諮商員一方面要幫助受輔者努力去發現各種可能達成目標的方法；另一方面則要評估受輔者實際能做到的能力為何。若受輔者想不出方法來，亦可經彼此協議後，由諮商員提供一些可行的方法供其參考。

在實際諮商過程中，諮商員幫助受輔者自行想出方法與諮商員提供可行的處理方法供受輔者參考，兩者之間並無明確界線存在；經由諮商員在協助受輔者自己想辦法的同時，也會提供有助於受輔者更進一步處理問題的做法，使受輔者能學會如何自行處理問題的技巧。

「研商處理策略」一詞，包括「幫助受輔者解決問題」與「幫助受輔者自我調適」兩方面。由於本書後面幾章將會詳細談論各種處理策略，故本章未對「如何呈現詳盡的處理策略供受輔者採用」多做詳述，但提出有幾個重要的指導原則是：(1)諮商員所提供的處理策略，應是最適合受輔者個別狀況，並據以達成目標的；(2)要盡可能與受輔者做充分的討論並回答受輔者所提出的各種問題；(3)要獲得受輔者的同意與合作。

練習 11-8 的重點是在協助受輔者處理其問題，而非提供處理策略予受輔者使用。諮商員協助受輔者努力想出各種處理問題的方法，並評估每一種方法的利弊得失，最後再選定一種最能解決問題的方法。討論過程中，雙方應探討在將方法化為實際行動的過程中，可能遭遇到哪些預料中或難以預料的困難？下面便是一些諮商員常用來協助受輔者思索的問題：

1. 你想採用的方法是……？
2. 還有哪些方法可以用來解決問題？
3. 這些方法在實際應用上的利弊得失如何？

　　諮商員雖可站在中立的立場來提供各種可行的方法，但在這樣做之前應先讓受輔者充分思考出他自己能想到的方法；而在彼此合作選定一種方法時，諮商員對自己的口語與非口語行為所透露的訊息要保持高度的敏感和覺察。諮商員每次在提供方法供受輔者參考，或針對受輔者所提供的某一方法進行評估時，均需先對受輔者做同理心反應。這樣做的意義在於，受輔者（在感覺上）覺得所討論的處理方法與實施步驟都是自己努力的成果；而非諮商員單方面的決定或要求。

　　本章最後一個練習（練習 11-8），是針對諮商員如何協助受輔者設計出達成目標的詳細步驟。理想上，諮商員要先協助受輔者找出最適合自己的處理方法，然後才進一步協助他設計出執行步驟，並與受輔者設想在實施每個步驟時，可能碰到的困難，以及這些困難出現時要如何因應等。在幫助受輔者擬定處理方法與步驟時，要盡可能讓受輔者自行完成大部分工作，如此才有可能達到諮商的終極目標——讓受輔者成為可自行處理問題的人。

練習 11-8　協助受輔者想出各種行動計畫並做評估

　　本練習可自行完成、配對進行或在訓練團體中進行。

A.自行完成

　　根據練習 11-7 將問題做操作性定義，並將之轉換成諮商目標的經驗，完成以下各項：

1. 在 10～15 分鐘內，針對諮商目標想出最多的可行方法。

2. 評估這些方法的實用性與可能產生的效果如何？再決定要採用哪一個方法。

3. 設計出一個有詳細步驟的實施計畫，並且要有進度表，以協助自己（或受輔者）達成目標。

B.配對進行

以練習 11-7 中所完成的操作性定義及諮商目標為依據，協助扮演受輔者的配對成員完成下列要求：

1. 在 10～15 分鐘內想出各種可用來達成諮商目標的方法。
2. 評估這些方法的實用性與可能產生的效果如何？並選出一個最可行的方法來。
3. 就所選出的方法設計出有詳細步驟與進度表的實施計畫，以達成目標。

C.在訓練團體中進行

訓練員說明並示範如何協助受輔者想出各種解決方法，評估選擇方法，並設計出實施計畫的具體做法；接著將團體分成二至三人一組進行配對練習。最後，集合所有成員就某目標進行腦力激盪以獲取更多的可行方法，隨後進行評估，並從中選出某一方法來設計詳細的實施步驟。

‖ 伍、階段四：介入處理 ‖

本階段的任務，是要減少受輔者在處理問題時，在技術方面的缺失，並培養其自行解決問題的能力。本節只介紹簡要的原則，更詳盡的探討請參考書中有關的章節。

諮商員與受輔者的和諧、合作關係，是本階段的重要條件，在相互接納、了解的氣氛中，諮商員協助受輔者負起解決問題的責任，於此一過程中，仍需持續運用基本催化技巧，這樣做可使諮商員發揮下列功能：(1)在受輔者嘗試採取新行為時，提供必要的支持力量；(2)讓受輔者以更寬闊的視野（觀點）來接受與了解新的經驗；(3)讓受輔者了解自己做了些什麼，還有哪些尚未做到？(4)讓受輔者決定何時及如何處理。

在尚未討論處理策略之前，讓我們先來整理本階段所需使用的技巧：

一、敏銳覺察的技巧

　　諮商員要對受輔者此時此地的所有體驗，保持敏銳的覺察，在此一階段中，諮商員太過於專注「任務取向」是很冒險的，例如：受輔者辛苦地試了一週之後，來與諮商員晤談，若諮商員能敏銳接收到受輔者的感受及其中蘊藏的訊息，再決定此時是否適宜直接處理問題，將是較妥當的。此外，諮商員若能引領受輔者體驗出此刻正在困擾他的想法與感受是什麼，將對受輔者有實質的助益。至於在處理時太偏向某一方向，如過於人本取向而逃避任務取向之做法，亦應謹慎處理。

二、開場白技巧

　　最常用的開場白如：「上週過得如何？」「今天想從什麼地方談起？」等，均有助於受輔者提出雙方未曾談及的壓力事件。另一種方式是直接了當地切入問題，或是具體明確地詢問受輔者如何處理問題，例如：「上個星期，對期末考感到焦慮的程度有多強？」「家庭作業是如何完成的？」第三種方式則是對上述兩種的綜合，例如：「在我們全力探討你的……問題之前，你有什麼更迫切要處理的事情或想說的嗎？」較常被使用的方式是：讓受輔者先說出「目前情況如何」，因為諮商員並非全知全能，若不常做檢查工作，往往會漏失應處理的重要訊息。

三、確定晤談流程或晤談的內容

　　討論晤談流程或內容可以用直接的或間接的方式處理，例如：雙方均未明說今天的主題是什麼，諮商員便開始檢查上週家庭作業執行的情形、受輔者最近的感受如何？或繼續對問題的某一特定部分進行探討。

　　確定晤談流程從另一方面來看，亦有助於雙方的協調合作，例如：諮商員在兩次晤談之間，正好想到一些對問題的新觀點或處理方法，很希望提出來與受輔者商談，那麼便可在討論晤談流程時做彈性的調整。即使雙方本已確定了此次晤談流程，但在過程中遇有新的情況發生，亦需做必要的修正。

　　每次晤談均可分為三部分：(1)開場與檢覈階段；(2)工作階段；(3)強固本次收穫與結束階段。諮商員可在要進入本次談論主題之前，先將本次的晤談流程向受輔者說明清楚，而受輔者亦可提出他對本次（時間）安排的不同意見，如此一來，確定晤談流程便可作為雙方的談話架構，由此可避免無目的漫談。此一措施對較無經驗的諮商員而言特別有幫助。

四、共同研商家庭作業

　　問題處理過程中，有許多該完成的任務，這些任務可利用兩次會談中間的時段來執行。這裡用「共同研商」而非用「指定」的原因，是要讓受輔者先了解家庭作業對處理問題的重要性，他才會有意願去完成。在開始處理問題時，家庭作業可作為「設定基準線」之用；而在研擬處理策略階段，可於每次晤談結束前，要求受輔者對今天談話的要點做一摘述。此一作業的好處是：諮商員可趁此檢覈受輔者是否已真正的了解。

　　至於在處理階段的作業，則是專為受輔者練習所需技巧之用，所完成的作業將成為受輔者自行處理其問題的資源。諮商員在研商家庭作業時所需運用的技巧包括：(1)決定怎樣的家庭作業才適合受輔者；(2)向受輔者做明確、清楚的解說；(3)聽取受輔者對作業的意見；(4)雙方對於做些什麼，及如何做等事項達成共識。到了下一次晤談時，諮商員便需以建設性的態度及客觀的立場，來與受輔者共同檢討作業執行的概況。

五、進度管制與效果評估

　　與受輔者共同檢討家庭作業，是管制進度的方法之一；有時受輔者亦可從自己所做的記錄中了解其進度。另外的情況如：諮商員已對問題做出操作性定義，且成功轉換為明確的諮商目標，則雙方可共同設定執行時間表來管制進度。早先的章節中曾提及：對受輔者問題所做的操作性定義只能視為暫時性的假設，需時時以晤談所得的新資料來加以檢覈、修正；遇有極端不一致的情形，尚需對問題的某部分或全部加以重新界定。

陸、階段五：結案並鞏固受輔者所學會的自助技巧

問題處理模式是採短期契約的方式，故「結案」本身就是過程的一部分。有時，「結案時間」是明訂於雙方契約上的，有些學者認為如此可提高受輔者的改變動機；當然也會讓諮商員於時限內給予受輔者更多的協助。通常，結案的方式是採開放式的，理想的做法是：雙方均同意受輔者確有明顯進步，且的確有能力自行處理自己的問題時，才考慮結案。更高的標準是：受輔者已能在日常生活中熟悉、運用已學會的自助技巧時才可結案。

諮商員通常會在最後一次晤談之前，便告知受輔者即將結案的訊息。如此可讓雙方有充裕的時間處理結案時可能出現的問題，包括：(1)對受輔者的進步情形做更精細的檢覈；(2)是否已完成所有的重要任務；(3)確定受輔者學會如何於往後的生活中運用所學得的技巧；(4)互相給對方回饋；(5)留些時間處理結案時可能出現的情緒反應。

美國某些大學學生輔導中心的研究結果顯示：受輔者認為，諮商員留些時間給受輔者處理與結案有關的心情感受，是很重要的事。

結案常用的做法之一是：逐漸拉長雙方晤談的時距，如此諮商員的支持作用可逐漸減弱，而受輔者自己對處理問題的信心會漸漸增強。對一些受輔者而言，諮商員若能於結案後 3～6 週左右做追蹤，會讓他們覺得很安心。這樣做可讓雙方都有機會檢視進步的情況，與諮商效果的維持程度如何。

諮商員在「結案與鞏固」階段可選用較上述層次更高的處理策略，例如：鼓勵受輔者自行負起檢覈進步情況的責任。此外，也可要求受輔者詳述他在日常生活中，運用所學技巧來處理問題的情形，並讓他記錄下來，以作為日後評估目標達成程度之參考。對於無法確定自己在輔導過程中究竟學到些什麼的受輔者，讓他們回頭看（聽）錄影（音）檔將是很有用的。對這樣的受輔者而言，他們往往會很擔心自己無法獨自處理問題，諮商員要主動鼓勵他們先行預想未來可能面臨的困難，再共同想出可行的因應方法。

　　問題處理模式的諮商功能是有它的限度的，對某些受輔者並不適用，故諮商員宜有能力從多種不同的觀點來考量，例如若與受輔者進行更長期的諮商，自己能提供給他哪些協助？當然，諮商員可在結案前提出受輔者需做進一步探討的問題是什麼？較適合的諮商人員是誰？等。最後，諮商員要讓受輔者清楚了解到，若他們在以後的生活中仍有困難時，可再回來尋找諮商員的協助。

　　就如莎士比亞於《凱撒大帝》一劇中的名言：

　　「倘若有緣再相聚，何需春風得意時！」

　　「倘若無緣再相見，別離亦是得意時！」

第十二章

生活技能訓練

傅立德牧師是普度大學諮商心理治療博士。早期使用教牧輔導模式
輔導憂鬱症患者著有成效。他屢見 Beck（1976）的憂鬱認知三元
論：毫無價值的自我（Self）、沒有珍惜我的世界或環境（world or
environment），及事情只會更糟的未來（future），對患者生活知能
與態度造成極大的影響與傷害。在輔導與陪伴過程，他引導受輔者
明白　神無條件的愛，藉以提升患者的自我價值感與正向的評價。
同時，訓練受輔者的生活技能，學習自助而不再仰賴他人。為生活
技能訓練提供珍貴的學習典範。

～傅立德（2013）

在諮商過程中，諮商員覺察到受輔者在現實生活中所缺少的生活技
能，進而擬定計畫，邀請受輔者共同執行練習。生活技能訓練包括
四個 R：反應性、現實論、關係性、激勵性。閱讀完本章，讀者可
熟悉生活技能訓練的意義，並熟練生活技能訓練的四個階段。

「生活技能訓練」是一日漸蓬勃的領域，諮商員在個別諮商或團體輔導過程中，皆可以訓練受輔者學習生活技能。生活技能訓練最常用在有時限性的結構式團體中，幫助參與者學習某些他所欠缺的技能，有時其名稱可用「人事與社會教育訓練」、「心理學教育」或「社會技巧訓練」替換。

生活技能訓練之所以日益蓬勃的原因約有下列數項：

1.強調發展性

生活技能訓練的目標是，一個理想的社會應教導其成員具備各種技能，使其能在生命歷程中順利完成各項任務。這些訓練的著眼點為發展性的，而非矯治性。

2.強調預防性

預防原則最積極有效之處，是預先測知個人發展所需的種種技能，進而有計畫地給予教導。

3.生活問題隨處可見，隨時會發生

目前社會多的是「傷心人」，日漸提高的離婚率導致愈來愈多的孩子必須面對破碎的家庭。此外，各種類型的生活問題也愈形嚴重，使生活技能訓練日受歡迎。

4.對諮商績效的要求日高

不少諮商員認為，若能主動參與發展性及預防性的工作，則諮商成效會更高，所以許多諮商員都樂於促成生活技能訓練團體的開展。諮商員正努力地讓大眾知道他們能做的事，而非被動地在諮商室裡等受輔者上門做補救性的處理。

5.認知行為學派的影響

大多數生活技能訓練的理論，是根據 1960 年代興起的行為學派理論，及 1970 年代興起的認知學派理論；目前兩者已結合成為認知行為學派。現今大多數的生活技能訓練計畫均著重個人的思考與行動技巧，其中包含很明顯的行為學派、認知學派色彩在內。

壹、何謂生活技能訓練

一、生活技能的內涵

　　「生活技能訓練」是一個逐漸發展的領域。諮商員在個別諮商或團體輔導中，根據受輔者所缺乏的生活技能而設定計畫加以訓練，這就是「生活技能訓練」。因此，生活技能訓練的基本功能即為「培養執行決策及達成目標的能力」，換言之，其目標是要協助人們能做出正確的抉擇以順利完成任務。

　　生活技能訓練約略可分成四個大領域，即四 R：(1)反應性（responsiveness）：是指體會感受方面；(2)現實論（realism）：屬思考、語言及內在信念方面；(3)關係性（relatedness）：屬自我概念、溝通與社會性支持方面；(4)激勵性（rewarding activity）：屬生存價值與意義方面。在練習12-1，列出了七個向度的生活技能，包括感受、思考、人際關係、學習、解決職業問題、休閒，以及健康等，供讀者評估自己在生活技能上可能產生的疏失。

練習 12-1　評估你的生活技能

　　以下的生活技能評量包括七大項的生活技能，請自行評估自己在該項的滿意度。評估方式如下：

　　3　非常需要改進

　　2　部分需要改進

　　1　些微需要改進

　　0　不需要改進

若對某項敘述的意義未能完全明瞭，則在該題項作答位置上打「？」號，若某項敘述與你的生活無關，可打叉（×）。

A.感受方面

1. （ ）了解感受的重要性。

2. （ ）能察覺自己的感受且完全接受之。

3. （ ）能了解自己的需要及渴望。

4. （ ）具有內在自我同理能力，能夠進行自我探索。

5. （ ）能敏銳覺知自己的身體狀況。

6. （ ）能意識到自己的性需求。

7. （ ）有自發性。

8. （ ）有適切表達感受的能力。

9. （ ）能了解並調適負面感受的能力。

10. （ ）能充分接受「存在」的各種現象，如死亡、年老、疾病等。

B.思考方面

1. （ ）擁有一套可實際運作的概念架構。

2. （ ）能為自己在生活形態的決定負責。

3. （ ）能做正確的歸因。

4. （ ）有正確的內在信念。

5. （ ）有多方面思考的能力。

6. （ ）對付出與獲得有正確的看法。

7. （ ）擁有切合實際的內在規範。

8. （ ）能不使用防衛性的思考。

9. （ ）能確實評估個人的性格。

10. （ ）決策技巧良好。

11. （ ）處理問題的技巧。

C.人際關係方面

1. （ ）在人際關係中能堅持自己的想法、感受與行動。

2.（　）能以口語方式正確表達自己的意見。

3.（　）擁有良好的口語表達技巧。

4.（　）能靈活運用身體語言。

5.（　）能與人建立良好的人際關係。

6.（　）具有建立較親近的人際關係之能力。

7.（　）清楚了解自己並肯定自己。

8.（　）具有良好的傾聽能力。

9.（　）能對他人的話語做出適當的反應。

10.（　）能適切處理憤怒的情緒。

11.（　）能適切處理衝突的情境。

12.（　）擔任特定角色（如：父母、雇員、妻子等）的技能良好。

D.學習方面

1.（　）能明智抉擇自己的教育計畫。

2.（　）能設定目標並做出計畫。

3.（　）能有效運用時間。

4.（　）能在時限內完成作業。

5.（　）具有良好的閱讀技巧。

6.（　）寫作技巧良好。

7.（　）能處理考試焦慮。

8.（　）具有創造力。

9.（　）能做批判性思考。

10.（　）能參與團體。

11.（　）能在大眾面前發表意見。

E.解決職業問題方面

1.（　）確實了解自己的興趣。

2.（　）能實際評估自己的能力與技巧。

3.（　）能把握機會。

4.（　）具有蒐集資訊和訊息的能力。

5.（　）決策能力。

6.（　）撰寫自我推薦函的能力。

7.（　）面談技巧。

8.（　）正確評估負面評價的能力。

9.（　）具有適應工作轉換的能力。

10.（　）能夠讓自己的條件發揮最大的功能。

11.（　）具備理財的相關技巧。

12.（　）扮演特定角色的能力，如管理、督導等。

F.休閒方面

1.（　）了解休閒時間的價值。

2.（　）清楚自己所喜好的休閒活動。

3.（　）蒐集相關資訊的能力。

4.（　）決策技巧。

5.（　）能夠主動參與自己喜好的活動。

6.（　）能適時地放鬆自己。

G.健康方面

1.（　）能妥善維護身體的健康。

2.（　）適當地攝取營養。

3.（　）飲酒適量。

4.（　）不吸菸。

5.（　）不服用興奮劑。

6.（　）保持適當體重。

7.（　　）妥善處理壓力。

8.（　　）在工作、人際關係、家庭與娛樂中有良好的平衡。

二、態度、知識與技巧

在訂定生活技能時，若能同時顧及態度、知識與技巧三方面狀況，將更全面化，且更有助益。

態度方面應該是能主動負起學習、維持及不斷擴展技巧的責任。如果不能持續運用所學的技巧，則總有失去技巧的疑慮，因此個人願意對所學負責，能不斷運用所學是生活技能訓練的最大推動力。

就知識而言，任何生活技能均涵蓋了「如何正確抉擇」此一方面的知識，經由示範和講解可以學習到知識。有了知識之後，藉由練習和實地運作才可能產生出技能，面對任何的選擇情境均能有良好的應對方式。

當練習足夠時，態度與知識會轉化成行為，從「想要有所改變」到「知道如何改變」再形成「實際改變」的行為。

▍貳、生活技能訓練團體的四階段 ▍

生活技能訓練團體的活動可分成四個階段：準備期、初始階段、工作期與結束期。許多運用於團體諮商的技巧亦可用於生活技能訓練團體。

階段一：準備期

在生活技能訓練團體的準備期間，有下列事項值得注意：

（一）訓練員人數

諮商員可以自己一人帶領生活技能訓練團體，也可與另一位諮商員合作協同訓練，而後者則可以允許有較多的團體成員參加。甚至，可以請多位諮商員共同組成一訓練團，讓團體成員獲得各個訓練員的專長訓練。當然，所有要帶領團體的訓練員均需共同參與團體的準備工作。

（二）團體成員

接受生活技能訓練的成員和參與團體諮商者有兩點不同：(1)生活技能訓練團體的成員同質性極高，他們的目的是學習某些特定的技巧，而團體諮商者則否；(2)接受生活技能訓練的成員常是自願的，團體諮商的成員常是被鼓勵而來。有了以上兩點不同，在對兩種不同的團體進行準備工作或活動策畫時，也應該有所不同。

（三）團體人數

生活技能訓練團體最好人數少一些，大約六至八人左右，如此，訓練員可確實明瞭各個成員的技巧進度。團體人數可根據訓練員的人數而酌情增減。一個較大的訓練團體為了使成員能有充分實作練習的機會，可將團體分成幾組同時練習，但每個小組仍需有一位訓練員帶領。

（四）團體進行的次數、時間及總時數

一般生活技能訓練團體進行 6～10 次。團體的時間長短則隨各個團體的差異而有極大的不同，短至 40 分鐘，長至 5 個小時都有可能。而團體進行的時段則由各團體自行決定，可以選在晚上或其他時間。

（五）場地、物理環境與氣氛

場地布置以簡單溫暖為主，大小則最好能容納團體成員的分組練習，而不會互相干擾。團體進行所需要的教材及硬體設備，訓練員應先準備妥當。

階段二：初始階段

所有團體諮商中可運用的催化技巧，均可用於訓練團體中，包括初始介紹、鼓勵參與、鼓勵成員負責、同理心反應等。訓練員也可以使用結構式團體的技巧，如解凍活動、蒐集基準線資料及鼓勵成員自我評估、指定家庭作業等。在此我們先介紹解凍活動、蒐集基準線資料及鼓勵成員自我評估的技巧。

（一）暖身活動

生活技能訓練員通常使用「認識同伴」此一暖身活動，作為團體活動的第一步，目的在使成員能放鬆心情、打破藩籬且鼓勵他們主動地參與團體活動，下面是一些訓練員可以選擇使用的方法：

1. 成員圍坐，一一自我介紹並互相分享對訓練團體的期待或恐懼等任何感受。

2. 兩兩一對，帶開談話，隨後在團體中互相介紹彼此。

3. 兩兩一對，分組對話，3～5 分鐘後即交換伙伴，進行方式就像在雞尾酒會上與人聊天一般，氣氛安和而輕鬆。

4. 發給每位成員一張卡片，卡片上寫出自己的一些資料，包括喜歡的休閒活動、對自己的看法、自己的個性等。然後請成員將卡片掛在身上，兩兩交談直到大家都互相認識為止。

練習 12-2　解凍活動

本活動可自行完成、配對進行或在訓練團體中進行。

A.自行完成

試著寫出下列問題的答案：

1. 在成員參與生活技能訓練的第一次活動時，你認為什麼是最重要的事項？

2. 在團體的第一次活動中，有哪些有效方式可用以增進成員彼此間的認識及參與感。

B.配對進行

二人分別完成上述練習後討論，或共同完成練習再討論。

C.在訓練團體中進行

訓練員先介紹「解凍」此一主題，再帶領團體討論哪些活動可達到解凍效果。之後成員實地練習各類的解凍活動，最後進行分享與討論。

（二）基準線資料的蒐集與自我評估

在初始階段要求成員自我評估有幾個重要的理由：(1)從自我評估中所獲得的資料，可作為一比較基準以便日後評量成員是否有所進步；(2)鼓勵成員進行自我評量，有助於成員負起學習的責任，並增加其學習的動機；(3)初始階段的資料蒐集，能讓訓練員了解成員們的缺點及優點，對設計訓練計畫很有幫助；(4)評估的進行有助於提醒成員積極地參與團體。

蒐集基準線資料及鼓勵成員自我評量的方法很多，這些方法必須能確實反映出訓練目標，及廣泛測出成員的程度，例如：以戒菸為目標的訓練團體，需要先測量成員自我處理焦慮及增進友誼行為的能力，以此作為基準線參考資料之一。

自我評量的方式有下列數種：(1)問卷法：可利用現有的自陳式問卷或根據團體目標自行設計問卷；(2)評定量表：以多個評定指標要求團體成員作答，以評定其在某特定技能方面的優劣；(3)自我觀察法：要求成員對自己的行為進行觀察並予以記錄；(4)他評法：可讓團體成員的家人、朋友或同事對成員進行特定項目的評量；(5)訓練員評量：訓練員可根據團體的目標設計量表，再根據成員的活動表現予以評估；(6)角色扮演法：透過角色扮演可以很清楚地觀察到成員的特定技巧優劣，而錄影之後也可讓成員有自我評估的機會。

有些評量工作可作為家庭作業，由成員帶回去完成並於下次團體活動時討論。最後一點是在生活技能訓練中，於每次團體結束時，讓成員們就當日的活動做回饋。如此，不但成員有自我反省的機會，訓練員也可根據回饋了解成員的反應，適時地修正活動設計。

練習 12-3　蒐集基準線資料與鼓勵自我評估

本練習可自行完成、配對進行或在訓練團體中進行。

A.自行完成

選擇一個事件，設計一個生活技能訓練計畫，寫出在第一次團體活動中可用以蒐集基準線資料的方法。

B.配對進行

二人分別完成以上練習後進行討論，或一起完成練習。

C.在訓練團體中進行

訓練員先介紹一些蒐集基準線資料及鼓勵成員自我評估的方法，然後讓成員實地練習，最後再進行討論與分享。

（三）基本技能觀念的建立

作為一個生活技能團體的訓練員，在面對不同程度的團體成員時，要採用不同的口語介紹方式，例如：你對一群成年人介紹技能所使用的口語方式，必定與對一群青少年介紹的方式有所不同。但無論如何，訓練員要試著引導成員一步步地接近目標。

有一個協助成員們進入情況的方法，可幫助成員清楚地確認其參與團體的目標為何，他們所將獲得的是什麼以及達成目標後成效為何。對成員們介紹團體的目標及整體的計畫，可增加成員的心理準備，使生活技能訓練活動有個順利的開始。

階段三：工作期

雖然也會用到一些團體催化技巧，但此階段的重心是放在帶領生活技能訓練團體進入「工作期」所需注意的事項。在此處較常使用「訓練」而非「教學」這個名詞，因為前者較能表達技能實際操作的涵義。

（一）解說技能

在生活技能訓練團體中，訓練員均需要向成員解說，例如：在初始期，訓練員要提綱挈領地讓成員了解訓練計畫的內容。在第二次團體中，訓練員需要對訓練的技能內容做說明，下列事項是訓練員在解說介紹時需注意的：

1. 說明要點：訓練員在進行技能說明時，常可能說得太多，結果變成沒有重點，鬆散無力。

2. 目標明確：在每一次團體活動之初，訓練員均需向成員說明當次活動的目標為何，以避免活動偏離主題。

3. 劃分步驟：介紹每一個技能時，須將達成技能的步驟劃分清楚，使其明確可行，並應介紹相關的內在信念，使成員在團體結束後仍能自我指導運用技能。

4. 在實地演練每一步驟之前，訓練員需做好引導學員熱身與操作練習的準備，例如：訓練員的目標是教導學員學會內容反映，此時訓練員應做到：(1)陳述出訓練目標，清楚界定何謂「內容反映」；(2)解說傾聽者如何做內容反映的技巧；(3)協助成員熟悉這些原則，並實際演練內容反映技巧；(4)解說成員的內容反映技巧；(5)安排較多「邊做邊說」的練習機會。

訓練員可使用的解說方式有：

1. 運用演說技巧：演說技巧包括口語的技巧、音調變化及肢體語言技巧等三部分。其中口語技巧包括：建構良好的解說、清晰簡潔，使用簡單的口語及幽默感；語調技巧包括：透過聲音表達熱忱、適宜的速度及輕重音變化；肢體語言技巧包括：與聽眾保持適宜的眼神接觸，避免做出會分散聽眾注意力的手勢。

2. 示範：訓練員要經常檢視自己是否已將示範列入解說內容中。示範或圖示，有時勝過千言萬語的說明。

3. 運用視聽教材：電腦與影片是示範技巧時的利器，而訓練員在運用視聽教材之時，身邊應有個白板以便隨時補充解說。

4. 運用紙筆輔助教材：若成員無法一人擁有一本練習手冊，訓練員在解說時將要點書寫在白板上，將對學員甚有助益。

5. 運用檢覈技巧：訓練員可讓成員發問或問成員問題，以檢覈自己是否解說清楚，成員是否已能完全吸收。

6. 設計家庭作業：將訓練員的解說設計成家庭作業形式，要成員在下次團體聚會前完成，並於團體中討論之。

練習 12-4　解說生活技能

本練習可配對進行或在訓練團體中進行。

A.配對進行

選擇一種生活技能，就其重要部分向配對成員進行解說。解說的目的在於提供知識及「如何做出此技能」的訊息，以下為須注意原則：

1. 有可行的目標。

2. 清楚說明此目標。

3. 將技能分解成數個執行步驟，並清楚界定之。

4. 時時不忘在預演及實作練習時加以適切解說。

5. 使用口語、音調與身體語言等演說技巧。

6. 示範。

7. 運用視聽教材。

8. 準備講義。

9. 運用檢覈技巧。

10. 設計家庭作業。

最後，與配對成員做討論，之後角色互換。

B.在訓練團體中進行

訓練員介紹此次練習的主題及需注意的事項，之後可將團體分成數

個小組進行 A 部分的演練，最好能將演練過程錄影下來，以供事後討論及分享時運用。

（二）創造性地帶領團體

生活技能訓練團體人員以六至八人為佳，但也有人認為四人團體在練習效果上最好，因為最有利於角色扮演。訓練員在團體進行時常會碰見一些困難，例如：團體人數較多無法兼顧，或是不易保持團體成員的注意力。要解決這些問題有以下方法可使用：(1)增加訓練員的人數；(2)盡量運用視聽教材；(3)發揮創造力與想像力以新的團體活動方式來帶領團體。表 12-1 是生活技能訓練團體運作的變化方法。

表 12-1　生活技能訓練團體的變化方式

數量方面	1.整個團體 2.幾個小組 3.四人或三人小組 4.二人小組 5.單人
任務方面	1.運用活動練習與遊戲 2.運用工作清單 3.行為預演 4.表演方式 5.分組團體討論 6.事件探討或個案探討 7.觀看錄影影片 8.分配及檢視家庭作業
座位方面	1.圓型 2.馬蹄型 3.金魚缸型（分內、外圈） 4.直排或橫排 5.兩兩相對而坐 6.面對報告者

（三）設計並運用練習與遊戲

生活技能訓練團體中實作練習的機會很多，訓練員可以把訓練加以趣味化變成遊戲形式，如此可增加成員學習的興趣及吸收的程度。

目前已經有不少現成的趣味性練習可供使用，如 Hopson 與 Hough（1975）的「個人與生涯發展練習」，Egan（2006）的「我與你」，Nelson-Jones（1990）的「人際關係訓練系列結構活動」，黃惠惠（1991）的「心聲愛意傳千里」，以及許多已設計好的練習遊戲活動。

此外，訓練員也可以自行設計遊戲性的練習活動。設計時須能顧及下列事項：(1)有清楚具體的目標；(2)簡潔地解說與示範；(3)有助於成員自行內化的清楚指示語；(4)有創造性、趣味性地帶領團體；(5)由做中學；(6)注意家庭作業，致力於將所學技巧運用到外在環境。

練習 12-5　設計一個遊戲或練習

本練習可自行完成、配對進行或在訓練團體中進行。

A.自行完成

選擇一項生活技能，然後設計一種可供六至十二人團體使用的遊戲或練習，藉此熟練一種技能。

B.配對進行

二人分別完成上述練習再討論，或者一開始即共同完成以上練習。

C.在訓練團體中進行

訓練員先介紹何謂有創造性的練習（遊戲），之後再介紹設計時應注意的事項，然後團體分成多個小組進行以上的練習，設計出一種有益於學習某生活技能的活動。最後進行討論與分享。如果時間許可，團體可實做一次各組所設計的活動。

（四）指派並檢視家庭作業

生活技能訓練者之所以要指派家庭作業給成員，有兩個主要理由：(1)可加速團體的學習進度；(2)有助於將所學技巧類化運用於真實生活中。在訓練員初次接觸成員說明訓練計畫時，即可讓成員知道訓練過程中必須完成若干家庭作業，並解釋家庭作業的必要性。

運用下列原則，將有助於家庭作業的被接受與完成：

1. 清晰：賦予任務的必要條件是清晰明確，家庭作業內容為何、何時完成等都應明確指示。
2. 相關性：作業要能讓成員知覺到有助於其技巧的練習。
3. 難度要適中：作業要切合成員目前的能力，成員要徹底了解作業的要求為何。
4. 作業要實際：訓練員可與成員共同研商在兩次團體時間內，可完成的作業份量為多少。
5. 將作業納入團體活動：可能的話，鼓勵成員將作業納入團體活動中，如此大家會期待作業完成後的公開討論，訓練員對於作業應多予鼓勵而少挑剔。

成員未能完成作業的理由有多種，例如：生活技能訓練沒有「升留級」的約束，而課業卻有。或者成員的參加可能是被邀約而非自願性的，因此不做作業以示抗議。作為一位訓練員，必須盡可能了解並接納這些困難與抗拒。

階段四：結束期

生活技能訓練的重大課題為：如何保證學習效果能持續長久。雖然已有研究證實並支持生活技能訓練的成效，但大多屬短期效益的檢視，如：林家如、王慧婷與呂翠華（2019）、黃德祥（1991）、Botvin 與 Griffin（2014），以及 Jamali 等人（2016），至於長期效果，恐有待進一步的驗證。這些評論可供生活技能訓練者警惕。

多數生活技能訓練是短期的，約 6～10 次左右，處理團體結束的情緒不像諮商團體那麼的重要；如何鞏固成員的學習效果則是最重要的。結束期的做法應在團體開始之初即已規劃，訓練員要讓成員知道：團體的結束並不代表生活技能學習的結束，相反的，在團體結束之後才是成員真正獲得生活技能的開始。

（一）鞏固學習成效

鞏固生活技能的方法有下列數種：

1. 培養成員負責的態度，成員須明白要學習技能的是自己而非訓練員。
2. 教導成員自行引導行為表現的內在信念：良好的訓練員應幫助成員發展出自助技巧，而非只是教導生活技能而已。
3. 對成員在生活技能學習上做精確的評估，明瞭已學習了多少。這類評估應時常進行。
4. 訓練員和成員應時常就訓練計畫一起審視學習效果如何。
5. 如果可能，鼓勵成員參加後續的研習活動，這些研習活動可以在訓練結束的 3～6 個月後進行。這些研習會可以激勵成員，並幫助其保持所學得的生活技能。

在生活技能訓練團體結束時，另一須處理的事項是「獲取回饋」。回饋可以是成員自評在團體中的學習效果，也可以給予意見或說明在活動中哪一部分的處理是最有助益的等。

（二）學習遷移

生活技能訓練必須在現實生活中實踐，加以活用並熟練，才能產生更大效益。因此，學習遷移是重要的，也是不可或缺的。

練習 12-6　將所學技能運用於生活中

本練習可自行完成、配對進行或在訓練團體中進行。

A.自行完成

構思一種訓練他人學習的技能，並寫出下列問題的答案：

1.你認為會阻礙成員將所學技能運用到生活中的原因是什麼？

2.列出你所能想到協助成員克服阻礙的方法。

3.將上述策略依重要程度標明順序。

B.配對進行

二人完成上述練習後討論，或是共同完成練習。

C.在訓練團體中進行

訓練員先介紹本次練習的主題，帶領成員討論或將團體分成數個小組，分別練習再集合做討論與分享。

（三）設計一個生活技能訓練計畫

以下說明如何設計一個生活技能訓練計畫，以一個在學校內進行八次，每次一個半小時，成員八人（年齡約 15、16 歲）的團體為例，須設計每一次團體活動的內容。團體的目標是協助成員在交友方面（特別是異性朋友）更有效能，重點放在如何開始結交朋友，而非是友誼的發展上；可將交朋友的技能細分成許多小的項目。

在思想方面的技能重點：

1.為自己的人際關係負責。

2.對「可能受拒絕」一事有明確的認識。

3.能運用積極的內在信念克制焦慮，以持續至完成任務。

在行動方面的技能重點在一對一的互動關係上：

　1.和對方展開接觸。

　2.把握、維持與結束一次簡短談話的行動。

　3.使用電話及視訊的技能。

　諮商員決定在第一次團體中蒐集基準線資料，並引導成員自行評估以上技能的缺失，或填寫一份有關「結交朋友」的問卷，從此份問卷可評估成員現今對交朋友的看法、態度與形態為何。此外訓練員尚可為每名成員安排一個標準化情境，讓成員與同儕談話 10 分鐘並予以錄影記錄。另外，成員可特別就四種向度接受評估：(1)傾聽；(2)談自己的事；(3)音量大小；(4)眼神接觸程度。最後可再蒐集成員的老師們對成員所做的交友評估，以上均是初期的資料蒐集。

　在第一次團體中，訓練員可介紹團體的目標、進度與進行的內容，並發給一些書面資料。訓練員在每一次團體結束後應就成員的學習進度、意見而適時修改團體活動內容，且編錄下一次團體要提供給學員的書面資料。

　在團體進行至尾聲，應根據團體進行之初的資料蒐集方法，再次蒐集資料，以對照基準線資料，評估成員此次訓練的學習效果。並於最後一次團體活動時給予成員回饋。

練習 12-7　設計一個生活技能訓練計畫

　本練習最好獨立完成，如此可訓練自己考慮到整個計畫所面臨的各項因素。

　設計一個你所選定的生活技能訓練，假設此團體進行八次，每週一次，一次一個半小時，成員六至八人，你是唯一的訓練員。請考慮下列各項：

　1.此計畫的整體目標。

　2.將此大目標分化成數個漸進步驟。

　3.將每次團體進行的內容大綱列出來，並說明訓練方法。

第十三章
危機調適處理

那天，知道你因相依為命的母親突然過世，驚嚇與哀傷糾纏下地持續飲泣，讓課堂裡的教與學頓時失序。身為輔導老師，我也感到無能為力，但靈光乍現，邀你一起走向冬陽下校園斜坡的草地。我不甚確定意義何在？直覺上大概想給你一點寬闊的空間撐開心境吧。我相信：如果哀傷像是一座冰川，一旦準備好了，就讓那凝固的冰川融化。只要加上一點暖意，哀傷自然加快流動。半小時後，你回到教室，重拾青少年的美麗與哀愁，但多了一份深沉的感悟。

～潘正德

危機是指個體因意外或危險事件，而陷入情緒失控的狀態。閱讀完本章，讀者可熟悉危機的意義、種類、階段、危機調適的技巧與步驟。

處在現今步調緊湊的社會，諮商員面臨愈來愈多處於危機中的受輔者。因此，了解危機理論及熟練危機調適的策略，成為諮商員重要的課題之一。所謂危機調適，是指當人們因特別情境或事件的刺激，而產生情緒上的緊急狀況時，諮商員使用立即、短期的特殊技巧、策略，以協助受輔者適應與度過危機。危機調適通常必須在危機出現後做立即性、主動、直接、短期的密集處理，通常包含了接觸、心理支持與緊急的處置，例如：送醫治療、晤談安排等。危機調適和一般諮商一樣，需要建立良好的關係，以澄清並明瞭危機之所在，此外，也會運用諮商中的問題處理模式。所不同的是，危機調適面對的是處於崩潰邊緣的受輔者，故需要較緊急且密集的處理，不像一般的諮商歷程有較多時間，容許較緩慢的步調。本章的目的，是希望讀者能對危機理論有進一步的了解，並進而熟練、運用一些助人的危機處理策略。

壹、危機是什麼？

危機（crisis）是指個體因意外或潛藏的危險事件，而陷入情緒失控的狀態。危機通常是出乎意外及不可預期的，也正因為這種「意外性」而更加強了危機的嚴重性。當人們面臨危機時，常會覺得失去控制、失去活力、也失去生活的意義，一般常見用於危機的形容詞是「失去平衡」（disequilibrium）、「迷失方向」（disorientation）及「崩潰」（disruption）等，均是一些強烈感受性的詞語。處在危機之中，人們常覺得以往處理問題與適應壓力的方法都不再適用，這使得人們更覺無助、恐慌與沮喪。

當我們談到「危機」時，指的是個體對情境的情緒性反應，即感受，而非指情境本身。因此，危機處理也是協助受輔者處理其對意外事件的知覺與判斷，而非僅處理事件本身，例如：一位因意外車禍而陷入危機中的受輔者求助時，諮商員應協助處理其對車禍的感覺與看法，而不僅是處理車禍此一事件。一般而言，個體對危機的反應及處理方法，均受過去經驗、學習、生活型態、人生哲學等的影響。

例如：兩位在教育程度、社經地位均相似的已婚婦女，在其遭遇性侵

事件後，卻有著截然不同的反應方式。其中一位完全崩潰而變得歇斯底里，需要緊急立即的照顧與處理，而且將近兩個星期都無法恢復工作。另一位婦女報案及詢問一些法律事項後，獨自開車回家，僅在睡前和丈夫談到事件細節時，喝了些酒，然後上床睡覺，隔天早晨繼續工作與開會。這兩種反應並無所謂「較好」或「較正常」的區分，因為這兩位婦女有著不同的生活經驗、人生觀、適應方式與心理上的防衛機轉，所以她們需要的協助時間與處理方式也有很大的不同。

練習 13-1　體驗失落感

本練習可自行完成、配對進行或在訓練團體中進行。

A.自行完成

閉上眼睛，回憶一下最近曾發生過的「失落感」（loss）。其內容可以是一份工作的失去、親人過世、失戀、失去寵物、遺失皮包等任何事件的經驗。請集中注意力，回憶對「失落感」的感受如何，而不要想失去物本身如何。仔細回憶失去的地點、當時的同伴有誰、當時看到了什麼、聽到了什麼、有何種壓力症狀（胃痛、頭痛、失去食慾、體重降低等），以及對「失落感」的看法如何。再想一想是否曾有類似的經驗、以往的適應方式如何、有效性如何等。接著，再想一想是否有更好的適應、處理方法。最後，一一將回憶及感受記錄下來。

B.配對進行

二人分別完成 A 部分的練習後進行分享與討論，比較彼此適應處理方式的異同。

C.在訓練團體中進行

訓練員先介紹「危機」及「危機調適」的概念，分享自己的經驗或舉出他人的一個實例，之後將團體分成二人或三人一組進行 B 部分的練習，最後再集合討論與分享。

▊貳、危機的種類▊

從臨床經驗來看，一般的危機包括下列三種類型。

（一）過渡性或發展性的危機

第一種是過渡性或發展性的危機（transitional or developmental crisis），這種危機是較常見且普遍存在的危機。一般都是在個人生命階段轉換時期產生，例如：兒童就學、轉換環境（搬家、轉學、離家求學）、畢業求職、結婚、離婚、中年職業轉換、退休、身染慢性疾病或老年疾病、衰老、死亡恐懼等。

（二）創傷或情境性的危機

第二種是創傷性或情境性的危機（traumatic or situational crisis），這種危機多屬於外來的、突發性的改變，例如：被性侵、被搶劫、被攻擊、車禍、失去事業或社會地位、生病等。

（三）存在性的危機

最後一種是存在性的危機（existential crisis），像是面對重要的人生抉擇問題、生存目的、責任、自由及諾言等，所產生的衝突與迷惑。這種情形相當普遍而常見，有時並不構成危機，不過對某些人或於某些特殊事件引發後，仍可能造成危機，例如：追求金錢利潤與個人信念（或道德）有時並不衝突，但有時卻會造成極大的危機，產生厭煩、無意義，甚至絕望的感覺而導致崩潰。

事實上，對危機的定義與分類是相當有彈性的。有時，同一種事件發生在不同人的身上，可能會造成不同的危機，例如，皮包被竊此一事件，對甲而言可能造成情境性的危機（失去財產）；對乙而言可能產生信心危機（認為是自己的粗心、愚蠢造成被竊而不斷自責）；對丙而言可能產生

信念上的危機（失去安全感，認為世界險惡、人類是不可信任的）。當然，也有可能不造成任何的危機。這些不同多半是由於人們性格、背景、經驗的多樣化所造成。所以身為諮商員，在對危機下定義時，必須考慮「人」的因素，而不是單看「事件」。這也是第一節所強調必須注意受輔者的感受，而非僅把焦點放在事件本身的原因之一。

　　本節對危機的分類，除了協助讀者了解危機的本質外，也希望讀者能學會做更適當的分類，因為危機的分類及定義會影響危機調適策略的選擇與運用。

練習 13-2　引發失落感事件的分類

　　根據前一頁的分類方式，將以下的事件做簡單的分類（先不考慮個體的性格、經驗、背景等因素），並說明原因。

　　1.失去工作。

　　2.發現自己意外懷孕了。

　　3.發現配偶有婚外情。

　　4.嚴重的婚姻衝突。

　　5.被配偶遺棄。

　　6.車子被偷。

　　7.在學期中轉學（高中）。

　　8.突然調職到國外。

　　9.眼見寵物死於車輪下。

　10.申請入學被拒（大學）。

　11.受到同事打擊。

　12.發現孩子的智力發育遲緩。

▌參、危機的階段 ▌

危機理論最早是由 Erich Lindemann 所建立的。起初，他研究的對象是波士頓 Cocoanut Grove 夜總會火災中死者的親屬，根據他們對事件的反應，Lindemann 發現危機通常和「失落感」（loss）有關。失去所愛的親人，會產生悲傷的感覺，且持續一段時間，這種悲傷除了帶來情緒上的強烈感受外，有時還帶來強烈的壓力。壓力可能以多種形式出現，例如：輕微的喉嚨痛、呼吸不順暢、嘆氣、倦怠、缺乏活力、消化不良、失眠、易受驚嚇、人際關係疏離等。這些悲傷的感受是尖銳鮮明，且會持續一段時間（約六個星期）。根據這些發現，Lindemann 與 Caplan 合作進行了一項社區心理健康計畫，他們認為當人們處於危機中，過去處理問題所採用的方法（不論好與不好），會直接影響他們對危機的適應能力及處理能力。此外，他們相信若能清楚定義危機、了解危機以及熟悉心理的運作情況，將有助於其緩和悲傷且度過危機。

Caplan 描述了人們面臨危機時，四個階段的反應：

1. 階段一：最初的階段，個體開始感受到壓力，並且試圖用以往習慣性的解決方式處理問題，以恢復原有的心理平衡。
2. 階段二：以往習慣性的解決方式並沒有消除壓力，壓力感漸增，導致沮喪感和無力感。隨著壓力不斷增加，個體開始使用嘗試錯誤的策略（trial-and-error strategies）解決問題。
3. 階段三：除非個體採取了良好的應對措施，否則壓力將持續增加。此時，危機可以藉由緊急處理的方式或放棄目標的方法，獲得暫時性的解決。
4. 階段四：若危機在階段三未獲減輕、消除，則壓力持續地增加，最後達到巔峰時將造成功能上的障礙與情緒上的崩潰。

從 Lindemann 與 Caplan 的研究中發現，個體面臨危機時，對任何改變（change）都能敏銳察覺，同時個體亦容易被他人所影響及渴望獲得支援

與協助。因此諮商員或家人、朋友均可扮演救援者的角色，盡量給予支持與協助。若個體能度過危機，則其對危機的體認會更深一層，且其日後對危機的抵抗力（危機處理能力）將更好。

肆、危機理論與諮商理論

　　雖然危機理論與諮商理論確實有所不同，但基本上，它卻深受諮商理論的影響，例如，一項有關自殺的廣泛性研究中，其研究重點放在自殺者：(1)最近的一次危機與其先前經驗的關聯性；(2)出生序；(3)家庭關係與人際關係。從研究重點可發現心理動力論對危機理論的影響，而現象學理論，亦影響危機處理中對存在的意義與價值的看法。因此，從危機理論中強調「此時此地」（here and now）的概念，以及危機潛藏的正向力量等，約略可看出現象學理論的影子。在此觀念下，個體若在危機中學得了有效的適應方式，則其對危機的處理能力將會增加，對壓力的適應力也將更好。此外，危機處理中所使用的方法與策略，如重要他人的支持網絡、具同理心的協助者、鼓勵個體表達感受的傾聽技巧，均證明現象學理論對危機調適的重要影響。而認知學派的影響，則是協助改善個體對危機的錯誤評估，以及修正其不合理的思考方式。至於認知行為學派中的增強技巧及問題處理模式，也是危機調適策略中常使用的方法。

　　一般諮商策略和危機調適策略最主要的差異，在於前者較重視關係的建立，較無時間的壓力，而後者重視立即性，須在短時間內解除受輔者的壓力。因此，本章將危機調適視為諮商問題處理中的一大項，亦屬諮商知能的一部分。

伍、危機調適

　　短期危機調適的目的是盡量提供支持性協助，以使受輔者和其家人能盡快地恢復以往的平衡狀態。從危機理論中，我們歸納出危機調適的數項特性：

1. 危機調適具有特定與時限性的目標，其重點在於直接減少緊張（壓力）的強度，與適應性的問題處理。時間上的急迫性常促使受輔者維持達成特定目標的強烈動機。

2. 危機調適的處理需透過澄清、正確評估，以了解受輔者的壓力源，及壓力對受輔者的意義。倘若受輔者有偏誤的認知架構，則需要加以整理並重建。

3. 危機調適的功能，不僅在協助受輔者解決其問題，同時，亦在協助受輔者發展出屬於他自己的問題處理模式。藉此，受輔者不僅能順利度過危機，且能恢復面臨危機前的心理功能，有效維持身、心的平衡狀態。

4. 危機調適是現實取向的。它澄清、修正受輔者的認知模式，面質受輔者否認與退縮的心態。此外，它也提供情緒上的支持，而非無意義的承諾保證。

5. 在有限的資源中，如果可能，危機調適會藉著受輔者的人際關係網路，提供支持、協助做決定，並逐步施行適應策略。

6. 危機調適可作為進一步諮商（長期諮商）、追蹤輔導的準備。

練習 13-3　釐清個人的支持系統

　　社會性網絡對身處危機狀態者的問題處理，有很大的幫助，本練習可協助你釐清你自己的支持系統。請以圖表形式呈現，列出支持網絡的成員，可以包括：家人、鄰居、親密的朋友、情人、老朋友、工作同事、學校同學、諮商員、親戚、老師、醫生等。在他們的名稱後面，根據以下標準標上號碼。

　　親近等級：

1. 每個星期至少有一次愉快、會心的接觸，並得到支持、鼓勵。

2. 過去一個月曾有聯絡，並得到支持、鼓勵。

3. 偶然、不固定聯絡——每年幾次，並得到支持、鼓勵。

4.過去曾獲得的支持。

5.確定自己在需要協助時，可求助於他。

6.不確定是否能夠求助於他。

7.知道自己不能求助於他。

8.我不會向他求助。

可每隔一段時間對本表做增減或修正。了解自己的社會支援網絡，對於改善自己的人際關係亦有很大的幫助。

▌陸、危機調適的階段與步驟 ▌

以下提供一個常使用的危機調適模式，有關的階段與步驟如下：

階段一：建立關係，表達信任、真誠及同理心

步驟 A：蒐集資料，紓解情緒。

　　1.了解受輔者的人際支持系統（家人、朋友、鄰居）。

　　2.讓受輔者有機會表達與紓解其強烈的情緒。

步驟 B：澄清面臨的問題，評估危機問題及壓力源。

　　1.評估主要的、可利用的環境資源。

　　2.了解受輔者對自己優點、缺點的看法。

　　3.了解危機造成的刺激事件（特別是在 24 小時內發生的事件）──也就是說，有什麼明顯的變化或失落感。

　　4.了解受輔者此時尋求協助的理由或任何有關的壓力症狀。

　　5.了解受輔者曾使用過何種問題處理的方式，以解決其問題，調適其壓力。

　　6.評估受輔者處於四種危機階段中的哪一位置，並且評估危機的種類為何。若受輔者自身有任何危急（自殺、崩潰）或造成他人傷害的可能性，則須做立即性的處理。

步驟 C：建構諮商關係，讓受輔者了解諮商員的角色與功能。

步驟 D：仔細探究危機產生的情境及受輔者當時的反應方式。

步驟 E：討論達成的目標，以及危機調適晤談的時間限制（次數）。

　　1.重述問題重心所在。

　　2.再次確立晤談的次數。

　　3.決定有哪些人及多少資源可供利用。

　　4.澄清責任的歸屬。

階段二：策略

步驟 A：根據彼此皆同意的目標討論危機調適模式。

步驟 B：計畫、訂定策略。

步驟 C：執行策略。

　　1.認知的再建構或修正。

　　2.轉介。

　　3.支持。

　　4.自我肯定訓練。

　　5.訂定行為的契約。

　　6.促進情感的交流。

　　7.了解危機的本質。

　　8.做決定。

　　9.實施系統減敏感法。

　　10.完形治療處理。

步驟 D：評估策略。

步驟 E：危機調適後的情況。

　　1.受輔者能為未來訂定實際的計畫。

　　2.受輔者不再有強烈的情緒反應。

　　3.受輔者能正確地評估危機事件，且能適當處理與調適。

　　4.受輔者日後有需要時，能尋求支持並獲得協助。

　　5.受輔者了解此次危機的經驗，將使其未來能更有效地處理危機事件。

步驟F：繼續進行晤談（視情況而定，若受輔者願意進行長期性的諮商），
　　　　或追蹤輔導。

　　以上介紹的，只是許多危機調適方法中的一種，諮商員應記得，任何
方式，只要能夠快速且有效地協助諮商員解決危機就是好方法。

▌柒、短期治療▌

　　Watzlawick 等人在 1974 年提出一個四步驟的短期治療（brief therapy），這個模式對某些類型的危機調適非常有效。短期治療的時限，通常是以晤談十次或十次以內為標準。Watzlawick 等人的四個步驟條列如下：

1. 以具體的行為動作來描述問題（如危機），例如：次數、持續時間、結果、情境因素等，並試著了解問題的作用為何，會造成何種傷害或帶來何種益處。
2. 了解受輔者曾使用以解決問題的策略，如「做了什麼樣的努力」、「如何做的」、「結果如何」等。
3. 為想達成目標（改變），須為受輔者做一明確清楚的定義，使受輔者了解自己的立場，例如：為了讓受輔者能夠轉換情緒狀態，他該做些什麼？為了讓自己感覺更好，受輔者願意做多大的改變？
4. 設計一個能產生「改變」的計畫，而這「改變」是受輔者所期盼的。在執行計畫之前，須考慮下面事項：當改變確實產生後，結果為何？受輔者是否適應改變後的情況？哪些事可能阻礙改變的產生？

　　為了讓讀者對短期治療有更深的了解，我們列舉下面一個實例來說明：

　　張太太，35 歲，有一個 11 歲的女兒叫小婷。長久以來，張太太一直為一件事煩惱著──她的丈夫每隔三、四個禮拜就會喝個大醉。更糟的是，她丈夫在喝醉回家後，脾氣特別不好，總是找一些小事開始

大罵小婷，有時是罵小婷衣服沒放好，有時是罵小婷書本亂放。但這次，她丈夫完全失去了控制，不但罵並且還出手打了小婷。張先生打完就睡了，但張太太看著一直哭泣的女兒，怎麼安慰都無效，忍不住打電話給諮商員哭訴。

諮商員馬上就安排隔天與張太太晤談，張太太說出了事件的經過，表明這次比以前嚴重多了。以往，張太太安撫過小婷後，隔天就回復日常平靜的狀況，好像沒發生過任何事情。而張太太也因為怕丈夫生氣，從來沒和張先生提起他酒醉後的行為。然而這次，張太太安撫不了小婷。小婷拒絕和張先生說話，再加上小婷身上的青紫，使得張先生覺得生氣又迷惑。在張太太和諮商員晤談第三次時，她終於能清楚說出她的期望，她希望丈夫喝醉酒後不會再打罵小婷，也希望小婷能恢復和父親的友善關係。又過了一段時間，張太太了解如果她不希望小婷成為先生酒醉後的出氣對象，她應該學習如何挺身面對丈夫，保護小婷。諮商員使用認知的再建構與自我肯定訓練技巧來協助張太太。六次晤談後，張太太覺得情況已有所轉變，她感覺自己已更能控制狀況，所以她決定下次當她丈夫再度喝醉酒回家時，她將在門口等著且直接面對他。最後，張先生雖然拒絕接受諮商，但他仍順從地參與了一個團體，學習如何控制飲酒。

▎捌、危機調適的方式 ▎

危機調適主要有兩種方式：(1)受輔者利用電話或親自前往諮商中心與諮商員晤談，這種服務通常是 24 小時全天候的；(2)諮商員（或社會工作者）親自拜訪受輔者，給予立即性的支持，以達到安撫、紓解的效果。這種服務是當諮商員接到危機訊息後立即展開的。進行危機調適的諮商員，有受過訓練的義務工作者，也有受過專業教育的人員。

在第一種危機調適的方式中，諮商員會面臨陷入自殺危機、藥物濫用、瀕臨崩潰、遭遇性侵或酗酒等危機的受輔者。諮商員面對這些危機，必須

要有深切的了解，例如：一位處理藥物濫用者的諮商員，必須知道一些常用藥物的名稱、藥物的效能、藥效持續時間以及協助受輔者處理戒除的知能。而處理自殺事件的諮商員，必須能辨認出自殺的訊息，對於自殺者的心態和想法有深切的了解，且能妥善運用不同的危機調適方法，協助受輔者和其家人共同面對危機，紓解危機狀況或進行行為改變的訓練。

在危機調適的第一種方式中，諮商員有時僅有一兩次和受輔者接觸的機會（因為受輔者不再打電話或上門求助），因此諮商員必須要能迅速且有技巧地建立同理心關係，提供正確的資訊以及改變受輔者自殺性的意念。這對於電話接觸，或面對面接觸均是很重要的。

電話接觸時必須能快速地找出問題重心，且建立起良好的關係。對於某些受輔者而言，電話接觸比面對面接觸更好，因為可以匿名且受輔者可隨時掛斷電話。但此種方式較難持續進行下去，且諮商員也無法得到立即的回饋及結果；當然，也無法獲得受輔者肢體上的訊息。

以下是一位受輔者在夜間向危機處理中心求助的電話：

受輔者：喂？有人在聽嗎？

諮商員：我是×××，有什麼我能幫助你的嗎？

受輔者：我想找個人談談……我很擔心我的一個朋友。我覺得他可能在服用一些藥物。

諮商員：你在擔心他可能服用過多的藥物？哪一種藥呢？

受輔者：嗯，我不太清楚，可能是 Tylenol。喂，他說他是吃那種的。

諮商員：有時寂寞會令人憂鬱與恐慌，所以有些人覺得服用一些藥物可以減少這種感覺。

受輔者：對，我是不會那樣做的，但他有可能會。

諮商員：聽起來你的朋友需要找個人談談。

受輔者：但，他打電話找朋友，朋友們都不在，而家人們也……（一種失去活力的聲音）。

諮商員：所以他感到寂寞以及被拒絕。

受輔者：嗯！我猜是吧……。事實上，我所說的不是我朋友，就是我自己。有時我覺得沒有人會願意聽我說話。

在這個例子中，受輔者花了將近 35 分鐘和諮商員談話，並答應隔天到諮商中心晤談。

在電話諮商的方式中，使用反映性的傾聽技巧建立關係是必要的，而有耐心地傾聽受輔者一些看似不相關的訊息，亦是探索真正問題的好方法。像上個例子中，如果諮商員的耐心不足，勉強受輔者承認有困擾的不是朋友而是自己，則受輔者有可能馬上掛斷電話。耐心、冷靜與勇氣是從事電話諮商員的必要條件。

在第二種危機調適方式中，諮商員有時會主動拜訪受輔者，而非等待受輔者上門；這種是源自於「到家護理」的概念。這種方式的好處，是諮商員能和受輔者面對面接觸，也能立即了解受輔者有哪些可利用的環境資源（如家人、鄰居等）。此外，諮商員亦可提供立即性的支援與協助（如替危機中的母親尋找兒童看護，安排立即性的醫護處理）。這種危機處理方式花費較多的時間與較多的金錢，所以這種方式的服務較為少見。但有些諮商員覺得這種方式不受時間和地點的限制，可以隨時提供陪伴、支持或法律上、教育上與健康上的照顧。他們甚至容許和受輔者一起從事娛樂與休閒活動，以打破僵局，建立信任感與良好的關係。有些研究顯示，這類型的諮商員最好是在居住的社區內工作，因為諮商員能有較多的時間與受輔者相處，較了解受輔者的生活型態，也較能輕易克服受輔者的不信任感，而提供良好的支援。這也正是社區心理衛生工作的目的之一。

這種「到家援助」的諮商員，需要具有無窮的耐心與奉獻的精神，他們不只是在受輔者的家中進行支持性工作，也在社區裡的各個地方，像是街上、遊樂場、聚會中心等地，隨時隨地發揮輔導助人的功能。因此他們必須完全參與社區的生活，並和居民建立良好的人際關係。國內張老師機構在四十幾年前推動的街頭張老師外展服務，便是源於此一理念。

「危機預防」（crisis prevention）的概念愈來愈普遍，在美國有不少的大學與社區均提供相關的課程，協助學生與居民預防或適應危機。其中包括：「預防性侵害」、「性教育」、「藥品教育」、「壓力適應」等。國內類似的活動亦不斷增加中。諮商員在這類活動中，都給予直接或間接的支援，提供了寶貴的經驗與可利用的資源訊息。不少的社區亦有類似組織

以預防可能的潛在危機，如搶劫、偷竊等；鄰里互助組織的守望相助隊，就是自助的危機預防團體之一。

練習 13-4　危機調適過程的演練

　　成員配對進行角色扮演，演練危機調適的過程。約 30 分鐘的時間練習並記錄以下各項：

1.危機調適的目標為何？
2.選用何種危機調適的策略？
3.評估策略的可行性。

角色互換再重新進行一次，最後進行討論與分享。

練習 13-5　危機調適電話諮商的演練

　　成員配對進行角色扮演，兩人背對背坐著扮演電話諮商的過程。受輔者可選擇各種形式的危機情境，而諮商員需注意只有一次和受輔者接觸的機會。晤談在自然的情況下，進行得愈久愈好。最後兩人進行討論與分享，討論在諮商進行過程中彼此的反應如何？訊息接收是否良好？

▎玖、危機調適的技巧 ▎

　　在協助受輔者調適危機時，諮商員在緊急時保持冷靜、使用必要常識、建立信心等能力均是相當重要的。諮商員主要是運用反映性的傾聽與溝通技巧，明瞭危機所在及壓力源，並提供支持與安撫。

　　諮商員為了表達對受輔者危機傾聽的專注與了解，有時會握著受輔者的手或搭著受輔者的肩膀給予支持。除了在「失落感」的案例中（失去工作、家人等），諮商員可以適度地表達同情，在其他情況下，應注意同理

心與同情心的不同。後者可能造成受輔者過度依賴，而使其延長復原的時間。一種可以避免過度依賴的方法是，把處理重點放在該如何做才能度過危機，而非把重點放在危機情境的細節與過程中。面對未來而不沉溺於過去，是諮商員與受輔者均需把握的原則。此外，應盡量由受輔者過去或現在的正向經驗，加強受輔者對自己的信心，使其具有復原的能力。

在危機調適的第一步，諮商員應判斷何者是受輔者最緊迫、主要的問題，詢問危機事件並決定採用何種策略。此外，諮商員亦需對以下問題有所了解：

1. 受輔者的生活（在最近這些日子）有何改變？有何突發事件影響生活作息？
2. 和其他人是否有過不愉快經驗？如與家人不睦、與上司爭執、與朋友分手、與鄰居爭吵等。
3. 受輔者曾做過何種嘗試？效果如何？
4. 以前是否有過類似的經驗？如果有，何時發生以及如何處理？
5. 受輔者希望有什麼樣的改變以度過這段時期？
6. 受輔者認為有什麼人可以求助，且能獲得最大的協助？

從上述問題可以了解，諮商員除了要迅速獲得相關的資料外，並且要讓受輔者能了解自己的處境與採取適當的策略。同時諮商員要採取某些直接的行動以安撫或支持受輔者，特別是那些情緒非常不穩定，有可能因情緒爆發而傷害自己或他人的受輔者。諮商員可以安排其家人、朋友或鄰居陪伴受輔者度過這段特別危險的時間，或是轉介給醫療機構做必要的處理。在這種時期中，受輔者本人很難採取某些行為以改善自己的狀況；同時，受輔者也特別感受到強烈需要被照顧與支持。

受輔者在初期的這種依賴是正常且被允許的，但等到受輔者情緒穩定後，諮商員除了支持以外，必須開始提供訊息及可行的策略，且應和受輔者的家人、朋友聯絡合作，以協助受輔者達成目的，度過危機。

Krantzler（1973）以及 Kübler-Ross（1969）對於「失落感」這類像生離死別、親人去世的危機反應做了深入的研究。兩人發現受輔者對此類危

機的最初反應是震驚與否認，他們認為：「這種事會發生在別人身上，但不應該是我。」這時期諮商員應以同理心提供支持。當這種否認反應消退後，受輔者開始產生憤怒。在受輔者開始運用諮商員所提供的調適策略後，即進入接受期與適應期，在此階段中，受輔者亦開始採取行動，以便盡快恢復本身的適應能力，做最好的調適。

　　在某些特定的情況下，諮商員可使用面質技術（confrontation）以促使受輔者做出決定與展開行動。以下是一位諮商員與嚴重酗酒又毆打太太的受輔者之對話：「當你喝酒後，要控制脾氣是很困難的，現在你的太太住進醫院了，她正在考慮是否要控告你；但無論如何，她已經決定要帶著孩子離開你一段時間。看起來你似乎該做個決定了，是要戒酒呢？還是眼看著家庭破碎？讓我們來看看你能有哪些選擇吧。」這類具有敏感性、爭議性的語言必須小心使用，使用得當，對一些親人死亡或其他情形的受輔者，會產生意想不到的效果。

　　在危機情境中，時間是一個很大的變項。諮商員在危機解決之前，往往沒有太多的時間和受輔者建立長期的諮商關係，因此，面質技術的使用會比一般的諮商出現得更早。但仍須注意，面質與同理心兩技術該同時運用。且面質時的口語、音調、肢體語言等都須小心運用，以免受輔者誤會為懷有敵意。面質該是帶有建設性的效果，應以受輔者的福祉為出發點，而非為了顯示諮商員的優越或喜好而任意使用。它是一種強制性的推進力而不是攻擊性的破壞力，且這種推進力應是為了使受輔者更快速接近目的而發出的。

　　為了能夠確實處理各類型的危機（喪親、藥物濫用、酗酒、兒童虐待等），諮商員有必要了解其工作所在社區的社會、經濟與文化形態，並且熟悉受輔者具備的各種可運用的資源。例如：Pan、Deng、Tsai 與 Yuan（2015）的研究指出，基督教信仰對喪親者的失落感有明顯正向的影響。研究發現，教牧輔導能對兩年內喪親成人受輔者，從哀傷與失落中得到增能賦權（empowerment）的效益（Pan 等人，2015）。以下提供兩個危機調適的例子：

小慧，一位 19 歲的大學女生，她無精打采地來到諮商中心，諮商員看出她的憂鬱，小慧也承認她已買了安眠藥並打算吃了它們，因為「一點活下去的意義都沒有」。在諮商員的詢問之下，小慧說出她的哥哥在六週前死於意外車禍，而她的經濟來源也完全被斷絕。小慧不斷哭著，諮商員則環著她的肩膀……。諮商員聽著小慧訴說從車禍之後的點滴，也不斷地給予安撫，直到小慧完全精疲力竭而無助地靠著椅子時，諮商員才問道：「妳是否願意讓我們一起來為妳的生活找尋一些意義呢？」小慧流淚點頭，諮商員再問道：「妳能夠把藥交給我，且答應我在明天我們晤談前絕不傷害自己？」小慧很難回答這個問題，諮商員則要求小慧看著他的眼睛給予承諾，最後小慧終於答應了。諮商員又問道：「妳是否有朋友可以陪伴妳？」小慧說出了室友的名字，諮商員則在小慧的同意下打電話給其室友，問其是否願意陪伴小慧直到隔天的晤談。小慧的室友很樂意地答應了。這件事暫時獲得了解決。隔天，當小慧再來到諮商中心時，看起來已不像前一天那樣地沮喪，而小慧亦說她覺得最糟的時期已經過了，且願意和諮商員定期進行晤談。在這個例子中，諮商員並未忽略小慧的危機或低估情況的嚴重性，除了取得小慧的承諾外，亦安排了適當的陪伴人選，這是小慧能夠脫離危機的重要因素。

小飛，一位 19 歲的青年，他走進諮商中心，臉色蒼白且搖搖晃晃的。小飛說他剛服用了一些作用很強的「藥」，而他現在很害怕，因為他覺得非常不舒服，眼睛無法看清物體。諮商員曾有處理藥物濫用的經驗，他坐在小飛旁邊，以平靜溫和的口吻告訴小飛不用恐懼，他這種現象只會是短暫的，是由藥物所引起的，許多人都有過這種現象，不必太擔心。以這種安撫性的聲調，諮商員和小飛說了將近一個小時之久，直到小飛開始平靜。之後，小飛喝了些水並被允許在諮商中心內休息。幾個小時後，小飛感覺好多了，準備回家前，諮商員告訴他不會有任何處罰或價值判斷，但他深切希望小飛能再度回到諮商中心，諮商員願陪他一起度過任何的困難，包括戒除這種吃「藥」習慣。

　　以上兩個案例，是危機調適最常見的案例，過程中，諮商員的處理方式值得觀摩、學習。

練習 13-6　危機處理演練

　　成員配對按照練習 13-5 的方式演練，而危機情境如下：一位婦女打電話給諮商員說：「喂！我的兒子要殺我，他拿著刀要殺我。我真不敢相信會有這種事，他看起來像瘋了一樣，我不知道該怎麼辦，我剛跑出家門。我現在是在外面打的電話，我不敢回家，但我也不能打電話給警察。不管怎樣，他總是我生的、養的孩子啊！我該怎麼辦？」兩人輪流演練諮商員與受輔者的角色，於練習完之後討論彼此的反應與所選用的調適策略是否恰當。

練習 13-7　觀念澄清

　　根據以下的問題，標出你心中認為的「對」或「錯」，並找一名成員一起討論，比較你們答案的異同處：

1. 好女孩不會遭受到強暴。
2. 對於搶劫者最好交給他所想要的東西，不要抵抗。
3. 離婚對孩子總有壞的影響。
4. 如果女孩子不抵抗就不算是強暴。
5. 人們失去工作多半因為他們的責任心不夠。
6. 堅強的人不會被危機所擊倒。
7. 如果一個女人穿著暴露且誘人，男人有權力強暴她。
8. 人們威脅著要自殺，但通常不會真正去實行。

練習 13-8　個案處理演練

假設你是一位學校諮商中心的諮商員，面對以下的案例，你會做如何的建議。小玉有一個居住在一起兩年多的室友小艾，兩人一直相處良好。但在一個暑假後，小艾改變了，她變得懶散，時常蹺課，整夜不歸或者將男友帶回與小玉兩人居住的地方。小玉愈來愈不高興，她不能忍受小艾和他男友在她房中發生性行為，她覺得小艾不再尊重她，她必須要做個了結。

身為諮商員，你會如何建議小玉、小艾及小艾的男友呢？在紙上列出建議及可以採行的策略、時間、目標及步驟，並提供一些方法讓三人能處理自己的怒氣、罪惡感或其他情緒。

練習 13-9　危機處理演練

成員配對練習，分別扮演諮商員與小玉、諮商員與小艾、諮商員與小艾的男友等。諮商員必須能判斷三人所分別擁有的問題為何？危機為何？解決方法為何？事後與配對成員討論，從三個不同角度看同一事件感想如何？並檢討彼此所提的建議其可行性、有效性如何？

第十四章

專業技術的成長
與發展

桃源在何許，西峰最深處。不用問漁人，沿溪踏花去。

～明‧王守仁

《山中示諸生》

輔導工作是一種專業，因輔導具備：專業之哲理、專業之教育、專業之組織、專業之證照、專業之倫理守則、專業之認同感與使命感、專業之服務對象，以及社會認定之地位與職稱（張德聰，1997）。但有鑑於時代轉變，心理困擾問題與問題行為之日益複雜化，在「工欲善其事，必先利其器」前提下，助人工作者專業技術的成長不僅需與時俱進，更需超前部署，持續精益求精，以此自我期許，達致專業的自我實現。閱讀完本章，讀者可熟悉實際應用、個人生活，以及挑戰等因應路徑。

　　作為一位專業的諮商員，為了受輔者的權益及自身專業上的考量，必須不斷地學習以維持本身專業技術的成長與發展。本章對諮商員如何維持已有的技能，以及進一步發展個人的諮商技術，提出一些建議，期盼對有心從事助人工作者，能有所助益。

┃ 壹、實際應用層面及個人生活層面 ┃

　　諮商助人的訓練課程，通常包含了三個相關的重要層面：實際應用的、個人的與學術的層面。在一般的訓練中，常藉由對此三個層面的深入探討，以增加諮商員的助人效能。實際應用的層面，包括對諮商技巧的直接練習，例如：在諮商員養成過程之前的技巧訓練。然而諮商技巧的重點，不僅是技巧的獲得而已，更包括了何時用及如何用兩個重要部分。因為一個在日常生活中有傾聽或溝通困難的人，在諮商歷程與受輔者的關係中，亦可能發生類似的困難。所以除了技巧訓練外，諮商助人的訓練也包含個人的層面，也就是針對受訓者在其日常生活或諮商關係中不純熟的技巧來加以改進。

　　所謂學術的層面，意指每一位諮商員皆有屬於自己的理論架構，並依此來運作諮商技巧。有關理論的學術研究部分，的確很重要，但因本書的著重點在於實際應用及個人層面，所以學術的層面將著墨不多。

一、實際應用層面

　　諮商員可以藉由自助的方式，進一步發展與維持其諮商技巧。此外，尚有接受訓練課程、接受督導及閱讀相關資料等方法。

（一）自助

　　自助是指在沒有訓練員的情況下，自行學習諮商技巧的活動。而自助的方式又可分成觀察法及實際運作法兩種。以下分別介紹：

　　1. 觀察法包括：

　　　(1)聽錄音檔：仔細聽那些由卓越的諮商助人者所錄製的會談錄音並

注意其中諮商員與受輔者的互動方式、過程以及對話。試圖分辨諮商員運用了哪些技巧、同理心反應、面質、鼓勵性反應等。也可以比較諮商員在不同問題上及運用不同理論架構時所採取的處理方式。

(2)觀看錄影影片與電影：教學錄影影片具有和錄音教材相似的功能，且又增加影像，使得觀察者可獲得更多的肢體訊息，如臉部表情、坐姿等。電影也可是利用的工具，但電影不若錄影影片那般具有專業性。

(3)閱讀會談劇本：由優秀諮商員所編寫的會談劇本是另一個良好的學習工具，甚至有些劇本還包含了錄音教材。雖然由於諮商倫理的顧慮，不可能閱讀真正的會談紀錄，會談劇本仍能使閱讀者獲益良多。

(4)參與會談：以受輔者的身分，和一位有經驗的諮商員進行一次或多次的會談，除了體驗受輔者的心情之外，尚可學得許多的技巧。

2. 實際運作法包括：

(1)自我對話：自己作為自己的諮商員，進行內在對話，也可利用錄音程式加以錄音，可於練習後自我檢討。

(2)以劇本練習：選擇一個良好的諮商劇本，將諮商員的反應部分遮住，假設自己是諮商員，根據劇本中受輔者的對話，寫下自己的反應對話，最後和原劇本相比較檢討。

(3)以錄音教材練習：選擇一優良的錄音教材，在聽完每次受輔者的敘述後，按下停止鍵，並以諮商員的身分回應受輔者，之後再拿錄音教材中的回應和自己的回應做比較，且應注意聲調的高低起伏。

(4)配對諮商：找一名同伴，輪流扮演諮商員與受輔者進行會談，過程可錄音以利事後兩人討論。

(5)正式進行諮商：和一位真正的受輔者進行會談，並錄音記錄過程，以利事後檢討。

(6)參加團體：可參加以自助方式學習諮商技巧的團體。接受學習，並和團體成員一起合作，互相評估與支持。

（二）接受訓練與參加講習會

參加一些由可信賴的機構團體所辦的訓練課程或講習會。通常訓練課程會持續一段較長的時間，而講習會則是較密集地在一兩天內將課程上完，不論是何者，受訓者皆可從中獲益。

（三）接受督導

與受輔者進行實際會談並接受督導，是獲得經驗的最佳方法之一。接受過良好訓練的諮商員，在初期與受輔者正式會談時，需要一位有經驗的督導員（supervisor）從旁支持與指導。督導員可於每次會談後，與諮商員共同聆聽會談錄音，討論及檢討諮商歷程中的優缺點（當然，這必須先經過受輔者的同意，錄音紀錄才可交給督導聆聽）。在這種督導過程中，諮商員可逐漸將所學技巧一一轉化成實際的應用，而不致有所誤用。美國輔導學者 Robert Carkhuff 曾指出，完整而嚴謹的督導過程是影響諮商員素質高低的重要因素之一。因此，接受督導是諮商員邁向專業的一大步。

督導的方式最好採一對一進行，因為在一對一的情況下，諮商員可以探索得更深入，且事關受輔者的隱私，聆聽錄音紀錄的人愈少愈好。但由於時間的因素，督導關係也有一對多人（2～3 人）的方式，如此可節省督導員的時間，而諮商員亦可以彼此評估、互相學習（錄音紀錄的聆聽仍需經受輔者的同意）。

對於還在學習中的諮商員而言，同儕間的相互督導也是一種值得一提的方法。在其中，諮商員可以彼此學習、刺激或是辯論的方式求進步。協同諮商就是同儕督導的模式之一，所有本書提過的配對練習均可用於協同諮商之中。同儕督導團體（peer supervision group）則是另一種同儕督導模式，本書所提供的在訓練團體中進行的練習，亦可適用於同儕督導團體，只須稍加變化即可。

（四）閱讀相關資料

除了一些有益於實作的理論文獻，諮商技術的相關資料有兩種主要來源，一是有關諮商技術的專門書籍，一是研究性的期刊，如國內固定發行的《輔導季刊》及《中華輔導與諮商學報》（台灣輔導與諮商學會）、《諮商與輔導》月刊（天馬文化）、《教育心理學報》（台師大教育心理與輔導學系）、《輔導學諮商學報》（彰師大輔導與諮商學系）等。

二、個人生活層面

作為諮商員，維持與發展技巧的另一個方式是從自己的生活層面著手。諮商員不只是協助受輔者而已，諮商員自己也必須面對生活中的事件，處理自己的情緒、思考與行為。有一句俗語說：「醫生們也得替自己看病」，同樣適用於諮商員。從個人生活層面，有四種可維持與發展技巧的方法：自助、尋求個人諮商、參與團體諮商及生活技能訓練。

（一）自助

每一天都能積極有效率地生活，就是發展與維持諮商技巧的好方法。諮商員所學到的任何諮商技巧與知識都可運用於生活中，並從個人日常應對開始，例如：可以仔細地傾聽自己內在的感受，注意自己有無不良的思考習慣並訓練自己以更實際的方式思考。面對困難時，亦可自行設計出一個處理問題改變行為的方案。當然，對於家人、朋友與周遭的人都可運用這些諮商技術。

一位諮商員若不懂得照顧自己、適當地處理生活及工作上的壓力，則很容易感到倦怠、有無力感甚至崩潰。以下列出一些容易造成諮商員倦怠的原因：

1. 無法對不合理的要求說「不」，不知適時地拒絕他人。
2. 對自己的要求不恰當，給自己太多工作壓力。
3. 對工作有要求完美的傾向。
4. 極需外在的讚許。

5. 在諮商關係中，負擔過多的責任。

6. 在諮商關係中的角色過於僵化，不夠多樣化。

7. 與同事或督導者的關係建立技巧不佳。

8. 諮商的執行技巧不佳。

9. 未能建立良好的支持網絡。

10. 在維持與發展諮商技巧方面有缺陷。

11. 忽略了在諮商歷程之外，還有真實的生活存在。如果諮商員未能注意此點，將容易缺乏彈性，也易產生倦怠。

（二）尋找個人諮商

當一位諮商員面對職業上的瓶頸或生活中的困難時，可以受輔者的身分尋求其他諮商員的專業協助。或者兩名諮商員做長期的相互諮商，這對於兩人而言都極有益處。

（三）參與團體諮商

除了尋求個別諮商，諮商員也可以受輔者的身分，選擇一個適當團體參加。這不但可以協助處理個人所遭遇的問題，又可以增進自己的諮商技能。目前，此類團體已逐漸增加，讀者可依個人需求而加以選擇。

（四）生活技能訓練

任何一位諮商員，從某方面來說，也算是自己的受輔者。因此在面對問題時，應該為自己的問題設計生活技能訓練。自己作為一個訓練者，也作為一個被訓練者。可根據前面章節所提的生活技能訓練方式逐一施行。

練習 14-1　維持與發展諮商技巧

本練習可自行完成、配對進行或在訓練團體中進行。

A.自行完成

設計一個發展與維持自己諮商技巧的計畫，並考慮以下數項要點：

1.目標為何？

2.可用以達成目標的方法為何？例：自我協助、參與課程訓練或講習會……。

3.將目標予以步驟化，並設定時間進度。

4.監督與評量效果的方法為何？

B.配對進行

兩人分別完成 A 部分之練習再討論，或兩人合作完成。亦可兩人進行諮商會談模擬，諮商員協助另一位諮商員探討技巧上的優缺點，並設計改進的計畫。之後，角色互換再進行一次。

C.在訓練團體中進行

訓練員先介紹一位優秀諮商員如何發展與維持其技巧的實例，或訓練員以自己為例，開放其經驗與成員分享。或者將團體分成小組，進行 B 部分練習，最後再集合做討論與分享。

▋貳、諮商員的挑戰 ▋

諮商員除了有維持與發展自身諮商技能的責任，尚有其他多種難以避免的壓力及限制，例如：

1. 面對謀生的壓力，會迫使諮商員做某些程度的妥協，而這正可能有損諮商的服務品質，例如：學校中的輔導老師、大公司中的員工輔導員。

2. 過多的工作負擔、職業倦怠及面臨崩潰的壓力。

3. 在機構內任職的諮商工作者，有機構內期待的壓力；而自行開業的諮商工作者，有孤立無援或生存的壓力。

4. 督導或訓練員本身狹隘的信念，可能造成受訓者在諮商工作上的盲點與限制。

5. 在機構內，升遷與諮商技能的獲得可能無法兼得。

6. 受輔者的滿意度、專業的自我要求、評鑑的優劣等問題。

此外，在諮商工作中尚有許多的壓力與挑戰。這些挑戰與壓力或許使你感到沮喪，難以處理，但這些挑戰與壓力對於你的存在也正是一種肯定（因為你若非諮商輔導工作者就不會面對這類問題）。期望每一個讀者都能從本書中獲得助益，做出良好的抉擇迎接每一次的挑戰，成為一位更有效能的諮商工作者。

實務篇

台上玩月

少年讀書　如隙中窺月
中年讀書　如庭中望月
老年讀書　如台上玩月

〜清・張潮
《幽夢影》

第十五章
抗拒的認識
與處理

「改變」是一件極為弔詭的事。就字義來看，改變是一種變更、蛻
變、轉換；其相反詞為：保持、仍舊、依舊。改變之所以弔詭，乃
在於有些改變，是成長、發展中自然發生；不過，有些改變，卻要
耗盡心力後才能完成。最難料的是，人世間的某些負面經驗，對少
數人而言，可能終其一生無能超越，亦無轉變跡象，致使屢屢受困，
在生命的重要關卡停滯而一再倒帶。

～潘正德（2021）

抗拒是受輔者一種自然的反應現象。Vriend 和 Dyer（1973）、Uribe
（1988）和Mahalik（1994）認為在每一個有效的心理治療當中，抗
拒是不可避免的過程，它可能是受輔者邁向成長改變所採取的一種
合理、可行的方式。但抗拒也是新手諮商員最感棘手的問題。閱讀
完本章，讀者可熟悉抗拒的受輔者、抗拒的形式、抗拒的原由，以
及適當的處理抗拒策略。

Patterson（2000）認為諮商是一種關係，在這關係中，諮商員表現出真誠、接納、了解的態度以協助受輔者解除其內心的心理防衛，並建立良好的溝通管道。羅吉斯（Rogers）更強調：良好的溝通關係是諮商的首要因素。但事實上，在諮商過程中，我們很容易發現受輔者抗拒（reluctance, resistance）的現象。我們既要維持良好的諮商關係，又要處理抗拒引發的種種問題，兩者之間似乎很難協調。對於新手諮商員而言，更易造成手足無措的尷尬場面，而對自己的專業知能喪失信心。

諮商員為了使諮商達到助人的目的，對受輔者抗拒的了解，及抗拒形式、原因、處理的策略等，有更多認識的必要。但亦應避免標籤汙名化，使受輔者退怯，影響助人關係的發展（de Shazer, 1989）。

▌壹、抗拒的受輔者 ▌

抗拒是受輔者一種自然的反應現象。Mahalik（1994）認為：在每一個有效的心理治療當中，抗拒是不可避免的過程。它的存在，並不意味受輔者不願接受諮商輔導，事實上，它可能是受輔者邁向成長所採取的一種合理、可行的方式。

Uribe（1988）對抗拒的受輔者所下的定義為：「個體不願意因受協助，放棄本身的一些行為症狀（symptom），拒絕以較令人滿意的方式取代這些症狀。」在這定義下，受輔者逃避與諮商員接觸，或否認諮商的需要、不承認諮商經驗是具有價值的，都很可能是抗拒的某些反應。

▌貳、抗拒的形式 ▌

Mahalik（1994）強調抗拒並不一定是透過強烈的憤怒、堅決的沉默來表達，有時過度的順從、期望或不完全真實的英雄崇拜（semiphony hero worship），亦是抗拒的現象。在諮商過程中，最常見的抗拒反應類型有下列三種。

一、沉默

拒絕說話，或象徵性點頭、聳肩等，諮商中僅達到最低限度的溝通。

二、敵視的態度

從受輔者的對話中可清楚知道敵視態度，如：「我不願意跟你談，因為這是我的私事……」、「如果我不是一定得要到這裡來，我就不會來了……」。

三、強詞奪理、矯揉造作

這類受輔者通常表現出來的，都不是他真實的一面，例如：虛張聲勢，對相反的意見大力抨擊，或過度期望諮商員的承諾等。

很明顯地，受輔者可以採取許多的方式來表達心中的不滿，如敵視、不合作的沉默、過分殷勤、防衛、逃避或一些不當的行為，這些是諮商員清楚可見的。但有些行為如：贊同、順從、渴望他人勸告、需要提供經驗等，這些外表似乎是積極合作的態度，但心裡面可能潛藏另外的意念，因此諮商員應該要有能力去分辨它，以免使諮商陷入撲朔迷離的困境。

▍參、為何會有抗拒 ▍

儘管羅吉斯認為抗拒的產生，是由於諮商員欠缺處理受輔者所表現的問題或情感的技術所致，但有時在面對面的諮商關係中，受輔者亦可能因孤單、防衛、反抗心理，甚至莫名的因素而產生抗拒的反應。

在諮商開始時，諮商員常以：「你的問題是什麼？」為談話的開始。受輔者在毫無心理準備下，對於這種直接式的問話採取的反應大都是沉默、反抗；這正說明了我們的溝通遇到阻礙，除非諮商員敏感地察覺並加以補救，否則諮商的效果將難令人滿意。

其次，當諮商進入深層探索時，諮商員的引導、澄清、同理心，讓受

輔者對人（自己）、對事有新的體認，受輔者可能不願意接受這一事實，也可能因本身的價值體系或人格結構遭受創傷與巨變，不願意對質（confrontation）以面對問題癥結，而選擇逃避、抗拒的反應。例如在學校實施的諮商輔導中，學生的不合作、抗拒行為，有時是為了要得到同儕團體的接納、讚賞或獲取優越感而已。諮商員應該把重點放在潛在的動機、問題、感受的探索處理，而不是拘泥於表面的外顯行為的因應處理。

肆、不當的處理方式

一、新手諮商員面對受輔者的抗拒時常有的反應方式

（一）把抗拒投射到自己身上

把不必要的責任加在自己身上，認為受輔者的不合作、敵意、沉默，都是自己的無能或處理不當所造成。

（二）視若無睹

避免觸及受輔者不滿的心理，偽裝它不存在或以為自然會消失。

（三）不耐煩

手足無措、激動、忿憤，透過語言或非語言行為表達出來。

（四）急於尋找原因並解決問題

諮商員捨本逐末，忽略此時此地感受上的處理。

（五）撫慰

給予受輔者不必要的安慰或遷就受輔者，與之妥協。

二、諮商員處理不當的原因

（一）不擅於處理消極感受

在我們的社會中，消極感受（negative feeling）通常被壓抑；除非受輔者開放自己，否則諮商員亦不習慣消極感受的處理。

（二）缺乏有系統的訓練

Uribe（1988）認為在訓練課程中，缺乏由經驗與理論結合的材料，因此在諮商員處理抗拒時，技術上、經驗上都顯得生疏而不能有效地處理。

伍、處理抗拒的策略

一、避免自我譴責

諮商員應該避免不必要的愧疚感，同時認清自我要求過高的完美主義，對諮商的效果不會有太大的幫助。如此，諮商員才能自我肯定，放手去做。

二、諮商員可思索的問題

1. 受輔者從抗拒中期望得到什麼回報？
2. 這是否為受輔者特有的行為表達方式？
3. 受輔者的抗拒是否因我的權威角色而產生？
4. 受輔者會不會把合作的態度認為是弱者的表現，而穿上抗拒的偽衣？
5. 不管受輔者對我的反抗是以何種方式呈現，我能繼續接納他是一個有價值的人，且確信諮商對他有益嗎？

三、有效的反映技術

諮商員以坦誠的態度，直接處理消極的感受。諮商員可做下列的溝通：

1. 你的感受已被接受並了解。
2. 諮商並不是一個否認消極感受的過程。
3. 諮商也談論心裡的感受。
4. 諮商員具有統整的人格，除非人身遭遇威脅，否則有能力處理任何形式的抗拒。
5. 諮商員可以體諒受輔者的內在世界，願意以關切、尊重的態度和當事人一起解決問題。
6. 讓受輔者了解他有權利表達內心的不滿。

四、適當地使用解釋的技術

1. 提供多方面的資訊，使受輔者對自己有更多的了解。
2. 說明諮商員有能力、信心做進一步的協助。
3. 幫助受輔者澄清抗拒的原因和問題性質。
4. 讓受輔者了解諮商是雙向的溝通，在雙方的努力合作下，才能達到目標。
5. 讓受輔者知道，諮商的進行有如剝洋蔥的過程，雖有辛辣、難過及不舒適的一面，但也有成長、快樂的一面。

五、自我表達

　　諮商員應有勇氣在適當時機，向受輔者表達內心的感受，使受輔者了解別人對他行為的反應，並進一步和受輔者一起討論、尋求解決的方法。

　　在輔導的工作領域中，諮商是很重要的一環。諮商的對象可能是自動來談者，也可能是家長或相關單位轉介而非自動來談的受輔者，諮商員在諮商過程中，或多或少會遇到一些抗拒。因此，有效地處理抗拒問題，將是諮商員所要具備的重要技能之一。Dr. Haman（曾任美國威斯康辛大學輔導中心主任）有一句話可能是處理抗拒的當事人最好的一種態度，他說：「即使我的受輔者自始至終都在欺騙我，但因著他是擁有完整生命的個體，他的抗拒絕對含有深層的意義，因此再沒有比接納更好的處理方式了。」

第十六章

心理防衛的認識與處理

在我們內心深處永遠住了一個小孩（inner child）。正如任何成長中的個體一樣，小孩需要生機、養分、安全與關愛。然而，我們內在小孩的發展，有時會停滯在早期受到創傷的階段，縱使生理年齡逐漸增加……但內在小孩依然沒有長大，其中有：被忽略的小孩、被拒絕的小孩、被過分要求的小孩、被虐待的小孩、被溺愛的小孩，與被利用的小孩等。

～潘正德

心理防衛機制往往出於不自覺反應，它們是無意識的或至少是部分無意識進行的。受輔者藉維持自尊或通過自我美化來保護自己免於受傷，其中隱含掩飾或偽裝真正的動機等。閱讀完本章，讀者可熟悉受輔者常見的防衛方式，及諮商員可行的策略。

　　一般而言，當我們面對著現實生活中的許多問題時，我們處理的方式不外乎：積極面對問題，設法解決，或消極逃避兩種方式。事實上，我們往往在不知不覺中，把自己與現實的關係稍加改變，一則使自己的行為表現易為人接受，再則可減低情緒上，甚至心理上的苦痛與不安。心理學家稱這種具有防衛性質的應付或適應挫折情境為：防衛機制或心理自衛機轉（defense mechanisms）。這種自衛方式大都在潛意識中進行，它雖不算是一種病態，但如果使用過多，難免與事實距離太遠，而帶有自我欺騙（self-deception）的色彩。

　　在一個價值觀念急遽改變、家庭結構日益鬆散的社會裡，諮商員面對著千奇百怪的問題，並接觸各色各樣的受輔者。諮商員要處理的，將不只是情緒、感情、交友、學業、適應等問題，還包括了人格、心理調適等問題。要是諮商員能熟練諮商技術，並對心理學知能，特別是心理防衛方式有深入的了解和體驗的話，將有助於更深入受輔者的內在世界，而產生意想不到的諮商效果。本文僅就一般常見的防衛方式、可觀察到的表達方式與內容，及可行的問題輔導策略來論述。

壹、心理防衛常見的表達方式與諮商員可行的策略

一、壓抑作用（repression）

　　意指在日常生活中，為了防止因挫折、衝突經歷到的痛苦經驗再度發生，有目的地把它排除於個人記憶或意識之外。

（一）常見的表達方式與內容

1. 學生忘記準備考試（侷限在不喜歡的科目）。
2. 學生忘了老師的規定（討厭的老師）。
3. 受輔者忘記了一段往事（痛苦的往事）。
4. 受輔者忘了回別人的信（討厭的人）。

（二）可行的輔導策略

1. 輔導的重點似乎不只是外表行為的了解，而應深入探討受輔者的情感、思考、觀念等層面。就時間而言，過去的經驗應該比現在表現的行為更重要。
2. 常用的諮商技術有：接納、反映、同理心、引導、解釋、重述、立即性與面質等。
3. 鼓勵受輔者以不同的方式來表達同一件事。
4. 幫助受輔者從不同的角度（立場）來了解事實。

二、否定作用（denial）

與壓抑作用相似，但是並不在於把已經發生的痛苦經驗「忘卻」，而是把已經發生的不愉快事情加以「否定」。否認它的發生，也否認它的存在。

（一）常見的表達方式與內容

1. 「這怎麼會是我做的，我不可能做這種事的。」
2. 「考第一名，這有什麼了不起！」
3. 「這種考試沒水準，我是不會為考試而拼命的。」
4. 「這不是事實，根本不可能發生的。」

（二）可行的輔導策略

1. 輔導的重點宜放在受輔者的情感、觀念、思想的統整，與價值的澄清。
2. 常用的諮商技術有：反映、摘要、解釋、開放式問句、澄清與面質等。
3. 了解受輔者內在的「動機」，比表面說出的各種「理由」更重要，更值得探討。

三、合理化作用（rationalization）

為了避免挫折產生焦慮的痛苦，以及維護個人自尊起見，把表現出的行為「合理化」，給予許多「合理的」解釋，最常見的如：酸葡萄、檸檬心理。

（一）常見的表達方式與內容

1.「因為身體不舒服，所以沒做功課。」
2.「考第一名有什麼好處呢？把身體搞壞了才划不來呢！」
3.「像我這樣一直都是有傻福的。」
4.「那女孩雖長得不錯，但紅顏多薄命，跟她在一起不會有好結果的。」

（二）可行的輔導策略

1.輔導的重點宜放在受輔者的情感、觀念、思想的統整，與價值的澄清。
2.常用的諮商技術有：反映、摘要、解釋、開放式問句、澄清與面質等。
3.了解受輔者內在的「動機」，比表面說出的各種「理由」更重要，更值得探討。

四、認同作用（identification）

個人在現實生活中無法獲得成功或滿足時，將自己比擬成一位成功者，或比擬成幻想中成功的人。

（一）常見的表達方式與內容

1.「我表哥是醫科學生……」
2.「家父雖已過世，但我喜歡學他講話的方式。」
3.「我那些朋友穿著、打扮都很體面……」

4.「我身上的裝飾品是遠在國外的母親送的。」

（二）可行的輔導策略

1.輔導的重點在於協助受輔者對認同的對象做客觀的分析、比較，並建立受輔者選擇性認同的能力。
2.常用的諮商技術有：重述、反映、同理心、解釋、澄清等。
3.協助受輔者澄清所表達的內容，例如諮商員可以做這樣的反映：
   (1)你表哥是個醫科學生，雖然你的功課不一定像他一樣傑出，但你可以向他學習，並以他為榮是嗎？
   (2)學父親講話的方式，讓你感到離他很近是嗎？
   (3)跟你那些朋友在一起，你是不是覺得自己也很有面子？
   (4)看到身上的裝飾品，似乎可以減輕別離之苦是嗎？

五、投射作用（projection）

個體把自己的性格、動機、態度與感受排除於自身之外，並投射到別人身上。

（一）常見的表達方式與內容

1.「我雖然不是什麼好東西，但他們比我更惡劣！」
2.「全世界的男人都不是好東西！」
3.「別人都虧待我，我是無辜的。」
4.「雖然我考不及格，但是他們考得比我還差，比我更沒面子。」

（二）可行的輔導策略

1.輔導的重點在於協助受輔者了解並澄清自己的動機與心理需求。
2.常用的諮商技術有：接納、反映、澄清、摘要、解釋與同理心。
3.幫助受輔者提高對事情分析、判斷的能力。

六、退化作用（regression）

遭遇挫折，個體放棄已學得的成人技巧，而恢復使用與自己年齡不相稱的方式去處理問題。

（一）常見的表達方式與內容

1. 小孩以哭鬧逃避責任。
2. 學生一再違規，屢次以家長為擋箭牌。
3. 夫妻失和，太太屢次回娘家尋求慰藉。

（二）可行的輔導策略

1. 輔導的重點在鼓勵受輔者認清問題並積極面對問題。
2. 協助受輔者了解一時的退化行為是正常而且是需要的；但過多的退化行為不僅會養成畏縮、逃避的習慣，且會阻礙正常人格的發展。
3. 常用的諮商技術有：接納、反映、摘要、立即性、同理心、解釋、自我開放及澄清等。

七、補償作用（compensation）

個體因生理或心理上的缺陷而感到自卑或不適時，以種種方法來彌補這些缺陷，藉以達到心理上的平衡。

（一）常見的表達方式與內容

1. 學業表現不佳的學生，調皮搗蛋，惹事生非。
2. 母親因內心的愧疚，特別寵愛家中某一個小孩。
3. 小兒麻痺的學生，在功課上有優異的表現。
4. 家境清寒的小孩，長大後在事業上有輝煌的成就。

（二）可行的輔導策略

1. 輔導重點不在外表可見行為的處理，而是要協助受輔者澄清並統整自己的價值觀念。
2. 常用的諮商技術有：反映、重述、引導、解釋、澄清、立即性與面質。
3. 協助受輔者了解補償作用的積極效用，並避免運用過當或失當。

八、反向作用（reaction formation）

又稱矯枉過正現象。個體表現的行為方向與內心動機方向相反。

（一）常見的表達方式與內容

1. 學生與老師作對、唱反調（內心真正的渴望可能是：希望老師多加關注）。
2. 過度沉默的小孩（可能是遭遇極度哀傷或震驚，一時不知如何自處）。
3. 喜歡洗手，而且次數頻繁的學生（可能代表心中的罪惡感，或具有髒的念頭）。
4. 學生欲蓋彌彰的行為表現（可能出自心虛，或沒有安全感所引起）。

（二）可行的輔導策略

1. 輔導的重點在協助受輔者從不自覺的反向作用中，了解自己行為的因果關係。
2. 常用的諮商技術有：接納、反映、重述、解釋、立即性、引導與澄清等。
3. 利用 ABC（理情治療）理論，塑造當事人新的信念。
4. 協助受輔者了解適度的反向作用不僅無害，反而有助於社會適應問題的解決；但過度的反向作用，則有意想不到的反效果。

九、幻想作用（fantasy）

個體在現實生活中遭遇困難，利用幻想，把自己從現實中脫離並停留在幻想的境界中。

（一）常見的表達方式與內容

1. 女學生幻想有一天會找到一位白馬王子。
2. 成績表現不理想的學生幻想有一天會奇蹟式地名列前茅。
3. 處處受父母嚴格限制的小孩幻想有一天能自由自在地生活著。
4. 受同學欺凌的孩子，把自己幻想成身強力壯的勇士。

（二）可行的輔導策略

1. 輔導的重點在於對此時此地幻想行為的了解、過去經驗的探討，以及對未來行動方向的擬訂。
2. 常用的諮商技術有：沉默、反映、重述、解釋、自我開放、澄清、同理心與面質等。
3. 運用適當測驗工具，藉以了解並診斷當事人對現實與幻想的分野是否清楚，作為進一步輔導或轉介的依據。
4. 幫助小孩子了解適當的幻想作用有助於心理問題的處理，但避免過度使用，以免浪費時間，於事無補。
5. 鼓勵成年人直接面對問題、解決問題。

十、抵消作用（undoing）

以象徵性的事情來取代並抵消已發生過的不愉快事情，藉以補救心理的不適應感。

（一）常見的表達方式與內容

1. 違反校規的學生事後表現出乖小孩的模樣（乖小孩取代違反校規，藉以減低愧疚或彌補心虛）。

2. 有手淫習慣的學生，藉洗手以求心安（以洗手取代手淫，減少心中的罪惡感）。

3. 罵髒話的小孩，以手蒙住嘴，表示後悔或否認自己講過髒話（以蒙嘴取代罵髒話的行為，藉以逃避責任）。

4. 考試不理想的學生接到考卷後把考卷撕毀（藉撕毀考卷，發洩心中的不滿，並減少不適感）。

（二）可行的輔導策略

1. 輔導的重點放在協助受輔者了解自己的動機與行為。

2. 常用的諮商技術有：接納、引導、反映、解釋、重述、立即性與摘要等。

3. 幫助受輔者了解在抵消作用下所產生的行為，對事情毫無幫助，只得到心理上暫時的寬舒而已。

4. 鼓勵受輔者接納事實，並擬定新的行為目標和改變計畫。

5. 協助受輔者的父母、老師、家人了解抵消作用產生的行為，既不是一種欺騙，也不是對權威的抗拒，藉以減少不必要的誤解。

▌貳、結論▌

　　一位有效能的諮商員宜具備某種程度以上的自我成長。諮商員的成長首在對自我的覺知和了解，而了解自我的心理防衛方式正是一種有效而直接的方法。諮商員若能在有經驗的督導員協助下，分析、統整自己的防衛方式，將有助於自我深層的了解，並提升自己的專業技能。

　　心理防衛方式是自我保護的一種方法。對自我防衛做系統化的分類並不容易，再加上幾種不同的防衛方式可能同時出現，更顯得複雜而難以掌握。還好在諮商輔導的過程中，受輔者會不知不覺地使用幾種特定的防衛方式，而且會重複地出現。有經驗的諮商員要是具備足夠的敏感性，不難從蛛絲馬跡中找到線索，深入地探討其內心潛在的問題。本章針對各種防衛方式提出代表性的表達方式與內容，其目的只是在幫助讀者進一步了解

及分辨。文中亦根據學理和個人實際輔導的經驗，舉出可行的輔導策略，及常用的諮商技術作為參考性的架構。事實上，心理防衛的處理並沒有一成不變的輔導法則，盼望文中的幾個概念，能對讀者——也就是諮商員，產生一些實質的效益。

第十七章

曖昧訊息的認識與處理

人的內在有一座冰山，能被看見的僅只一小部分，而更多的部分潛藏於較深層面。我們習於使用的應對姿態與行為包括：超理智型、討好型、指責型、打岔型、一致型五種類型。這些類型的學習，源自原生家庭內的互動經驗。因著要保護自尊，形成前四種口語訊息與非口語行為相互衝突的不一致溝通。而一致型溝通則是最直接、真誠的溝通。

～維琴尼亞・薩提爾（Satir, 1972）

《家庭如何塑造人》

關於如何陪伴習於使用口語訊息與非口語行為矛盾衝突的受輔者，本章提供一個有效的因應方式——即曖昧訊息的聆聽與辨識。閱讀完本章，讀者可熟悉曖昧訊息的表達方式，及立即性的有效溝通方式。

　　諮商過程是諮商員與受輔者兩人間的互動歷程。在互動歷程的要素中，口語互動是最直接、最有效的一種方式。倘若口語互動無法表達清楚、發揮傳情達意的功效，諮商員必然會感到挫折、失望和無力感，而受輔者亦會感到困擾和茫然。由此而建立的諮商關係，最多只能停留在粗淺的層次上，而無法深入探索，發揮良好的諮商效果。在諮商的實務工作中，許多諮商員都無可避免地會碰到受輔者傳送不明確的曖昧訊息，而造成下列的困擾：

1. 我和受輔者間似乎無法再談下去。
2. 我們所談的話題總是繞來繞去的。
3. 我仍然不清楚受輔者真正的意圖是什麼。
4. 我似乎被受輔者操縱著。
5. 我不確定受輔者是否了解我的意思。

　　以上的困擾問題，常使新手諮商員感到技窮而不知如何是好。因此，在諮商員的養成過程中，有必要加強這方面的訓練，使諮商員兼具處理不明確曖昧訊息的能力。

壹、曖昧的訊息

　　在上述的五種困擾問題中，諮商員和受輔者間均同時存在一種隱含而未被明確表達的訊息，此即所謂的曖昧訊息。曖昧訊息的出現，意謂著諮商關係出現某種危機，若處理得當，危機可能轉換成轉機，但若處理不當，將危及兩人關係的延續與發展。

　　溝通理論學者黃惠惠（1991）認為：在人際溝通過程中，訊息的發送者（sender）和接受者（receiver）兩人間，有一股難以捉摸卻明顯存在的影響力。人們常透過這股影響力去達到影響別人的目的，如產生某種情感、信念、意向或引起某種行為反應等。但在大多數的情況下，人們不習慣直接、清楚、具體地表達出上述的意圖，因為人們既怕被拒絕、被誤解，甚至被傷害，又怕明顯意圖造成高比率的失敗機會。因此人們經常偽裝自己

的意圖，而改以要求、建議、責備、否認或其他操縱方式來掩飾自己。有時，在不明瞭或未察覺的情況下，我們也會使用這種表達方式以滿足自己的需要。

貳、處理的良方──立即性

立即性是指諮商員能敏銳覺察諮商關係的立即情境（immediate situation），了解諮商員和受輔者間「此時此地」的動力關係，並引發受輔者就兩人的關係做一種立即的、公開的和坦誠的討論。因此，立即性包括諮商員了解諮商過程中所發生的一切，並進一步就受輔者的情感、期望、印象、需求以及諮商員的角色目標等進行討論與溝通。

Egan（1986）依受輔者處理的重心，將立即性分成關係立即性（relationship immediacy）與此時此地的立即性（here and now immediacy）兩種。關係立即性是指諮商員與受輔者相互站在對方的立場，和對方討論彼此的關係。此時此地的立即性是指專注在諮商員和受輔者二者互動中，此時此地所發生的事務之處理。

基本上，諮商員運用立即性的過程，可分為三個階段：

1. 首先，諮商員必須先跳出兩人的諮商關係，審視關係中到底發生什麼事，並經常提醒自己：「受輔者到底想告訴我什麼？」「什麼原因促成他無法直接表達？」
2. 接著，諮商員以詢問的方式澄清受輔者沒有直接表達的訊息內容是什麼，例如：諮商員可以這樣表達：「你所要表達卻沒有表達的內容（意思）是不是關於……。」
3. 最後，諮商員鼓勵受輔者一起針對兩人目前的諮商關係做探索、澄清。

參、使用立即性的時機

在諮商過程中，立即性技術的使用並非在每個案例中都會出現。立即

性技術的使用，有賴於三個條件的配合。首先是諮商員具備足夠的使用知能；其次是受輔者有明顯的行為反應出現；第三是適當的時機配合。以下是兩位諮商員對同一問題的立即性處理：

> 受輔者：我還是不相信諮商的價值，我們只是坐在這裡談一大堆自己的事，可是事情根本沒有好轉，而且，有時要一直談論自己也不太容易啊！
>
> 諮商員 A：看起來整個晤談似乎沒有進展，很令人洩氣，而且似乎很難繼續下去。
>
> 受輔者：就是這樣。

諮商員 A 的反應是初層次同理心的了解，由受輔者的反應來看，諮商員的談話對諮商的進展仍然沒有幫助。

> 受輔者：同上。
>
> 諮商員 B：從你所談的幾件事來看，你似乎還不能確定該不該信任我，你不太能相信我們的關係繼續下去對你有利。
>
> 受輔者：嗯，我不能肯定你是不是喜歡我，我知道你很忙，而且我不知道你為何願意來幫助我，我只不過是一個壞學生而已。

由上例可看出，諮商員 B 找出一個可能造成諮商關係停滯不前的原因，就兩人的關係與受輔者做直接而開放的溝通，使諮商關係找到一個借力使力的著力點。諮商員 B 的立即性處理，符合了上述三個條件，其對諮商關係的影響有正面的意義。

根據 Egan 的觀點，在諮商過程中，使用立即性的時機包括下列五種狀況，並分別舉例說明之：

（一）諮商員與受輔者有不同風格時

> 諮商員：從我們的談話中，我發現我們有不同的生活態度，你似乎比較喜歡自由、無拘無束，而我喜歡有目標、有秩序、有結構地談下去，不知你認為如何？

（二）諮商員與受輔者彼此的信任產生問題時

諮商員：從幾次談話來看，你似乎一直在信任與不信任之間打轉。不知道你對我到底有什麼看法？

（三）受輔者過度依賴諮商員時

諮商員：在我們談話的過程當中，有時我發現你把我的看法看得比你自己的想法更重要，不知道你是否有同樣的感覺？

（四）受輔者拒絕接受諮商員的協助時

諮商員：我想把自己覺察到的一些現象說出來。不知道你是否和我有同感，我覺得你不願意承認你在這裡得到一點幫助，你似乎在反抗我、拒絕我，這使得我們的談話一直在兜圈子。

（五）受輔者對諮商員的好感造成諮商妨礙時

諮商員：我想我們一開始就彼此具有好感，從某方面來說，這種好感使我們的談話自然而愉快，可是從另一方面來說，這種好感會成為一項阻礙，使我們無法深入去探討一些不愉快的經驗，你認為呢？

肆、使用立即性的基本技能

立即性技術的使用，並非漫無邊際地猜測，也不是諮商員憑個人主觀的感受，做無中生有的建構。事實上，立即性反應是針對受輔者不明白的情況，或表達得不明確的訊息做解釋的一種試探性假設過程。因此在假設

形成的過程中，係根據已有的資料和資訊來推論，但不涉及結論或主觀偏見。以下僅從立即性的基本技能，及可實際運用在處理曖昧訊息的部分作說明：

一、基本的技能

（一）了解受輔者影響力的能力

諮商員能從諮商的發展過程中，體驗受輔者操控行為的影響力，此點對諮商關係是有正面意義的。受輔者常習慣性地透過曖昧訊息表達操控的行為。而諮商員覺察出受輔者的意圖後，一般常見的反應是忽視、迂迴通過，或直接阻斷。如此的處理，常失去觀察、了解受輔者溝通與人際互動的真實情況。許多研究意外的發現：當諮商員愈想避免被操縱時，往往愈容易落入受輔者的控制中。因此，了解受輔者的影響力應是處理曖昧訊息的首要技能。

（二）摘要的能力

受輔者的行為反應會受到習慣性因素的影響，在某些特定的情境中，如：緊張、焦慮、害怕或不舒服時，便一再重複使用他們所熟悉的操縱方式。諮商員應該敏感察覺受輔者這種反應方式，並確定受輔者的意圖與動機，進而將所察覺到的或已確定的訊息做一摘要性的說明，以幫助受輔者了解其反應方式及行為動機。

（三）跳離諮商員角色的能力

Beier（1966）認為要了解溝通中隱含的曖昧意義最好的方法是，暫時從諮商關係中跳離（disengaging）出來，從諮商員的角色轉變成聽眾的角色，沉默以對，暫時不再給受輔者預期的反應。諮商員可同時以自己所經驗到的兩人關係來做反應。下列的問題，可以幫助諮商員評估自己所經驗到的曖昧訊息：

1.受輔者想表達些什麼？為何無法表達清楚？有何考量？

2. 受輔者的行為對我有何影響？

3. 此時此地，我感覺到、想說、想做的是什麼？

4. 為何我有如此的反應？是因受輔者說了什麼或做了什麼？

5. 受輔者想從我這裡得到什麼？

　　諮商員若能具備跳離及角色轉變的能力，在處理曖昧訊息時，將會更客觀、更有效能，諮商關係將更能發展下去。

（四）確認的能力

　　Carkhuff（1969）認為，當一位受輔者不能直接地表達自己時，並非表示他沒有能力去表達自己，事實上，受輔者對諮商員有負面的態度，或難以表明的期望時，會藉由間接的或與諮商員有關的事件之類化來表達，例如以下受輔者常見的表達方式：

1. 我是個不容易被了解的人，沒有多少人可以真正了解我。

2. 我從來不相信任何人，包括我的男朋友、同學、父母等。

3. 人與人最好保持一點距離，走得太近了，被了解太多反而不好。

　　表面上，上面的敘述所表達的對象是廣泛的、一般性的人；但事實上，受輔者要表達的意念，也包括了諮商員本人。因此諮商員宜具備確認的能力，以了解自己是否成為間接、迂迴敘述的主要對象（目標）。

（五）澄清隱含訊息的能力

　　隱含訊息有待諮商員的澄清。經過澄清、反映，可以使訊息具體化、透明化。下列的立即性反應，是諮商員應熟悉的：

1. 這個時候你（受輔者）對我的感覺是……，因為你……。

2. 此時此刻你（受輔者）希望我在感覺上、表達上、或行動上的反應是……。

3. 當我聽到或感覺到你（受輔者）……時，你似乎是希望我做出……的反應。

二、實際運用處理

當諮商員實際運用立即性反應的基本技能，來處理受輔者的曖昧訊息時，受輔者一般的反應有三種：一是同意諮商員的看法，認同其理念，並願意進一步探索深層的意義，或曖昧訊息背後的真正涵義；二是同意諮商員的看法、理念，但拒絕進一步探索深層意義；三是否定諮商員的看法與理念，並拒絕進一步探索、說明。有經驗的諮商員，不僅會針對曖昧訊息做出立即性反應，更會針對受輔者的反應繼續妥善加以處理。以下是幾個有用的處理方式：

（一）給予回饋

當受輔者對立即性反應所指的內容無法辨識，或不能確定時，諮商員可以針對某些特定的行為加以說明，或將這些行為可能的影響回饋給受輔者。在這過程中，受輔者可以覺察自己主觀世界和客觀環境間的差異，藉此調整個人以適應環境，或改造環境以配合自己。

（二）概括化

受輔者對某些情境有特定的反應方式，在諮商情境出現的曖昧訊息通常也會在生活情境中出現。因此諮商員可以用概括化的方式處理類似問題，例如：「在生活中，你似乎也有類似的反應方式？」、「在其他場合中，你也是這樣表達的嗎？」從諮商的情境推論到其他的生活情境，並從中找出相似的反應方式，可以幫助受輔者看清楚問題的癥結所在。

（三）協商的角色

在諮商過程中，諮商員與受輔者的角色固定，一是助人者，一是被助者。從角色的功能來看，諮商員似乎永遠扮演助人者；而受輔者扮演被助者。諮商員透過助人的角色，協助受輔者去面對其問題、解決其問題，已是天經地義的事。但諮商員若僅是配合受輔者的需要，一味地滿足其需要，反而可能弄巧成拙，阻礙受輔者的成長。因此，諮商員要敏銳地去辨識受

輔者合理的或退化、不合理的需要，適度滿足其需要。有效的解決方法可能是，諮商員跳離助人者的角色，扮演協商的角色，反映出諮商員和受輔者兩人角色的曖昧、互動的牽絆、溝通的障礙等問題。藉著協商並重新定位二人的角色，說明角色的責任，並開始建立新的諮商關係。

（四）焦點放在個人化的問題和目標上

諮商關係是由諮商員和受輔者一起建立的信任關係。在這關係中，諮商員直接接觸整個人，並深入探索其問題，因此諮商員有機會去觀察、了解受輔者的反應行為。其中包括：與人交往的互動方式、對個人需求的表達方式、人格特質的展現、早年經驗、挫折的因應等問題。一般而言，受輔者對自身的狀況不見得清楚了解，有時儘管了解了，但對事情並無太大助益，因為了解後仍無法改變其本身的問題行為。因此，諮商員在處理受輔者的曖昧訊息時，永遠要記住問題處理的焦點，是在受輔者本人身上。換言之，要幫助受輔者了解自己的行為為什麼會產生問題，及如何擴大、持續惡化其影響力。有時需要鼓勵受輔者直接面對問題，表達其需要，並擬定具體的目標來改善其問題。

▌伍、結論▌

Carkhuff與Pierce（1975）認為：立即性是一種有效的溝通方式，倘若在諮商中的重要關鍵時刻，諮商員無法使用立即性技術，那麼諮商關係將無法突破，諮商的成效亦無法展現。雖然立即性的重要性一再被強調，但在使用時宜持謹慎的態度。一般而言，當諮商員成為受輔者敵視的對象時，諮商員容易藉著改變話題、忽視、誤解或表示反對的方式來逃避受輔者的敵意。事實上，這也是諮商員傳送出來的曖昧訊息；當諮商員使用曖昧的方式、態度來處理受輔者的曖昧訊息時，對兩人關係的增進並無太大助益。最直接、有效的處理方法，應該是直接地、肯定地、婉轉地使用立即性技術，以面質、澄清此時此地的兩人關係。

第十八章

年長者的心理與輔導

我喜歡變老，因為接近人生盡頭之處，所能見到的風景更為壯闊，就像是用全景模式去照映自己的一生——人生中的過往，都已化為微風輕拂，喚醒我用全新的方式，思考自己的過去、現在和未來。

——帕克·巴默爾

～陳世佳與林允箴譯（2021）

由於台灣已進入高齡社會，且正加速邁向超高齡社會中，年長者的輔導日益重要。正如 Erikson 所言：「缺乏文化上可行的理想老年期，我們的文明不算真的擁有整個人生的概念。」事實上，我們的社會並不知道如何真正將老年人融入社會的主要模式和常規，或是融入它的重要機能中。老年人非但沒有被融合，反而往往被排除、遺忘或者忽略；老人似乎不再是智慧的象徵，而是羞愧的存在（周怜利譯，2000）。閱讀完本章，讀者可熟悉年長者的身心健康與社會挑戰、年長者的老化與社會心理發展、常見的心理防衛機制、常見的心理反應與疾患，以及輔導陪伴的策略與方法。

根據聯合國定義及國家發展委員會於 2016 年的統計推估，我國自 1993 年起邁入高齡化社會（ageing society），即 65 歲老年人口比率超過 7 %，2018 年邁入高齡社會（aged society），老年人口比率超過 14 %，預計到了 2026 年，老年人口將超過 20%，台灣將進入超高齡社會（super-aged society）（內政部統計處，2017）。調查結果出爐後，改變了國家政策。為了與世界接軌，強化並重視老人福祉，施政主軸改以「扶老為主，扶幼次之」。年長者的心理健康與輔導，益形重要。

有關年長者的身心健康，學者專家的專業論述豐富而多元，綜觀其中理論，正負面論述俱在，可謂兼容並蓄。

壹、年長者的身心健康與社會挑戰

對個人而言，年長者的社會心理問題，及其面臨老化在認知能力、情緒及行為的種種改變，似乎是一條無可復返的不歸路。此外，年長者的心理健康問題、心理需求滿足與生活滿意度，環環相扣互為因果關係。林佳靜、陳志賢與謝曜任（2018）的研究發現：

1. 高齡者的心理健康狀況良好，心理需求滿足與生活滿意度，有中高程度的滿意。
2. 女性高齡者在心理健康問題的困擾，顯著高於男性高齡者。
3. 教育程度及個人經濟狀況二個背景變項，在心理需求滿足和生活滿意度上，有顯著差異。
4. 心理健康問題和心理需求滿足有顯著負相關；心理健康問題與生活滿意度有顯著負相關；心理需求滿足與生活滿意度有顯著正相關。
5. 高齡者心理健康問題和心理需求滿足，可解釋生活滿意度 43.4%變異量，且能有效預測生活滿意度。

對整體國家社會而言，高齡化帶來的社會挑戰是國家社會需重視的新議題。洪櫻純、秦秀蘭、梁慧雯與陳美蘭（2015）指出：

1. 老年人口增加，出生率降低，青壯年負擔加重。

2. 勞動結構晚進（職場）早出（退休），銀髮人力資源浪費。

3. 社會環境與制度規劃不利老人生活，如：無障礙環境、居家生活、社會歧視、弱勢邊緣人等問題叢生。

4. 平均壽命延長，空窗期拉長，影響社會心理狀況。

5. 依賴人口增加，照顧與社會福利需求提高。

貳、年長者的老化與社會心理發展

由上述顯見年長者的身心改變已是不爭的事實。洪櫻純等人（2015）指出，高齡者常見身體老化的外顯現象包括：外觀老化、肌肉骨骼老化、循環系統老化、泌尿系統老化，以及感覺器官老化等。這些生理的老化，直接影響心理健康，例如：認知能力、情緒、記憶、語言及行為的改變等。

於是年長者容易因健康的喪失、經濟獨立的喪失、家庭及社會關係的喪失，以及生存目的的喪失，而呈現出：失落感、依賴感、自我中心、孤獨感、固執、多疑多慮、返老還童等心理特質。陳燕禎（2021）的研究進一步發現年長者常見的社會心理問題，包括：

1. 個人與社會的疏離。

2. 寂寞和孤寂感。

3. 焦慮感。

4. 認知和情緒的變化反應。

5. 依賴性增加。

6. 經濟的依賴。

7. 老年期不斷地感受到失落與悲傷交錯。

Erikson（1963）的社會心理發展理論將個人的自我發展分為八大階段，其中65歲以上歸類為老年期。每一階段都有達成自我成長的任務，老年期要面對自我統整的任務，即「絕望 v.s. 圓融的人生」。他同時指出：「每個人在人生的階段中，多少會預期到人生的結束，……會經歷到不再存在的憂懼，同時又面對繼續存在的整合過程，老年人的挑戰是必須要去

面對一個已活大半的人生週期，如何整合人生智慧，在餘下的人生中活出更美好的未來，並恰如其分地置身於現世，及接受自己在一個無限進展歷史過程中的位置。」

參、年長者常見的心理防衛機制與五種性格特質

值得注意的是，心理防衛機制往往出於不自覺反應，通常在無意識或至少部分無意識狀態下進行。年長者常因為了維持自尊或自我保護，使自己免於受傷，而採行既熟悉又習慣的防衛機制。Frenkel-Brunswik、Reichard、Peterson 與 Lrvson（1962）指出，年長者常見的心理防衛機制包括如下幾項：

1. 否定：「否定」和「說謊」不同。否認的目的是為避免面對內在特質、欲望與外在事實的衝突。某些年長者會用否認的方式，處理對於隨年齡增長帶來的焦慮和不確定性。

2. 壓抑：「壓抑」是指當年長者產生痛苦情緒或經歷心理創傷時，有意識地控制自己，避免心理上觸及創傷。年長者透過控制自己，不去消耗能量思考，減少了痛苦的頻率和強度，從而將影響最小化。「潛抑」則指年長者的某種觀念、情感或衝動不能被超我接受時，下意識地將極度痛苦的經驗或欲望潛抑到潛意識中去，以減少焦慮、痛苦。

3. 退化：當年長者感受到嚴重挫折時，放棄成人的方式不用，而倒退到困難較少、較安全的兒童時期，轉而用比較幼稚的方式去應付困難和滿足自己的欲望。完全放棄努力、要依賴別人，從而徹底地逃避成人的責任。

4. 投射：「投射」是將一些自己無法接受的毀滅或攻擊的感覺、念頭，轉嫁到他人身上，以減輕個人的焦慮。藉由將自身不好的想法、動機、欲望歸咎於他人，以減少自身壓力。

由於防衛機制的經年累月使用，形成特有的行為反應後，逐漸形成年

長者常見的五種性格特質：

1. 成熟型（mature）：用建設性態度面對人，熱愛生活，客觀地面對現實生活，順應人事的變遷，不怨天尤人，對生活無怨無悔，對家庭有責任感，即使面對病痛死亡，也能用幽默態度化解焦慮。

2. 搖椅型（rocking-chair）：喜愛輕鬆的生活，比較依賴他人照顧且安於現實，樂於安享餘年，對社交興趣不高，也不會主動參與活動，自求多福。

3. 裝甲型（armored）：又稱防衛型，習於固著觀念，用「否定」心理防衛機制武裝自己，抑制對衰老的恐懼，拒絕接受老年期的自尊喪失。不斷地工作肯定自己，避免面對「老而無用」的恐懼。個性獨立，自制力強，情緒經常處於緊張、警戒的狀態，要求完美，希望得到他人的肯定與重視。

4. 憤怒型（angry）：對現實中的種種不如意，牢騷滿腹、怨天尤人，面對人生的失落，不僅悲傷，更是怨恨自己失敗的人生。情緒常處於生氣的狀態，自制力低，常常將不滿直接宣洩，攻擊別人造成對立，放大別人的過錯。自我為中心，只關心自己。

5. 自怨自艾型（self-haters）：自怨自艾型的年長者攻擊對象是自己。他們將生理的老化、疾病造成的限制，和生命中的無望感、失敗感的責任歸咎於自己，因而常常唉聲嘆氣、鬱鬱寡歡。因自卑的心理，表現出畏首畏尾、遇事裹足不前、容易鑽牛角尖，常陷入失望、沮喪、絕望無助的感覺。這些年長者往往需要家人和社會更多的關心。

▌肆、年長者常見的心理反應與疾患 ▌

　　心理防衛機制是為了減輕自身壓力，或自我緩和不利情境，形成中性保護網，但若過度使用，或偏愛某些類型的防衛措施，可能容易形成年長者常見的身心反應與疾患。

一、憂鬱症

憂鬱症是一個多重因素所導致的疾病，可能因素包括：生物學、基因遺傳、心理社會等。研究顯示，老年憂鬱症的盛行率，重鬱症（major depressive disorder）約為 1～4%，輕鬱症（minor depressive disorder）約為 4～13%，低落型情感性疾患約為 2%（張春興，1995）。另有研究指出：年長者隨著年齡的增長，身體老化與日常生活功能障礙，加上生活事件改變，例如：退休、子女離家、離婚或喪偶、空巢獨處等因素，失去生活重心、情感疏離，則容易感到孤獨，引發情緒上的適應不良，社交參與改變，導致憂鬱情緒引發自殺危機（賴怡璇、江國誠、陸秀芳，2015）。

二、情緒起伏多變

年長者身處一個急遽變動的階段，不論是自身身體的老化、健康活力的喪失、生活事件的一再發生，都會引發內在的情緒變化。最常見的情緒反應有下列六類型：

1. 冷漠：年長者容易對原有興趣事物感到麻木、疏離，且常習於情緒狀況而難以明確表達。
2. 焦慮：臨床上，常見到年長者持續性出現莫名恐懼、害怕，甚至產生緊張不安，對外在事物敏感；在生理上出現心悸、胸悶、全身疲乏、失眠等症狀；行為上有坐立難安、重複行為等。
3. 負面自我描述的自動化思考：誇大或非理性認知扭曲（cognitive distortions）思考模式，常困擾年長者。
4. 孤單：已開發國家中，除日本外，大多數年長者均生活在空巢家庭，與子女分居，僅約 10～30%與子女同住。年長者在家庭互動關係中常成為孤單者，其原因為：
   (1)角色功能改變：獨立與依賴的衝撞。
   (2)婚姻關係的多元（變）：分居、同居、離婚、再婚、喪偶等。
   (3)代間關係緊張：孩子結婚後的無子或認養孩子、價值衝突等。

(4)互動模式不當：大男人父親與強勢母親養育下的溝通、決策、親
　　情表現等。

(5)男女性退休後家庭責任分攤問題：經濟的、生活的、健康的等。

5. 寂寞：是一種心理狀態，來自於個人對關係的渴望與實際落差，產
生無法調適的狀態。Murphy（2006）指出，寂寞是指當人們的社交
或情緒生活未能獲得滿足，生活中出現裂縫般的空虛時，所忍受的
一種令人苦惱、憂鬱、去人性化和分離情感的狀況。研究證實，年
長者的寂寞與自殺、自殺意念、酒精濫用、憂鬱、降低自我價值、
限制發展和維持人際關係的能力有關。

6. 無望感：年長者因覺得時不我與，感到無能力解決現存問題，表現
出負面的情緒、悲觀的想法，或主觀認為無法控制未來等，均容易
產生無望感。

伍、年長者的陪伴與輔導

一、年長者陪伴與輔導的意義與目的

　　黃政昌等人（2015）綜合國內外學者專家的定義指出：輔導是一種專
業的助人過程，透過輔導員與當事人建立信任的合作關係，輔導員將協助
當事人增進自我了解，有效解決問題，充分適應環境，以邁向自我成長與
自我實現的境界。

　　由於年長者幾乎都是達到 65 歲以上的年長者，在生理上、心理上，乃
至於社會心理發展上，有其獨特的需求與問題。因此，從年長者的實務輔
導經驗來看，似乎可採取較為寬廣、彈性的定義，藉以解釋年長者的輔導
陪伴意義。

　　廣義而言，年長者的輔導陪伴是一種生活的陪伴、協助、輔助；狹義
而言，年長者的輔導陪伴是一種心理的支持、提升、諮商。由上述定義顯
見，年長者的輔導目的，由生理而心理，由短期至長期言，至少包括下列
數項：

1. 關照年長者身、心、靈的需要。

2. 增進自我了解的程度。

3. 協助處理面臨的問題。

4. 培養獨立解決問題的能力。

5. 邁向自我實現的境界。

二、年長者陪伴與輔導的措施

（一）協助完成和諧統整的生命回顧

Erikson（1963）指出：「走在生命盡頭的老年人，背負生理限制，面臨比以往更有限的個人未來的雙重重擔，發現自己掙扎著是否要接受不可改變的過去、不確定的現在，及不可知的未來，承認過去可能的虧欠、失誤、遺憾與疏忽，並以一種統整的天、人、物、我和諧平衡面對隨之而來的消沉絕望，這種統整和諧的身體、心靈、宗教道德之平衡感是讓他得以繼續過活的重要精神力量。」年長者的生命回顧，有助於個人重新界定生命事件，例如：我生命中最重要的工作、老照片新故事等，幫助年長者從生命事件歷程中找到價值與生存意義。

（二）協助維護年長者的心理健康

年長者心理健康是主觀的感受。心理健康的老年人，會有效地完成並滿足合理的內心需求，也能整合本能的內在驅動力。他的整合行為能產生對自己、對社會環境悅納，並予以接受。幫助年長者重新回顧人生，以樂觀的態度安排有意義的晚年，生命智慧因而產生能面對死亡的恐懼。老年，有著累積一生豐富的記憶、經驗與智慧，不僅能對過去的歲月有嶄新完整的看待，還有人生七十才開始的全新挑戰。透過積極的生活態度，克服年齡所帶來心理和身體的影響與困境。為了悠遊於晚年生活，年長者必須保有主動性，不斷找尋新的興趣來取代過去職場的工作壓力（Ben-Sira, 1991）。

為維護年長者心理健康，引導年長者社會心理發展活動的技巧包括：

1. 激發年長者思考、回憶、想像力。
2. 鼓勵發言取代記憶。
3. 鼓勵創新思維取代標準答案。
4. 給予時間避免催促。
5. 給予嘗試錯誤機會，創造團體全贏。
6. 促進團體支持，減少團體孤單感。
7. 安排陪伴，降低老人社會參與焦慮。

（三）從心理健康促進成功老化

Fisher（1992）指出，62～85 歲的年長者，心理健康者愈能促進成功老化，因他愈能找到克服及面對生活問題的策略。Rowe 與 Kahn（1997）也指出，心理健康促進成功老化，而成功老化又能增進心理健康、能擁有較低的疾病及殘疾感染率、較高的認知能力，且在生活上更能積極參與各類活動。培養個人正向成功老化的方法包括：積極與他人互動、生活有目標、能自我接納、能自我成長與改變、有自主權，及有信仰的依歸。

至於團體生活中，培養正向成功老化的方法包括：協助年長者社會參與，以及鼓勵年長者學習新知。有效維持人際關係，進而取得社會性支持；隨時汲取經驗知識，有能力參與活動，亦能提升個人之成就感、社會適應力，以及希望感。

（四）宗教靈性關懷

Green 與 Elliott（2001）在「宗教對身心健康的影響研究」中指出，參與宗教活動、相信永恆的生命，和幸福感呈正相關。劉蔚（2012）在「基督教信仰對華族老人活躍老化的影響之研究」指出，老人因有虔誠的基督教信仰，有很好的活躍老化，在生理健康、心理健康及社會參與產生積極正向的結果。Emery 與 Pargamen（2004）亦指出，宗教與靈性對老年人重要的原因，包括：宗教提供個人情緒穩定性、一個大型社交網絡的親密感和歸屬感、友誼及親密關係的機會，以及感覺與上帝更親近，滿足被愛的需求。

（五）善用溝通以達成有意義的改變

與年長者溝通的目的包括：傳情達意、說明事理、相互了解、改變思想、促發行動，以及藉語言及非語言之表達，達成有意義的改變。對年長者而言，外在有形體的改變不易，而內在想法、觀念的調整，較為可行且空間較大。

年長者較迫切需要的調整，一是希望感，二是復原力。希望感是開啟復原力的重要元素。希望感理論大師 Snyder 認為：希望感是一種認知思考的歷程，個體會根據所設定的目標，反覆推演自己是否有足夠的方法達成目標，及自己是否有足夠的意志力去運用這些方法（Snyder et al., 2003）。希望感理論認為必須要由年長者提出可達成的目標，然後輔導員與年長者共同研議多種可達成目標的方法。最後，強化保有彈性的思維及意志力，當克服困難而達成希望目標後，個人的自我效能、復原力也會跟著提升。

其次，復原力是指：個人在困境中，能運用資源與策略，因應問題並且突破困境，面對挑戰與風險時，個人忍耐、自我修正及積極成長的過程。因此，復原力是一種動態的心理內在調整過程，個體的因應過程及表現始終朝向積極正向的方向。轉向，這或許是年長者最需要的思想調整。

哈佛大學心理學家 Ellen J. Langer（2014）教授在 *Mindfulness* 一書中揭櫫「當下的覺知」是與歲月對抗的力量，它伸展我們的心靈到令人驚奇的方向。多年的實驗證明，年長者在心理上相信自己年輕了 20 歲，身體便做出相對應的配合。他的結論是：衰老是一個被灌輸的概念，老年人的虛弱、無助、多病，常常是一種習得性無助，而不是必然的生理過程的結論。如果我們對自己的生活有更多的控制感，由自己決定內外在思維、情緒及活動，例如：照顧房間裡的植物等，就會比那些被全方位照顧的老人更加快樂、年輕和長壽（陳雅雲譯，2010）。

（六）年長者輔導的基本原則

基於上述年長者的身心狀況，及常見的性格特質，以下謹提出幾項基本原則，作為陪伴、輔導、協助年長者的參考：

1. 要特別對年長的受輔者表示尊重。
2. 承認年長者的獨特性以及個別差異。
3. 尊重年長者的內在價值及自我決定。
4. 了解年長者期望的發展層面。
5. 要對年長受輔者的言行特別敏銳。
6. 澄清受輔者對年長者的價值觀。
7. 消除開始諮商時的懼怕與緊張。
8. 從支持的角度來看年長者的角色與問題。
9. 專注於事件、環境及別人在他生活中的意義。
10. 注意諮商的物理環境。
11. 彈性使用基本的諮商技術。

德國諺語：「凡走過的必留下足跡。」年長者走過人生最精采的職場生存競爭與壓力，經歷過人生的大風大浪，擁有許多寶貴人生經驗與記憶。有幸陪伴輔導年長者，必定是一連串的驚奇與嘆息之旅。十九世紀法國作家 W. H. Calet 的名言：「每一位流浪者不管浪跡何處，都是在努力彈落過往的塵埃。」在年長者過往的人生經驗的塵埃中，有歡笑、有遺憾、有智慧、有生命力，有如蘊含已久的礦產待開發。故此，在助人的輔導工作同盟中，我的眼光被吸引，我的心靈嚮往之。

附錄：實用量表

本附錄中介紹五個實用量表，係針對輔導員、諮商員、社工師的養成訓練與在職訓練而設計。除有理論基礎為依據外，並考量諮商實務情境狀況，因此亦可作為學術研究的有效工具。

附錄一　同理心量表

同理心是指一個人能用受輔者的觀點去看待事情，同時感受其情緒與感覺的能力；亦即諮商員能身歷其境地敏銳覺察受輔者置身的世界，「如同」（as if）是自己身處的世界一般，但又不失去「如同」的本質。洪儷瑜（1984，1986）以 Barrett-Lennard（1981）的「同理心環」（empathy cycle）概念發展出同理心量表，藉以測得：共鳴型、表達型與接收型三類型同理心。本量表可作為諮商員與受輔者關係建立、了解受輔者的媒介，亦可評估諮商員對受輔者的了解程度，藉以促使受輔者覺察與探索內在的經驗。

1.諮商員想了解受輔者對事情的看法。

2.諮商員了解受輔者說的話，但並不知道他真正的感受。

3.諮商員幾乎都能了解受輔者的意思。

4.諮商員以自己的觀點來看受輔者所做的事情。

5.通常諮商員都能意會或了解受輔者當時的感受。

6.受輔者所說或所做的事情，引發了諮商員的情緒，而使諮商員難以了解受輔者。

7.有時候，諮商員認為受輔者有這種感受，事實上是因為諮商員自己有這種感受。

8.縱使受輔者有表達上的困難，諮商員也能夠體會受輔者的意思。

9.通常諮商員能掌握和了解受輔者的意思。

10.諮商員忽略了受輔者的某些感覺。

11.諮商員能適當地體會受輔者自己經歷的事。

資料來源：修訂自洪儷瑜（1984）。

附錄二　真誠一致量表

　　真誠一致是指在諮商晤談過程中，諮商員是真誠的、可靠的、整合的，沒有虛假的表現，其內在體驗與外在表現是一致的，亦即其自我概念與經驗是一致的。諮商員能信任其自身經驗，並自由地、有能力地依其經驗感受受輔者內在的感受，且如實地替代受輔者表達出其感受。林蔚芳（1992）根據 Barrett-Lennard 的關係量表（Barrett-Lennard Relationship Inventory），發展出真誠一致量表，藉以探討在諮商關係中，諮商員真誠、可靠、整合的程度，及內在體驗與外在表現一致的符合程度。

1. 諮商員說他喜歡或了解受輔者，但實際上並非如此。
2. 諮商員對受輔者所說的和諮商員所做及所想的之間從無衝突存在。
3. 只要受輔者談到或詢問某一件事時，諮商員就顯出不安。
4. 諮商員並沒有把他對雙方之間的感覺說出來。
5. 諮商員在諮商關係中的行為正如其人，沒有兩樣。
6. 諮商員並未隱藏任何對受輔者的感覺。
7. 諮商員並不逃避任何事情，因此得以與受輔者建立良好關係。
8. 諮商員對受輔者是誠實的。
9. 諮商員對諮商關係感到安全、舒適。
10. 諮商員和受輔者在一起只是扮演某種角色。
11. 有時候諮商員的表現會令人覺得口是心非、裡外不一。
12. 諮商員並未誠實地接受自己對受輔者的感覺。
13. 諮商員是真心地對待受輔者。
14. 諮商員會忽略諮商關係中令人不舒服的狀況而繼續進行下去。
15. 諮商員並不會試圖掩飾自己的想法或感受。
16. 諮商員對受輔者所說的與所做的並不一致。
17. 諮商員會試圖避免告訴受輔者那些會激怒來談者的話。

資料來源：林蔚芳（1992）譯自 Barrett-Lennard。

附錄三　無條件積極關懷量表

　　無條件積極關懷是指諮商員對受輔者表達真切的關心、接納與尊重。這是一種無占有性的關懷，尊重受輔者擁有自由表達的權利，不針對受輔者的情感、想法和行為，做出個人主觀評價，且相信受輔者自己有能力找到修正不適當行為的方法與途徑。林蔚芳（1992）根據 Barrett-Lennard 的關係量表（Barrett-Lennard Relationship Inventory），發展出無條件積極關懷量表，藉以了解諮商員是否不附帶任何條件，重視且溫暖地接納受輔者，促使受輔者有能力發展自我成長、自我引導的潛力，而產生建設性的改變。

1. 諮商員對受輔者是否關心，端賴受輔者的談話內容而定。
2. 諮商員對受輔者總是表現出溫暖、關懷的態度。
3. 諮商員對受輔者的感覺並不受到受輔者對諮商員態度的影響。
4. 諮商員對受輔者的態度，常隨受輔者對自己不同的感覺方式而變。
5. 諮商員有時是友善的、支持的，有時則否。
6. 諮商員只喜歡受輔者的某些部分。
7. 當受輔者對諮商員不滿時，諮商員也表現出對受輔者的不滿。
8. 不論受輔者表達好的或不好的感受，並不影響諮商員對受輔者的感覺（不論正向或負向）。
9. 諮商員對受輔者有時溫暖，有時則冰冷，欠缺心理的支持。
10. 有時諮商員對受輔者的態度會比其他時候更溫暖及關心。
11. 諮商員對受輔者的態度常有很大的變化。
12. 不論受輔者告訴諮商員什麼，諮商員總是一樣地欣賞受輔者。
13. 不論受輔者喜不喜歡自己，都不影響諮商員對受輔者的態度。
14. 有時諮商員對受輔者的態度很積極，有時則否。
15. 當受輔者用某些方式表現時，諮商員會比較喜歡受輔者。
16. 諮商員對受輔者的態度（不論溫暖或冰冷），不會因受輔者情緒的波動而有不同。
17. 諮商員不會因受輔者表現出對諮商員的不滿或欣賞而改變他對受輔者的感覺。
18. 諮商員對受輔者的態度（不論好壞）經常能反映出受輔者對諮商員的態度。

資料來源：林蔚芳（1992）譯自 Barrett-Lennard。

附錄四　諮商關係量表

　　諮商關係是指受輔者和諮商員之間的人際互動品質。學者專家在探討諮商關係時，治療工作同盟、工作同盟和治療同盟，常被替換地使用。一般而言，工作同盟被認為包括三項要素：同意治療目標（goals）、任務（tasks），以及連結（bonds）的發展（Bordin, 1979）。林蔚芳（1992）翻譯自 Horvath 與 Greenberg（1989）的工作同盟量表（Working Alliance Inventory），並發展出諮商關係量表。據此量表，可探討良好諮商關係內涵，藉以了解治療目標、任務、連結發展的類型。

> 1.諮商員與受輔者彼此了解。
> 2.諮商員喜歡受輔者，並將這種態度表達讓受輔者知道（受輔者可感受到諮商員是喜歡他的）。
> 3.受輔者和諮商員在一起時感覺很不舒服。
> 4.受輔者相信諮商員關心他的福祉。
> 5.諮商員和受輔者彼此尊重。
> 6.受輔者感受到諮商員並沒有完全誠實地表達出對受輔者的感覺。
> 7.受輔者很相信諮商員的助人。
> 8.受輔者覺得諮商員欣賞他。
> 9.受輔者與諮商員彼此信任。
> 10.受輔者感覺諮商關係對他很重要。
> 11.受輔者感覺如果自己在晤談中說錯話或做錯事，諮商員將會停止和受輔者晤談。
> 12.受輔者感覺諮商員關心他，就算諮商員不同意受輔者所做的事時也一樣。
> 13.受輔者與諮商員共同討論並均同意，在諮商中受輔者必須去做那些對改善受輔者的狀況有幫助的事情。
> 14.晤談使受輔者獲得新的角度看自己的問題。
> 15.受輔者對自己在晤談中所做的事感到困惑。
> 16.受輔者並不同意諮商員所交代的作業是必須的。
> 17.受輔者不覺得諮商員有效運用晤談時間。
> 18.受輔者了解自己在諮商中所要負的責任是什麼。
> 19.受輔者清楚諮商員期望他在晤談中怎麼做。
> 20.晤談時所做的事情有助於實現受輔者所期望的改變。
> 21.諮商員總是對受輔者在晤談中的表現予以負向回饋，使受輔者有挫折感。

22.受輔者與諮商員彼此了解，並且相信雙方所努力的都是對受輔者有好處的。

23.諮商員要求受輔者所做的事情，令受輔者覺得是沒有意義的。

24.受輔者相信雙方所做的有助於改善問題。

25.受輔者對於晤談所得的結果很擔心。

26.諮商員對受輔者前來尋找諮商的目的很清楚。

27.受輔者覺得諮商的目的尚需澄清。

28.諮商員並不了解受輔者期望藉由晤談實現的目標為何。

29.這幾次晤談的目標對受輔者而言是重要的。

30.晤談時所處理的並不是受輔者所關切的問題。

31.受輔者的問題為何，諮商員與受輔者並未取得一致的看法。

32.諮商員與受輔者所共同努力的目標是經由雙方同意的。

33.諮商員和受輔者都了解並同意什麼事情對受輔者而言是重要的。

34.受輔者很清楚自己可能產生何種改變。

35.受輔者與諮商員共同決定諮商的目標。

36.受輔者不曉得諮商後會有什麼效果。

資料來源：林蔚芳（1992）譯自 Horvath 與 Gleenberg（1989）。

附錄五　諮商員特質量表

諮商是否能夠成功，首要因素是諮商員本身的人格特質（Rogers, 1962）。美國諮商員教育與督導學會認定，一位諮商員應具備六項人格特質：信任每位受輔者；承認個人的價值；心胸開闊；了解自己；有敏銳性；有專業精神。此外，具有以下人格特質者，也可能成為一位好的諮商員：尊重與接納他人、自我開放、樂觀、積極進取、敏銳的觀察力、彈性變通、溫暖關懷、冷靜與幽默感等。林蔚芳（1992）的諮商員特質量表翻譯自 Kokotovic 與 Tracey（1990）的工作同盟相關研究，其中包括：吸引力特質、專業特質與值得信賴特質。

---

1. 諮商員是友善的。
2. 諮商員是令人喜歡的。
3. 諮商員是善於社交的。
4. 諮商員是溫暖的。
5. 諮商員是無準備的。
6. 諮商員是有技巧的。
7. 諮商員是經驗豐富的。
8. 諮商員是專家。
9. 諮商員是不真誠的。
10. 諮商員是誠實的。
11. 諮商員是值得信任的。
12. 諮商員是可依賴的。

註：1～4 題測諮商員的「吸引力」特質

　　5～8 題測諮商員的「專業」特質

　　9～12 題測諮商員的「值得信賴」特質

資料來源：林蔚芳（1992）譯自 Kokotovic 與 Tracey 的工作同盟相關研究。

參考文獻

中文部分

內政部統計處（2017）。2022/4/20 資料取自 https://www.moi.gov.tw/cp.aspx? n=602&ChartID=S0401

牛格正（1991）。**諮商專業倫理**。台北市：五南。

王沂釗（2005）。幽谷中的曙光：正向心理學發展與希望理論在輔導上的應用。**教育研究月刊**，134，106-117。

吳武典（1977）。輔導教師的角色與其所面臨的衝突。**測驗與輔導**，6（2），340-343。

李東白（1975）。**諮商的理論與技術**。彰化市：聯友。

周怜利（譯）（2000）。**Erikson 老年研究報告**（原作者：E. H. Erikson, J. M. Erikson, & H. O. Kivnick）。台北市：張老師文化。

周鉦翔、李昆樺、陳佑昇等（譯）（2011）。**老人心理諮商與輔導**（原作者：M. D. Glicken）。台北市：華騰文化。

林佳靜、陳志賢、謝曜任（2018）。高齡者心理健康問題、心理需求滿足與生活滿意度之相關研究。**臺灣諮商心理學報**，6，79-109。

林家如、王慧婷、呂翠華（2019）。社會技巧促進系統提升國小低年級學童社會技巧表現之研究。**特殊教育研究學刊**，44（3），63-92。

林蔚芳（1992）。諮商員效能的評量。**諮商與輔導**，83，2-9。

洪櫻純、秦秀蘭、梁慧雯、陳美蘭（2015）。**老人學**。新北市：揚智文化。

洪蘭（譯）（2003）。**真實的快樂**（原作者：M. E. P. Seligman）。台北市：遠流。

洪儷瑜（1984）。**輔導員的同理心、心理需求與輔導關係、當事人的自我探索及情緒改變之研究**（未出版之碩士論文）。國立臺灣師範大學輔導研究所，台北市。

洪儷瑜（1986）。同理心及其效果之探索。**高雄師院學報**，14，154-138。

張春興（1995）。**張氏心理學辭典**。台北市：東華。

張宰金（2005）。**教牧諮商：改變生命的助人模式**。新北市：橄欖。

張德聰（1997）。輔導之基本概念。載於劉焜輝（主編），**輔導原理與實務**（頁 1-35）。台北市：三民。

陳世佳、林允箴（譯）（2021）。**歲月的恩典：擁抱美好的老年時光**（原作者：P. J. Palmer）。新北市：心理。

陳姿伶、郭怡君（2006）。**危機是轉機：復原力**。國立新竹教育大學教育心理與諮商學系碩士班「學術定向與專業成長」課程期末報告。

陳雅雲（譯）（2010）。**逆時針：哈佛教授教你重返最佳狀態**（原作者：E. J. Langer）。台北市：方智。

陳雅鈴（2007）。貧窮學童復原力發展之研究：以總統教育獎得主為例。**屏東教育大學學報**，26，1-36。

陳燕禎（2021）。**老人福利服務：理論與實務本土的觀點**（第二版）。台北市：雙葉。

傅立德（2013）。**一切都更新：福音神學思考方法與教牧應用**。台北市：道聲。

黃俊傑（2008）。心理學新典範：談正向心理學。**國教之友**，59（2），58-65。

黃政昌、黃瑛琪、連秀鸞、陳玉芳（2015）。**輔導原理與實務**（第二版）。新北市：心理。

黃惠惠（1991）。**助人歷程與技巧**。台北市：張老師文化。

黃德祥（1991）。社會技巧訓練在教育與輔導上的應用。**輔導月刊**，27（3），31-35。

廖鳳池（1992）。中庸思想與中國的諮商模式。**輔導月刊**，28（9/10），17-23。

劉蔚（2012）。**基督教信仰對華族老人活躍老化的影響之研究**（未出版之碩士論文）。國立暨南大學諮商輔導研究所碩士論文，南投縣。

潘正德（2021）。**輔導手札：一位助人者的心靈向度**。新北市：心理。

蔡素妙（2003）。復原力在受創家庭諮商復健工作中的應用。**輔導季刊，39**（2），42-49。

鄭心雄、彭昭英、謝孝慈、許中生、林安禮（1976）。輔導員人格特質及心理需求與其初步輔導效果之相關研究。載於**輔導學研究在中國：理論及應用的科學探討**。台北市：幼獅。

蕭文（1999）。災變事件的前置因素對心理復健的影響：復原力的探討與建構。**測驗與輔導，156**，3249-3253。

蕭文、周玉真（2002）。**創傷事件中影響個人心理復健之復原力因素探討：以九二一地震為例**。行政院國科會專題研究計畫成果報告（未出版）。

賴怡璇、江國誠、陸秀芳（2015）。以 Watson 關懷理論照護一位自殺企圖之憂鬱症老人之護理經驗。**志為護理，15**，96-105。

英文部分

American Psychological Association (2009). *APA concise dictionary of psychology*. Washington, DC: American Psychological Association.

Arbuckle, D. S. (1975). An existential-humanistic program of counselor education. *Counselor Education and Supervision, 14*, 168-174.

Barrett-Lennard, G. T. (1981). The empathy cycle: Refinement of a nuclear concept. *Journal of Counselling Psychology, 28*(2), 91-100.

Beck, A. T. (1976). *Cognitive therapy and the emotional disorders*. New York: International Universities.

Beier, E. G. (1966). *The silent language of psychotherapy*. Chicago, IL: Aldine.

Belkin, G. S. (1976). *Practical counseling in the schools*. Dubugue, Iowa: William & Brown.

Ben-Sira, Z. (1991). *Regression, stress, and readjustment in aging: A structured, bio-psychosocial perspective on coping and professional support*. New York: Praeger.

Blocher, D. H., & Ritas, R. (1971). A systematic eclectic model for counseling-consulting. *Elementary School Guidance & Counseling, 7*, 106-112.

Block, J. H., & Block, J. (1980). The role of ego-control and ego-resiliency in the organization of behavior. In W. A. Collins (Ed.), *Development of cognition, affect and social relations: The Minnesota symposia on child psychology* (Vol. 13, pp. 39-101). Hillsdale, NJ: Erlbaum.

Bordin, E. S. (1979). The generalizability of the psychoanalytic concept of the working alliance. *Psychotherapy: Theory, Research and Practice, 16,* 252-260.

Botvin, G. J., & Griffin, K. W. (2014). Life skills training: Preventing substance misuse by enhancing individual and social competence. *New Dir Youth, 141,* 57-65.

Bowlby, J. (1982). *Attachment and loss: Vol. 1.* (2nd ed.). New York: Basic Books.

Brammer, L. M. (1973). *The helping relationship: Process and skills* (4th ed.). Englewood Cliffs, NJ: Prentice-Hall.

Brammer, L. M., & Shostrom, E. L. (1982). *Therapeutic psychology: Fundamentals of counseling and psychotherapy.* Englewood Cliffs, NJ: Prentice-Hall.

Bugental, J. F. T. (1987). *The art of the psychotherapist.* New York: Norton.

Byrne, R. H. (1963). *The school counselor.* Boston, MA: Houghton Mifflin.

Carkhuff, R. R. (1969). *Helping and human relations: A primer for lay and professional helpers: I. Selection and training.* New York: Holt, Rine hart & Winston.

Carkhuff, R. R., & Berenson, G. (1967). *Beyond counseling and therapy.* New York: Holt, Rinehart & Winston.

Carkhuff, R. R., & Pierce, R. M. (1975). *Trainer's guide: The art of helping.* Amherst, MA: Human Resources Development Press.

Carkhuff, R. R., & Truax, C. B. (1965). Training in counseling and psychotherapy: An evaluation of an integrated didactic and experiential approach. *Journal of Consulting Psychology, 29*(4), 333-336.

Coleman, J. C. (1983). *Contemporary psychology and effective behavior* (4th ed.). Scott, Foresman.

Combs, A. W. (1986). Person-centered assumptions for counselor education. *Person-Centered Review, 1*(1), 72-82.

Cottle, W. C., & Lewis, W. W., Jr. (1954). Personality characteristics of counselors: II. Male counselor responses to the MMPI and GZTS. *Journal of Counseling Psychology, 1*, 27-30.

Daley, M. F. (1969). The "reinforcement": Finding effective reinforcers. In I. D. Krumboltz & C. E. Thoresen (Eds.), *Behavioral counseling: Cases and techniques* (pp. 42-45). New York: Holt, Rinehart, & Winston.

de Shazer, S. (1989). Resistance revisited. *Contemporary Family Therapy: An International Journal, 11*(4), 227-233.

Demos, G. D., & Zuwaylif, F. H. (1966). Characteristics of effective counselors. *Counselor Education and Supervision, 5*, 163-165.

Dinkmeyer, D. C., & Caldwell, C. E. (1970). *Developmental counseling and guidance: A comprehensive school approach.* New York: McGraw-Hill.

D'Zurilla, T. J., & Goldfried, M. R. (1971). Problem solving and behavior modification. *Journal of Abnormal Psychology, 78*(1), 107-126.

Egan, G. (1986). *The skilled helper: A systematic approach to effective helping.* Pacific Grove, CA: Brooks/Cole.

Egan, G. (2006). *The skilled helper: Problem-mangement and opportunity-development approach to effective helping* (8th ed.). Pacific Grove, CA: Brooks/Cole.

Emery, E. E., & Pargament, K. I. (2004). The many faces of religious coping in late life: Conceptualization, measurement, and links to well-being. *Ageing International, 29*, 3-27.

Erikson, E. (1963). *Childhood and society.* Toronto, CA: George J. McLeod Limited.

Fisher, B. J. (1992). Successful aging and life satisfaction: A pilot study for conceptual clarification. *Journal of Aging Studies, 6*, 191-202,

Ford, D. H., & Urban, H. B. (1963). *Systems of psychotherapy: A comparative study*. New York: John Wiley & Sons.

Frenkel-Brunswik, E., Reichard, S. K., Peterson, P. C., & Lrvson, F. (1962). *Aging and personality: A study of eighty-seven older men*. New York: John Wiley & Sons.

Frey, D. H., & Raming, H. R. (1979). A taxonomy of counseling goals and methods. *The Personnel and Guidance Journal, 58*, 26-31.

Gazda, G. M. (1977). *Human relations development*. Boston, MA: Allyn and Bacon.

Green, M., & Elliott, M. (2001). Religion, health, and psychological well-being. *Journal of Religion and Health, 49*, 149-163.

Haase, R. F., & Tepper, D. T. (1972). Nonverbal components of empathic communication. *Journal of Counseling Psychology, 19*(5), 417-424.

Hopson, B., & Hough, P. (1975). *Exercises in personal and career development*. Cambridge, MA: Hobsons Press.

Horvath, A. O., & Greenberg, L. S. (1989). Development and validation of the Working Alliance Inventory. *Journal of Counseling Psychology, 36*, 223-233.

Ivey, A. E., Ivey, M. B., & Zalaquett, C. P. (2013). *Intentional interviewing and counseling: Facilitating client development in a multicultural society* (8th ed.). Belmont, CA: Brooks/Cole.

Jamali, S., Sabokdast, S., Nia, H. S., Goudarzian, A. H., & Beik, S., & Allen, K.-A. (2016). The effect of life skills training on mental health of Iranian middle school students: A preliminary study. *Iran Journal Psychiatry, 11*(4), 269-272.

Kanfer, F. H., & Gaelick-Buys, L. (1991). Self-management methods. In F. H. Kanfer & A. P. Goldstein (Eds.), *Helping people change: A textbook of me-*

thods (pp. 305-360). New York: Pergamon Press.

Kitchener, K. S. (1991). The foundations of ethical practice. *Journal of Mental Health Counseling, 13*, 236-246.

Kokotovic, A. M., & Tracey, T. J. (1990). Working alliance in the early phase of counseling. *Journal of Counseling Psychology, 37*, 16-21.

Krantzler, M. (1973). *Creative divorce*. New York: New American Library.

Krumboltz, J. D. (1965). Behavioral counseling: Rationale and research. *The Personnel and Guidance Journal, 44*(4), 383-387.

Krumboltz, J. D., & Thoresen, C. E. (1969). *Behavioral counseling: Cases and techniques*. New York: Holt, Rinehart, & Winston.

Kübler-Ross, E. (1969). *On death and dying*. New York: Macmillan.

Langer, E. J. (2014). *Mindfulness* (25th Anniversary ed.). Boston, MA: Da Capo Press.

Luthar, S. S., Cicchetti, D., & Becker, B. (2000). The construct of resilience: A critical evaluation and guidelines for future work. *Child Development, 71*(3), 543-562.

MacPhillamy, D. J., & Lewinsohn, P. M. (1974). Depression as a function of desired and obtained pleasure. *Journal of Abnormal Psychology, 83*, 652-657.

Mahalik, J. R. (1994). Development of the Client Resistance Scale. *Journal of Counseling Psychology, 41*(1), 58-68.

Maslow, A. H. (1943). A theory of human motivation. *Psychological Review, 50*, 370-396.

Maurice, P., & Joanna, R. (2002). Developing a resilience package for vulnerable children. *Child and Adolescent Mental Health, 7*(4), 162-167.

Morrill, W., Oetting, E., & Hurst, J. (1974). Dimensions of counselor functioning. *Personnel and Guidance Journal, 52*, 354-359.

Murphy, K. R. (Ed.). (2006). *A critique of emotional intelligence: What are the problems and how can they be fixed?* Mahwah, NJ: Lawrence Erlbaum.

Nelson-Jones, R. (1987). *The theory and practice of counselling psychology.* London, UK: Cassell.

Nelson-Jones, R. (1988). *Practical counselling and helping skills: Helping clients to help themselves.* London, UK: Cassell.

Nelson-Jones, R. (1990). *Human relationship skills: Training and self-help.* London, UK: Cassell.

Nordberg, R. B. (1970). *Guidance: A systematic introduction.* New York: Random House.

Okun, B. F. (1987). *Effective helping interviewing and counseling techniques.* Belmont, CA: Brooks/Cole.

Pan, J. D. P., Deng, L.-Y. F., Tsai, S.-L., & Yuan, S. S. J. (2015). Using Kollar's solution-focused pastoral counseling for bereaved clients: The process of empowerment from clients' perception. *Psychological Reports, 116,* 127-148.

Patterson, C. H. (1986). *Theories of counseling and psychotherapy* (4th ed.). New York: Harper-Collins.

Patterson, C. H. (2000). *Understanding psychotherapy: Fifty years of client-centred theory and practice.* Llangarron, UK: PCCS Books.

Perry, M. A., Furukawa, M. J. (1986). Modeling methods. In F. H. Kanfer & A. P. Goldstein (Eds.), *Helping people change* (3rd ed.) (pp.66-110). Elmsford, New York: Pergamon.

Place, M., Reynolds, J., Cousins, A., & O'Neill, S. (2002). Developing a resilience package for vulnerable children. *Child and Adolescent Mental Health, 7*(4), 162-167.

Raimy, V. C. (Ed.). (1950). Training in clinical psychology. *Journal of Consulting Psychology, 14,* 206-209.

Rogers, C. R. (1962). The interpersonal relationship: The core of guidance. *Harvard Educational Review, 32,* 416-429.

Rogers, C. R. (1975). Empathic: An unappreciated way of being. *The Counseling Psychologist, 5*(2), 2-10.

Rosen, J. (1967). Multiple-regression analysis of counselor characteristics and competencies. *Psychological Reports, 20*, 1003-1008.

Rowe, J. W., & Kahn, R. L. (1997). Successful aging. *The Gerontologist, 37*, 433-441.

Satir, V. (1972). *Peoplemaking* (8th ed.). Palo Alto, CA: Science and Behavior Books.

Selfridge, F. F., & Vander Kolk, C. (1976). Correlates of counselor self-actualization and client-perceived facilitativeness. *Counselor Education and Supervision, 15*(3), 189-194.

Seligman, M. E. P., & Csikszentmihalyi, M. (2000). Positive psychology: An introduction. *American Psychologist, 55*, 5-14.

Shapiro, F. (2012). *Getting past your past: Take control of your life with self-help techniques from EMDR therapy*. New York: Rodale Books.

Shertzer, E. F., & Stone, S. C. (1981). *Fundamentals of guidance* (4th ed.). Boston, MA: Houghton Mifflin.

Snyder, C. R., Lopez, S. J., Shorey, H. S., Rand, K. L., & Feldman, D. B. (2003). Hope theory, measurements, and applications to school psychology. *School Psychology Quarterly, 18*(2), 122-139.

Strong, S. R. (1971). Experimental laboratory research in counseling. *Journal of Counseling Psychology, 18*, 106-110.

Tepper, D. T., & Haase, R. F. (1978). Verbal and nonverbal communication of facilitative conditions. *Journal of Counseling Psychology, 25*(1), 35-44.

Thompson, A., & Zimmerman, R. (1969). Goals of counseling: Whose? When? *Journal of Counseling Psychology, 16*, 121-125.

Trethowan, W. H. (1975). *A guide to counselling and basic psychotherapy*. London, UK: BMJ Publishing Group.

Uribe, V. M. (1988). Short-term psychotherapy for adolescents: Management of initial resistances. *Journal of The American Academy of Psychoanalysis, 16*, 107-116.

Vriend, J., & Dyer, W. W. (1973). Counseling the reluctant client. *Journal of Counseling Psychology, 20*, 240-246.

Walker, D. E., & Peiffer, H. C., Jr. (1957). Description, not evaluation: A logical confusion in counseling. *Journal of Counseling Psychology, 4*, 111-112.

Watzlawick, P., Weakland, J., & Fisch, R. (1974). *Change: Principles of problem formation and problem resolution*. New York: Norton.

Weinrach, S. G., & Knapp, R. R. (1976). Level of school counselor actualizing and student perception of guidance services: Further validation of the Personal Orientation Inventory. *Educational and Psychological Measurement, 36*, 501-504.

Wolpe, J. (1958). *Psychotherapy by reciprocal inhibition*. Stanford, CA: Stanford University Press.

國家圖書館出版品預行編目（CIP）資料

諮商理論、技術與實務/潘正德編著. -- 四版. -- 新北市
：心理出版社股份有限公司, 2022.07
面；　公分. --（輔導諮商系列；21133）
ISBN 978-986-0744-96-5（平裝）

1.CST: 諮商　2.CST: 諮商技巧

178.4　　　　　　　　　　　　　　111009439

輔導諮商系列 21133

諮商理論、技術與實務【第四版】

編 著 者：潘正德
執行編輯：陳文玲
總 編 輯：林敬堯
發 行 人：洪有義
出 版 者：心理出版社股份有限公司
地　　址：231026 新北市新店區光明街 288 號 7 樓
電　　話：(02) 29150566
傳　　真：(02) 29152928
郵撥帳號：19293172　心理出版社股份有限公司
網　　址：https://www.psy.com.tw
電子信箱：psychoco@ms15.hinet.net
排 版 者：辰皓國際出版製作有限公司
印 刷 者：辰皓國際出版製作有限公司
初版一刷：1994 年 5 月
二版一刷：1999 年 8 月
三版一刷：2007 年 11 月
四版一刷：2022 年 7 月
Ｉ Ｓ Ｂ Ｎ：978-986-0744-96-5
定　　價：新台幣 450 元